思路 方法 成才

与孩子一起成长

马宝峰 著

西安出版社

图书在版编目（CIP）数据

与孩子一起成长 / 马宝峰著．—西安 ：西安出版社，2019.7（2021.7重印）

ISBN 978-7-5541-4064-2

Ⅰ．①与… Ⅱ．①马… Ⅲ．①家庭教育 Ⅳ．①G78

中国版本图书馆CIP数据核字（2019）第152311号

与孩子一起成长

YUHAIZIYIQICHENGZHANG

著　　者：马宝峰
责任编辑：李　鹏
出版发行：西安出版社
社　　址：西安市长安北路56号
电　　话：（029）85234619
邮政编码：710061
印　　刷：三河市明华印务有限公司
开　　本：787mm×1092mm　1/16
印　　张：21
字　　数：260千字
版　　次：2019年7月第1版
印　　次：2021年7月第4次印刷
书　　号：ISBN 978-7-5541-4064-2
定　　价：39.00元

序言

吕向阳

马宝峰是一名长期奋战在检察纪检战线的干部，他戴着眼镜，给我的印象是睿智干练，聪慧诚实，当他把浸润多年心血的教育书稿送给我时，我当时有点诧异："你又不是教书育人的，是有点骆驼隔墙吃草了吧?""教育方面的书汗牛充栋，你能写出什么新意?"可是，我与他几次短暂相会，他总用眼神提示我，那本书你看了吗?对于我这个也写过几本书的人而言，就有些惺惺相惜，便在办公之余细心翻阅了他的手稿。我先是佩服他的勤奋精神，二十多万字，点灯熬油耗费了多少光阴。再次是这本书像一叶小舟，将我带进了一个全新境界，让我领悟到了孔夫子的"诲人不倦"，朱熹的"格物致知"，张载的"横渠四句"。宝鸡曾经出过孔圣人七十二贤的燕伋，也出过制礼作乐的周公，还出过新时代教书育人的一批园丁。马宝峰虽不在教坛耕耘，但他的这本书的确是一本破解难题、直面问题、以理服人、指点迷津的好书。

马宝峰曾担任过宝鸡市检察机关预防青少年犯罪讲师团团长，为学校义务做法治报告百余场次，所以他的这本书就把培根铸魂塑造好人提的很响，提的很亮。它不是一般传授教育方法的书籍。没有大境界、大格局是写不出来这本好书的。跳出教育谈教育，走出讲坛谈育人，可能更有一些积极探索和更大收获。从某种意义上说，马宝峰是一个有担当的人。如果我们只抓经济建设而忽略了培育下一代，这就是一个糊涂荒唐的年代，宝鸡人过去说党阁老只顾盖大房攒银元却荒了下一代，这将是历史悲剧的重演。而马宝峰在干好本职工作的同时，孜孜不倦，奋笔疾书，将目光盯在了教育这个千秋大业上，为子孙操心，为未来操心，足见他是个有责任心的人。教育不光是老师的事，而应该是全社会的事。教育不光是让学生考高分的事，而应是德智体美劳全面发展的事，我们呼唤这样的业余教育家越多越好。

马宝峰的这本书何以让我茅塞顿开，增长见识？掩卷遐思，它有以下几个特点：

一是心源独出，以情感人。作者把教育分为幼儿、小学、初高中、大学及走上工作岗位等阶段，并且简明扼要提出各阶段的教育秘笈：如幼儿阶段是“一玩三兼顾”：以玩为主，兼顾品德教育、知识教育、健康教育。小学阶段为培养“两个习惯”：学习习惯、生活习惯。初高中阶段为“一个中心，两个预防”：以学习为中心，预防上网成瘾，预防早恋失志。作者提出父母是孩子的第一位老师，生下他就一定要对他负责。父母是孩子的镜子，孩子是父母的影子，天天打麻将、夜夜喝醉酒的父母是教育不出好孩子的，孩子一生的命运都掌握在父母手中，家庭教育不仅是基础教育，更是起到决定性作用的教育。那些把娃娃托付给老人照管的父母，就是责任的一份缺失，虽然一时有乐轻松，但是却毁了后半辈子轻松。作者还讲述了书香门第爱德华家族和酒鬼赌徒珠克家族这样两段发人深省的故事。告诉我们不同的家庭氛围造就不同的后代。我们多少人在抱怨孩子不争气时，想想自己干了几件争气的事。所以，马宝峰提出育人先育德，家长应该做品德优秀的人。如果母亲花钱无度，孩子必然是个浪子；如果父亲是个酒鬼，孩子必然是个酒徒。

二是直面问题，方法科学。现在不少孩子被手机牵走了魂，这也成了家长十分头疼的事。马宝峰坦言：逼孩子放下手机，是逼他们别用手机毁了自己。要孩子放下手机，请逼自己先放下手机。他建议家长在孩子面前一定要克制自己，不能当着孩子面长时间玩手机。早恋也是困扰孩子成长的绊脚石。书中引用培根的哲语："一切真正伟大的人物，没有一个因爱情而发狂，因为伟大的事业抵制了这种软弱的情感。树立正确的恋爱价值观虽然不一定会让你成为一个伟人，起码会使你成为一个在感情上没有遗憾的人"。这段话对于早恋的少年也是有借鉴意义。

三是亲切可人，结合自身。书中多次运用自己女儿的成长经历，启示人们培养一名有用之才的艰辛。作者把对孩子的爱转移到促其成才上，这才是真正的父爱和大爱。曾因女儿贪玩手机，他也狠心打过千金一巴掌，但"爱就是教育，没有爱就没有教育"，孩子初高中阶段，他坚持每晚到学校接孩子，第二天总是起早把孩子送到学校。孩子晚上常学到凌晨一点，他就守候一旁。父母付出越大，孩子收益越大。

教育是从灵魂深处播洒阳光的铸魂工程，只有德正者才能称为教育工作者，因为真正的灵魂工程师唯教育工作者才能担当起。我们的教育在考分指挥棒下，出现了不少扭曲。马宝峰的这本书也没有回避这一现实，它教给了我们因材施教的方法，这也是家长们悟到却不能系统化的空缺。这本书用通俗易懂的语言告诉我们如何学习，如何折桂……它既是一本育儿宝典，也是一本考试指南书。所以，希望家长及学子多读读这本书。

2019年7月26日

（吕向阳，宝鸡市文联主席，曾任宝鸡日报社社长，陕西省有突出贡献专家、中国地市报十大创新人物。在《光明日报》《西北军事文学》《延河》《美文》《山东文学》等刊发表散文、随笔百余篇，获第三届中国报人散文奖、中国新闻奖报纸副刊作品金奖，《神态度》新获第七届冰心散文奖。）

目 录
Contents

第三篇　初、高中教育

第四篇　大学教育

第五篇　公务员应考

第六篇　工作生活

总 论

子女教育应该怎样做

任何事业的成功，都无法弥补孩子教育的失败！所以，教育好孩子才是人一生最重要的“事业”。

子女教育，多年来一直是社会普遍关注的一个热点问题，相信很多家长都有过“山重水复疑无路”的迷茫和恨铁不成钢的苦恼。

古有孟母三迁，今有择校而居。从古至今，父母为子女能受到良好的教育，可谓煞费苦心。

每个孩子生下来都是一张白纸，父母就是作画的人。

清华大学有一位教授讲，人一辈子做好两件事情，一件是教育好子女，不要危害社会；一件是照顾好自己的身体，不要拖累子女。

是啊，人这一辈子为了什么？做了什么？成就了什么？不外乎就是教育好子女，使其能够成长为一个对社会有贡献的人；照顾好自己的身体，能够为国家和社会做一些力所能及的事情，老了不给子女添麻烦嘛！可是在我看来，应该再加一句，就是干好工作，获得稳定的收入，能够养家糊口。人这一辈子不就是围绕这三个方面奔波、辛劳吗？

有田不耕仓廪虚，有书不读子孙愚。子女教育是一个系统工程，家长应该从孩子小时候就抓起。

幼儿阶段，主要是“一玩三兼顾”，即：以玩为主，兼顾品德教育，知识教育，健康教育。

小学阶段，主要是培养“两个习惯”，即：学习习惯、生活习惯。

初高中阶段，主要是做到“一个中心，两个预防”，即：以学习为中心，预防上网成瘾、预防早恋。

高考志愿填报，要把握好“三个三”。“三大原则”即：以专业为主的原则，地域优先的原则，以学校为辅的原则；**“三个层次”**即：冲、稳、保；**“三种方法”**即：参照平均分数法，参照全省排名位次法，参照往年超出分数线法。

大学期间，要把握好“一个目标，两大任务”，即：以考研为目标，学知识、练能力。

公务员考试，要做到“一背二练”，即：以背诵为主，练习往年考题和当年模拟试题，练习申论作文写作。

新入职阶段，工作上要争做“三能型”干部，即：站起来能讲，坐下去能写，走出去能干。**生活上要保持“三心”，**即：上进心、拒腐心、防骗心。

在这个漫长的学习过程中，每个阶段，每个环节都不能“掉链子”，否则就会前功尽弃。

现实中，有许多长得很帅的男孩子、漂亮的女孩子都因为中学时期早恋而严重影响学习成绩，最后导致高考名落孙山。还有许多孩子因为沉迷网络游戏、迷恋玩手机导致心理早熟、学习成绩下降，最终高考失利，类似的教训和事例很多。

孩子进入叛逆期之后，独立心、自尊心空前的强烈，家长的说教、唠叨、打骂，会让孩子觉得父母在控制自己，自尊心受到伤害，所以孩子就用不听、不学、离家出走等方式反抗。

龙应台在给儿子安德烈的书信中这样讲道：“孩子，我要求你读书用功，不是因为我要你跟别人比成绩，而是我希望你将来会拥有选择的权利，选择有意义、有时间的工作，而不是被迫谋生。当你的工作在你心中有意义，你就有成就感。当你的工作给你时间，不剥夺你的生活，你就有尊严。成就感和尊严，给你快乐。”

条条大路通罗马，追寻成功的过程是多种多样的。

子女教育也没有一个固定的模式，可谓仁者见仁、智者见智，但也有普遍规律可循。家长应当综合考虑孩子的年龄、性格等因素，制定相应的教育计划，并随时调整。要把因材施教落实到教育的每时每刻，而不是总去照搬别人的教育经验和教育方法，让孩子成为整齐划一的工业产品。

高考很苦，也不能决定一切，但如果你想成功、想有出息、想更优秀，考一个好大学真的是一条最便捷的路了。

子女教育的原则：尽心尽力，顺其自然。

我经常给孩子讲：在学习上，一定要在学习过程中狠下功夫，不要管结果。只要全身心的努力拼搏了，结果自然会是美好的。

尽心尽力而后顺其自然。为深刻而求深刻往往流于浮躁，其结果必将南辕北辙。简简单单、踏踏实实才是正道。

尽心尽力包括两个方面。一方面，家长要尽心尽力。

父母之爱子，则为之计深远。苏霍姆林斯基说：“爱就是教育，没有爱就没有教育。”家长对孩子的爱，要转化为对孩子科学的教育之中，转化为帮助孩子纠错纠偏之中，这才是理智的爱。

父母的爱，不是盲目的、糊里糊涂的爱。要讲科学、讲策略、讲方法、讲技巧，否则将会事与愿违，却又追悔莫及。

小学阶段，家长要坚持每天检查家庭作业。遇到比较难的题要与孩子共同思考，要及时为孩子答疑解惑。要在力所能及的范围内多陪伴、多表扬、多鼓励孩子，好孩子是夸出来的。

初高中阶段，家长在做好后勤保障的前提下，应该更加注重孩子的思想动向、行为习惯和情感变化。比如，孩子是否有抽烟、交异性朋友、通宵上网等坏习惯。如果有，家长就要及时联系老师研究制定教育策略，予以纠正。这个纠正的过程或许是一个痛苦漫长的过程，但家长一定要咬牙坚持住，坚持就是胜利。

家长应当主动回归家庭，少一些应酬，尽量多陪陪孩子，要与孩子同甘共苦。尤其是在孩子考试失利、遭遇挫折的时候，家长要及时伸出援手，正确加以引导。此外，在小升初、中考、高考等重要考试、测验中，家长要主动帮助孩子研究、分析、预测考试重难点，确保取得理想结果。美国著名作家M·斯科特·派克说：“父母付出的努力越大，孩子感受到的重视程度，就越强烈。”

凡事预则立，不预则废！

我孩子从初一到高三毕业的六年里，我一直坚持陪伴在孩子身边。尤其是高三期间，我坚持每晚10点多去学校接孩子回家，第二天早晨7点钟又准时出门送去上学。孩子看到我的用心良苦，自己也很努力，学习成绩也一直比较优秀。

2008年高考前，我悉心研究分析了前些年的高考试题。结合当时的国情，我预测当年高考语文作文可能会考地震，于是我把报纸上有关地震方面的报道剪下来，晚上利用闲暇时间读给孩子听。高考前40分钟，我还再三叮咛孩子，遇到地震方面作文，要分几个段落，怎么写。结果那一年高考作文，果真是关于地震方面的，孩子见到作文题目，轻松应对，获得高分数。

2012年，孩子准备参加北京市的公务员考试。正月初三，我就到市区新华书店，把北京三位作者编写的申论模拟试卷全都买了回来。每套20份模拟试卷，三套总共60份试卷。从初三到初六，我用4天时间全部看完，总结归纳出政治、经济、文化、社会、法律等五个类别热点问题，与孩子共同学习、交流、讨论。孩子在北京市公务员考试中取得了很高的分数，也是她当年先后5次参加全国、省市公务员考试成绩最好的一次。

家长不需要把全部心思扑在孩子身上，但也绝不能因为忙于工作，缺席了孩子的教育。

生下他就一定要对他负责。

越小的孩子可塑性越强，一岁付出十分钟，抵上十岁一年功。因此，父母一定要高度重视教育。孩子就像活泼又无拘无束的流水，一旦被引导向某一方向，就能转变它接下来的流向。

“我不能让孩子输在起跑线上!”这是多少中国爸爸妈妈的豪言壮语。然而，真正让孩子输在起跑线上的正是父母，是父母的教育。

在这个世界上，每个人唯一不可选择的就是自己出生的家庭和父母。父母不同的教育观念和教育方法，必然造就不一样的孩子和孩子不一样的人生。

父母是孩子的镜子，孩子是父母的影子。

孩子好的行为，坏的行为都是父母言传身教的结果。如果母亲爱打扮，其女儿也必然是爱打扮的；若母亲是多舌的，女儿也很有可能会效仿。同样若父亲好喝酒，儿子也可能好喝酒；父亲爱说粗话、脏话，孩子也很有可能会受到影响。

可以说，孩子一生的命运都掌握在父母手中。父母若能严格要求自己，时时刻刻做孩子的表率，努力培养孩子良好的品德，为他们的美好前程创造优越的条件，那么孩子一定能够成为一个优秀而卓越的人。

家庭是孩子的一所隐形学校，成功的教育始于家长正确思想的指导。家庭氛围、父母的言行举止每时每刻都对孩子起着潜移默化的作用，于无形中塑造着孩子的品格与素质。

家庭教育不仅是基础教育，更是起到决定性作用的教育，是任何学校教育和社会教育代替不了的。

在英国，有一个爱德华家庭，是真正的书香门第。老爱德华是个博学多才的哲学家，为人严谨勤勉。他的子孙有13位当大学校长，100位教授，80多位文学家，60多位医生，1人当过大使，20

多人当过议员。

同样在英国，另一个珠克家族，与之相比则大相径庭。老珠克是远近闻名的酒鬼和赌徒，浑浑噩噩，无所事事。这个家族至今已传下八代，其子孙后代中有300多人当过乞丐和流浪汉，400多人酗酒致残或死亡，60多人犯过诈骗或盗窃罪，7个杀人犯，整个家族没有一个人有出息。

我们设想，珠克家族中的某个人，当他还是婴儿时，就被爱德华家族抱养，那这个人又将变成什么样的人呢？反之又会怎样？家族最初灌输的是非观念、善恶标准、为人原则，将影响他的一生。

言教不如身教，身教不如境教。给孩子最好的礼物是榜样。给孩子食物只会让孩子成为大人，给孩子观念会让孩子成为智者。我们不可以陪伴孩子一生，但观念却可以陪伴孩子一辈子。

教育孩子的六个重要：经历比名次重要，对话比对立重要，激励比指责重要，成人比成功重要，成长比成绩重要，榜样比命令重要。

没有坚持不了的孩子，只有坚持不了的家长。在孩子整个教育学习过程中，家长一定要尽心尽力，帮助孩子解决困难和问题，决不能半途而废，必须以永远在路上的韧劲和执着，长期坚持下去，就会收到实际效果。

尽心尽力的另一个方面：孩子对待学习要尽心尽力。

美国有位大学教授，到巴尔的摩的贫民窟，调查200名男孩的成长背景和生活环境，并对他们未来的发展进行评估。25年后，除了有20名男孩搬离或过世，剩下的180名中有176名成就非凡，其中担任律师、医生或商人的比比皆是。这位教授在惊讶之余，决定深入调查此事。

调查结果令人吃惊。因为他们遇到了一位好老师，这位老师用大爱无疆的胸怀给予他们无私的母爱，引导他们竭尽全力的努力拼搏，最终有了后来的成就和作为。

每天清晨，全国一亿多孩子都背着书包匆匆忙忙去上学。晚饭后，孩子们又奋笔疾书的写作业，这就是孩子们尽心尽力的表现。

高中以前，孩子们必须把学习作为主要任务。家长的主要任务就是干好工作、教育好子女。

我孩子上高三的时候，有一天下午6点钟，我顺路去学校看孩子，发现她正在楼道里背课文。我问她为什么不去吃饭，孩子说时间太紧，让同学在食堂给她捎一个菜夹馍吃。当时我非常感动，回家后立即讲给我爱人听。我们都感觉，孩子已经将时间和精力全身心的投入到高考应战中，孩子已经这样尽心尽力，家长不应该再给孩子施加压力了。

我孩子上高三时一直走读，每天晚自习下课铃响了之后，还要利用关灯前的十几分钟写作业，直到关灯前一刻，才急急忙忙带上未写完的作业跑出教室。我接回家后，爱人已提前倒好洗脚水，准备好水果。晚上11点，孩子又准时进书房，一般要学到凌晨1点左右，才上床睡觉。

书山有路勤为径，学海无涯苦作舟。孩子有了这种争分夺秒的表现，就足以说明已经非常尽心尽力了。

初三孩子学到晚上12点左右，高三孩子学到凌晨1点左右，我经常用这两个时间节点去勉励其他孩子，要敢于吃苦，要竭尽全力。人生伟业的建立，不在能知，乃在能行。

光阴荏苒，如白驹过隙。高考之后自己细细回想，发现我女儿从小到大上学期间从未请过一天假。18年啊！真是非常不容易。

顺其自然，是指家长和孩子尽心尽力以后，在孩子高考录取、报考研究生、选择就业等方面，就顺其自然，不要过于勉强。

不管是学生还是家长，都希望能够考上一所好的大学，毕竟好大学是人生成功的一个重要起点。我国好大学的定义很多，其中有一个标准沿用了多年，那就是985大学和211大学。

从历年的数据来看，每年高考985大学和211大学的录取率基本上只有百分之几。2017年985大学的平均录取率是1.68%，211大学的平均录取率为4.8%。

2017年全国参加高考的人数为940万人，只有15.8万人最后成功考取了985大学，45.5万人考上了211大学。2018年参加高考的人数是975万人，2019年全国高考人数达到1040万人，第四次高考人数超过千万。

从这个比例和最后被录取的人数来看，考上985大学或211大学的学生，都是凤毛麟角，也只有学习成绩非常优异的学生才能考上。

2019年公务员招考，由于机构改革，单位缩编减员，招录人数较往年下降了40%左右，碰到这种情况，大家也都很无奈，毕竟这是个人无法左右的。因此，任何事情只要争取了、努力了，不后悔，顺其自然就好。

研究表明，一个地级市里学习成绩靠前的学生，一部分到国外去读研、读博、工作，还有部分到国内一线城市就业。这对全国上千个三四线城市的孩子和家庭来说，都会造成巨大的经济压力。且不说上学要花很多钱，光是买房子就够大家头疼了。现在一线城市较好的地段，房价每平方米都在10万左右，买一套100㎡的房子就要一千多万，这么多钱可不是一时半会能拿出来的。

尽吾志也而不能至者，可以无悔矣！

身边有几个朋友的孩子，去上海工作。我就开玩笑说，你孩子到大城市工作，为你争了光、圆了梦，同时也把你家经济带到“贫困户”行列里了。

相反，有一个同事的孩子学习成绩很好，南京审计学院毕业后，回到宝鸡考了公务员，现在一家三口日子过得也非常幸福。其实在三四线城市就业，工作压力小，生活成本低，一家人生活在一起，也不失为一种上策的选择。

因此，在孩子学习、深造、进步等方面，家长和孩子一定要做到尽心尽力，而在中考录取、高考录取、选择就业等诸多方面，顺其自然就好。

尽心尽力，人生才能没有遗憾，

顺其自然，人生才能幸福美满。

家长、孩子要把握好四个方面：

第一，牢记一份付出，一份收获。

春种一粒粟，秋收万颗子。在子女的整个学习过程中，家长和孩子都是一份耕耘，一份收获。父母在管教子女的过程中，付出的越多，收获也就越多；付出的越少，你在孩子身上的收获也就越小，在这方面付出和收获绝对成正比。千万别想走捷径、掩耳盗铃、自欺欺人。

一块石头，一半做成佛，一半做成台阶。台阶不服气问佛：我们本一块石头，凭甚人们都踩着我，而去朝拜你？

佛说："因为你只挨了一刀，而我却经历了千刀万剐千锤万凿。"此时它沉默了！

人生亦是如此，经得起打磨，耐得住寂寞，扛得起责任，才会有价值！看见别人辉煌时，别嫉妒，因为别人付出比你多！

苏洵教子有方，成就一门三文豪。我们有些家长，下班回家吃完饭后，经常坐在麻将桌上玩，还想让孩子学习好，这种几率是非常小的。高原上再努力也烧不开一壶水，说明环境很重要。

好孩子都是教出来的。据不完全统计，90%左右的孩子是教化出来的，只有10%左右的孩子，在学习上基本不用家长操心。

一位老同事的儿子，从初中到读研究生的十几年里，学习一直都很刻苦，成绩也非常好，现在上海一家核工业研究所工作。当年同事为供孩子读研，连购买经济适用房的机会都放弃了，像这类孩子家长就不用过多操心。

还有一位同事的孩子不写寒假作业，老师问，寒假作业为什么一页都未做，全是空白？孩子说，有一部分题会做，故意没有做，剩下的题不会做，没办法做。所以一本寒假作业，全为空白，遇到这样的孩子，怎么办？想不付出任何代价获得成就，那是神话！

君子之于子，爱之而勿面，使之而勿貌，导之以道而勿强。[①]在孩子的教育过程中，几乎有一半家长，都遇到过这样类似的尴尬局面，家长也只有耐心的引导、管教，才能收到“浪子回头金不换”的效果。

我女儿上高二时，非要带手机去学校，不让带她就不上学，同我们大吵大闹。当时我非常生气，冲动之下就动手打了两耳光，踹了一脚。打完之后，孩子跑到她房子里，躺在床上哭，我冷静下来思考，觉得自己不该这样简单粗暴地对待孩子，若孩子想不通，就会出大事情。我就主动与孩子讲道理说：“首先，今天爸爸打你不对，向你道歉；其次，你也想想，当时把爸爸气的程度，假若不打你把怒气发泄出来，就有可能把爸爸气死，气死爸爸重要，还是打你重要呢?”慢慢地孩子终于想通了。当晚我陪孩子一起休息，第二天她就按时上学了。这是我最后一次打孩子，后来我经常反思自己的方式方法，“爱子，教之以义方，弗纳于邪”。[②]每位父母，打骂孩子的初衷都是好的，都是为了孩子健康成长，只是有时家长批评的方式、方法不一定合适。这一点，也需要孩子们多理解父母的良苦用心。

其实家长老师对孩子的批评，也是爱的一种表现。

---

①出自战国·荀况《荀子·大略》

②选自左丘明《左传·隐公三年》。

一颗小树苗在长成参天大树的过程中，总会被不停的修剪掉多余的枝杈，这些多余的枝杈就像是孩子成长中出现的问题和错误。如果家长任其随意发展，孩子就不会成长为栋梁之才。

有的家长给孩子检查作业不认真、应付差事，孩子也就会投机应付家长；有的家长不愿与孩子沟通交流，孩子就找机会玩手机、交朋友；有的家长忙于工作，很少陪孩子，孩子就会拿考试不及格来回报家长；有的家长事业上很成功，却耽误了孩子，家长也很懊悔，但已无法弥补。所有努力与不努力的背后，必有加倍的赏赐。

我相信，天道酬勤。只要家长用心用情地付出，将来一定会收到百倍的回报。

第二，辛苦三年，轻松一辈子，玩上三年，辛苦一辈子。

这句话十多年前，我给石油中学孩子们讲课时就说过，也是针对上高一的孩子讲的。当然对于上初一的孩子，就是辛苦六年，轻松一辈子，玩上六年，辛苦一辈子。

辛苦三年，轻松一辈子。就是说高中阶段，孩子只要下功夫，认真学习三年时间，高考就能取得比较理想的成绩，上一个比较满意的大学。大学毕业后，就能找到一份较好的工作，今后的生活、工作相对就会轻松。

玩上三年，辛苦一辈子。许多孩子，玩上几个月、一个学期或一年，就直接影响到学习成绩，玩上三年的话，那么必然注定这辈子辛苦。其中大部分孩子的文化课学习，这一辈子都永远赶不上，也无法弥补。

在现实中，家长和老师都希望孩子听话，能好好学习，可是总有部分青春期的学生扭着头、瞪着眼睛与家长作对，他们有的不思进取，有的贪玩网络游戏，有的过早谈恋爱，错过了学习的大好时机，再后悔都于事无补。

柴可夫斯基说：“即使一个人天分再高，如果他不艰苦操劳，他不仅不会做出伟大的事业，就是平凡的成绩也不可能做到。”

大家都知道，中国学生非常辛苦。不论春夏秋冬，刮风下雨，每天必须起早贪黑去上学。我经常给辅导的孩子讲，你和别的孩子一样，每天背着书包去上学，既然这么辛苦，为什么不好好学习呢？你也付出了这么多，学不好，就对不起自己。

《管子权修第三》：“一年之计，莫如树谷；十年之计，莫如树木；终身之计，莫如树人。一树一获者，谷也；一树十获者，木也；一树百获者，人也。我苟种之，如神用之，举事如神，唯王之门。”

儿子问当农民的父亲：“人为什么要读书？”父亲回答说：“一棵小树长一年的话，只能用来做篱笆，或当柴烧；10年的树可以做檩条；20年的树用处就大了，可以做梁，可以做柱子，可以做家具。”一个小孩如果不上学，他7岁就可以放羊，长大了，能放一大群羊，但他除了放羊，基本干不了别的。这个笑话虽然有点冷，却从一个侧面，再次说明了读书学习的重要性。

我经常与商店营业员、餐厅服务员、工厂的工人、工地的农民工交流。他们都有一个共同的特点，在上学期间，不爱学习，耽误了自己的青春，现在都很后悔，但已经没有办法弥补。这就是机不可失，时不再来的现实教训。

我经常到农村去，听许多家长说：“我的娃不爱学习”，“我那娃不是学习的材料”，我就感到很惋惜，恨自己能力不足，无法帮助那些孩子。因此，这么多年来我一直坚持在学校义务做报告，也是为孩子们尽一份心意。

我也经常到社区，碰到孩子就聊学习方面的事情，随时随地都鼓励孩子，一定要珍惜学习机会，一定要抓住青春年少的大好时光，好好学习，天天向上。

大家说，哪个孩子一出生就是打工的命？孩子还是要靠自己后天的勤奋，才能改变自己的命运。

"少壮不努力，老大徒伤悲"。[1]这句话是老祖宗对人生的感悟，也是留给后人亘古不变的教诲。人生有太多的遗憾和后悔，比如我们在该努力学习的年龄选择了玩游戏、选择了谈对象、选择了逃学、选择了安逸，一旦错过了学习的阶段，人到中年悔之晚矣。

世上没有后悔药，北宋名相寇准的《六悔铭》，就是教化人及早觉悟悔改很好的座右铭。全文虽然只有短短六句话、四十二个字，却说尽了人生六大悔事。

《六悔铭》

官行私曲，失时悔。富不俭用，贫时悔。

艺不少学，过时悔。见事不学，用时悔。

醉发狂言，醒时悔。安不将息，病时悔。

晚清第一名臣曾国藩，对这篇文章也是推崇备至，将它奉为经典，时刻用于自省。

第三，孩子学不学艺术的问题。

现实生活中，学不学艺术，一直困扰着许多家长和孩子。一个孩子想学艺术，第一要有天赋，第二要具备优越的身体条件。如果孩子个子很高，可以选择去打篮球；体质很好，可以去踢足球；音质很好，可以去学音乐；身材很修长，可以去学舞蹈；手指很长，可以去弹钢琴；五官很美，可以去学表演；喜欢绘画，可以去上美院。如果孩了身体条件不具备上述特质，就不要勉强去学了，即使学了，也只能作为一个业余爱好。

我一位同事的女儿，长得很漂亮。高中学了三年播音与主持专业。高考报名前，我帮忙找了一位电视台的主持人，准备给孩子指点一下，结果主持人发现这个孩子两个眼睛不聚焦。针对这种情况，我和家长、孩子一起商量，立即决定放弃播音主持专业，转报西安

[1]汉代汉乐府《长歌行》最后两句，作者不详。

音乐学院音乐师范专业。现在孩子已经毕业，在西安当老师。这就是结合自身实际，一次成功的抉择。

有两位熟人的孩子，当年上幼儿园时，北京舞蹈学院来宝鸡招生，目测孩子的长相、身材比例等情况，都被选到北京舞蹈学院附小去上学，现在两个孩子都已长大，一个留在北京工作，一个留在香港工作。这两个孩子的事例充分说明，学艺术必须要有天赋，要具备优越的自身条件。

我建议，在孩子准备学艺术类专业前，最好找一位专业老师测试一下，看孩子是否具有某方面的潜质和天赋，是否具备专业学习的自身条件，是否适合从事这个专业，今后的发展方向和预期怎么样。这样，就可以帮助孩子选对专业和发展方向，避免盲目跟风，既浪费时间，又增加经济负担。

第四，新的一万米赛跑。

人生就是一场接一场的赛跑，明确了目标，才能跑的更远。

对于孩子来讲，3岁以前、幼儿园、小学、初中、高中、大学每个阶段，都是新的一万米赛跑，谁在这六个阶段有毅力、有恒心，坚持跑完了，而且名次靠前，谁就能最终取得成功。

为什么说是新一万米赛跑呢？因为对孩子来说，每个阶段都是一个新的起点、新的赛程，这几个阶段都是一个漫长的过程。孩子小学毕业，说明你在小学阶段，已完成了一万米赛跑。到初中，新的一万米赛跑又开始了，再到高中同样如此。当高考结束上了大学，新的一万米又从头开始。这就要求孩子，要正确认识过去、现在和将来。过去已成历史，将来还未可知。只有现在不断努力，把握好每个阶段的目标和任务，才能顺利完成学业，为今后人生打下坚实的基础。

学习也如一万米赛跑，如果跑在第一个方阵后面或第二个方阵的前面，在冲刺阶段都有可能冲到前面，取得好的名次。如跑在第三个方阵，要想在冲刺阶段穿越第二个方阵冲入到第一个方阵，是一件非常困难的事情，这就是一万米赛跑的一般规律。

学习犹如逆水行舟，不进则退。千帆竞赛的过程中，你速度太慢或不前进，就会被别人超越，这就是学习的一般规律。

据统计，九年义务教育阶段，陕西省初中毕业生只有50%左右的孩子能上高中，上高中的孩子中，只有14.6%的能上一本，60%以上的孩子上大专、三本或者二本，还有20%的孩子，什么也考不上。

2017年4月，教育部公布《高中阶段教育普及攻坚计划(2017-2020年)》，提出到2020年，全国普及高中阶段教育，适应初中毕业生接受良好高中阶段教育的需求。实施“12年义务教育”后，孩子中考压力就不是很大了，这对还未上高中的孩子来说，是一个好消息。

有个孩子，学习一直很好，考上宝鸡中学免费生，但在高三时经常偷跑去上网，导致成绩严重下滑，高考被成都一个二本院校录取。去不去呢？之前17年一直很勤奋、很努力，到了一万米冲刺阶段放弃了，最后只能接受这样残酷的结果。

同样有个孩子，平时学习一直很好，中考有点失误，高考也没有考出自己理想的分数。上大学后，他总结经验教训，在新的起点没有放松自己，坚持学习，成为系里第一名。毕业时，考上美国三所大学，全都提供奖学金。现在每年用奖学金支付完学费、生活费和零花钱后，还能节余1万多美元。这个孩子在美国5年硕博连读，为家里省了150万元人民币，但对于每年去美国的45万名中国留学学生来讲，他们每年却要支出将近30万元人民币，所以一定要抓住新的一万米赛跑。

有相当一部分孩子,虽然大学只上了二本或三本,但是他们及时吸取前面的教训,在大学里付出更多的努力,以此来弥补高考的遗憾。

有个同事的孩子，高考时考上湖北襄樊大学。后来一直坚持不懈地学习考上了研究生，再后来又考上了中国财经大学的博士后，现在北京一家央企工作，这就是贵在坚持、努力拼搏的例证。

多年来，我经常给孩子们讲，你在学校时，家长和老师都把你当宝贝，一旦你中考、高考结束，你再去学校，连校门都进不去，因为学校再也没有教育管理你的义务和责任了，你也只能和母校说再见了。

生病了才知道身体多重要，毕业了才知道学生时代有多美好，错过了才知道曾经拥有的多么宝贵。我们都太后知后觉，不要再等待，不要再拖延，想到什么就去做吧，有些事等到你发现它有多重要时，就已经来不及了。

到了大学，孩子的目标是考研，任务是学习和提升能力。而往往到了大学，有部分孩子失去了初高中阶段老师家长的严加管教，突然感到很迷茫，丧失了斗志，放弃了目标，开始享受安逸的生活。结果考试不及格，毕业时拿不到学位证、毕业证，不能跑完大学这一万米。因此，希望大家都不要去当这其中的少数或者极少数!!!

我想告诉你，新的一万米赛跑又开始了，人生还没有到功成名就、歇歇脚的地步。

孙中山有句名言：“革命尚未成功，同志仍需努力。”

作家冯骥才说：“运动中的赛跑，是在有限的路程内看你使用了多少时间；人生中的赛跑，是在有限的时间内看你跑了多少路程。”

所以，前面一个一万米跑完后，不论成绩如何，已经划上了句号。只要你下决心，在接下来的一万米赛跑中，吸取过去经验和教训，坚持、坚持、再坚持，就一定会取得满意的成绩，为自己的人生添上浓浓的色彩，绘就灿烂的华章。

第一篇

幼儿教育

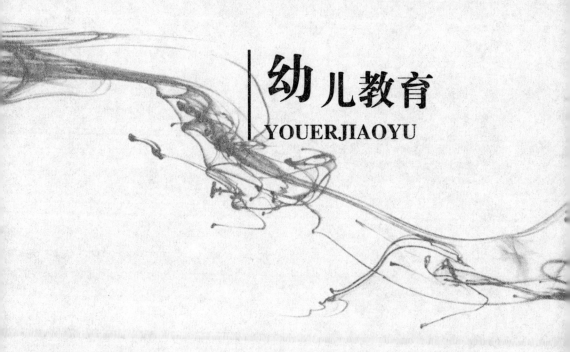

YOUERJIAOYU

童心可爱

人，每当回忆过去的时候，首先想到自己小时候的事，小时候的事就是童心。

童心，单纯

童心，无忧

童心，真实

童心，可爱

当一个人慢慢长大后，年龄渐渐大了，知识慢慢多了，情感越来越丰富了，这时就失去了童心。

童心，美好

童心，有味

童心，无欺

童心，永远

为了让童心更加绚丽多彩，为了让童心给我们留下深深的记忆。

努力吧，加油吧！

只有在有童心的年代勤奋、拼搏，

童心才会绽放出美丽，

才会留给我们许多难忘的童心记忆。

抓住三个关键点 幼儿教育不发愁

幼儿阶段教育在人的成长中至关重要。梁启超先生在《论幼学》中讲到“人生百年，立于幼学”，意思就是人生道路上的建树，立足于幼年所受的教育。因此，有三点我认为非常重要。

一、树品德，培养孩子良好的品行

立德树人，是教育工作的基本方针。

人才培养，德育先行，要将孩子人格的培养提升到关乎民族存亡的历史高度。我认为，一定要注重“五心”教育。

（一）*爱心*

人们对于善的追求，永无止境。孔子说“仁者爱人”，刘备托孤时，对刘禅说：“勿以善小而不为，勿以恶小而为之。”佛家云：善有善报，恶有恶报。一个人心存善念，天必佑之！存善念、去恶念，是一个人长期修炼的结果。康熙教导后人，要重实质，而不要看重形式，做真正的善人，才有不尽的福报。

被称为“欧洲的良心”的法国思想家、文学家罗曼罗兰曾说过，“灵魂最美的音乐是善良！”做人不一定要轰轰烈烈，但一定要善良真诚，你送人温暖，就会收获阳光，你施人真心，就会收获和善，美好的一切总是从善良开始。

作为家长一定要从小培养孩子拥有一颗善良之心。一个孩子品行的优与劣，对这个孩子成长起着决定性作用，良好的品行，来自于幼儿时期父母的言传身教与潜移默化。我们经常会看到小孩争抢别人玩具的场景。善良的孩子，总会乐于分享，让出自己的玩具。

小气的幼童，总是护着自己的玩具，不允许别人碰。如果家长认为这是小事情不予重视，孩子长大后的胸襟与格局会受到一定局限。

有些家长比较自私，缺少爱心，就会把自私自利的性格传递给孩子。孩子从小自私自利，长大后也多半如此，这样的人是不受欢迎的。孟子曰：爱人者，人恒爱之；敬人者，人恒敬之。

孔融让梨的故事千古流传、家喻户晓，教育着一代又一代孩子要养成尊老爱幼的习惯，也告诉人们，要互相忍让，不要只想自己，不顾及别人。

我孩子上初二时，我受邀在宝鸡电台做了一期德育教育的专题采访节目，围绕如何做一个善良的孩子这一主题，谈了自己的做法与感受。

（二）孝心

父母才是应敬的佛！千里去烧香，不如在家侍爹娘！有一些人，父母把他们含辛茹苦养大，成家后就另起炉灶，不管年迈的父母，不敬孝道，有的甚至打骂，虐待父母。这种人今天不尽孝道，过几十年后，父母的遭遇就是他以后人生的缩影！身体发肤受之父母，作为儿女必须要孝敬父母，就算父母做得再不对也应该孝顺，不能让这个恶性循环继续。不善待父母就等于没有了良心，一个没有良心的人又怎么能在社会中立足呢？

从古代的先贤孔孟，到近现代的仁人志士，无不把“仁义礼智信、温良恭俭让、忠孝勇恭廉”作为为人处世的重要准则。羔羊尚知跪乳，乌鸦亦求反哺。一个不爱父母的人，绝对不会爱他人，也不会爱这个社会。

现在许多孩子过生日时，请一群同学庆贺，大吃大喝之后，父母前来买单。在我看来，这一天最应该感谢的是自己的母亲。孩子的生日，正是母亲的受难日。母亲十月怀胎，辛苦滋养，冒着生命危险把他生出来。

受人滴水之恩，当以涌泉相报，何况父母呢？

慈母手中线，游子身上衣。临行密密缝，意恐迟迟归。谁言寸草心，报得三春晖。在教育自己孩子过程中，我深刻体会到孩子的品行是至关重要的，家长要从一点一滴中，一件一件事情中，学会关心他人，理解他人，要有正义感、传递正能量。

我孩子大学期间，获得8000元奖学金，3000元捐给了山区孩子。见习期间，单位发了1000元见习费，500元给爷爷奶奶，500元给姥爷姥姥。没有人给她教，她自己就这么做了。我感到非常高兴，说明孩子很懂事，有爱心，懂孝道。这一件件小事，就折射出一个孩子高尚的品德。

一位印度老人对孙子说，每个人的身体里都有两只狼，他们残酷地互相搏杀。一只狼代表愤怒、嫉妒、骄傲、害怕和耻辱；另一只代表温柔、善良、感恩、希望、微笑和爱。小男孩着急地问："爷爷，哪只狼更厉害？"老人回答：你喂食的那一只。你的心所朝的方向就是你未来人生的路！

有个女孩跟妈妈大吵了一架，气得夺门而出，决定再也不回讨厌的家！一整天她都在外面闲逛，肚子饿的咕噜咕噜叫，但偏偏又没带钱出来，可又拉不下脸回家吃饭。一直到了晚上，她来到一家面摊旁，闻到了阵阵香味。她真是好想吃一碗，但身上又没钱，只能不住的吞口水。

忽然，面摊老板亲切地问："小姑娘，你要不要吃面啊？"她不好意思地回答："嗯！可是，我没有带钱"。老板听了大笑："哈哈，没关系，今天就算我请客吧！"

女孩简直不敢相信自己的耳朵，她坐下来。不一会儿，面来了，她吃得津津有味，感动地说："老板，你人真好！"

老板说："哦？这话怎么说？"女孩回答："我们素不相识，你却对我那么好，不像我妈，根本不了解我的需要和想法，真气人！"

老板又笑了："哈哈，小姑娘，我不过才给你一碗面而已，你就这么感激我；而你妈妈帮你煮了那么多年的饭，你不是更应该感激她吗？"

听老板这么一讲，女孩顿时如梦初醒，眼泪瞬间夺眶而出！她顾不得吃剩下的半碗面，立刻飞奔回家。

才到家门前的巷口，女孩远远地看到妈妈，正焦急地在门口四处张望，她的心立刻揪在一起！女孩感觉有一千遍一万遍的对不起想对妈妈说。但她还没来得及开口，就见妈妈已迎上前来："哎呀！你一整天跑去哪里了啊？急死我了！快进家把手洗一洗，吃晚饭了。"

这天晚上，这个女孩才深深体会到妈妈对她的爱是多么的深厚和长久。

在现实生活中，人们往往忽视了自己拥有的，认为这些都是理所当然的；对于自己无缘得到的，又会抱怨命运的不公，仿佛这个世界欠我们很多很多。

中国人讲百善孝为先，一个善良的、懂得孝道的人，就像一盏明灯，既照亮了周围的人，也温暖了自己。

（三）感恩心

教育孩子学会感恩，是健全人格、良好品行的重要体现，是每位家长义不容辞的责任和义务。要知道，决定孩子一生的不是成绩，而是健全的人格教育。

不懂得"感恩"的孩子，永远不会成长，因为他内心没什么责任感和担当，做人、做事缺乏内在的持久动力。

中国恒大董事局主席许家印凭借纳税额602亿位居榜首，在慈善企业家排行榜中，许家印捐赠额更是达到40.7亿，超过了榜单前五名的总和，是当之无愧的中国首善。

1958年出生的许家印，是河南省周口市聚台岗村的一个穷小子。出生不到一年，母亲便因患有败血症去世了。出身寒门，被称为是“半个孤儿”的他从小便立志要走出农村，一心想“脱了草鞋穿皮鞋”，在老师的帮助下，他拼命地学习。

2018年，许家印陪着96岁的老父亲回乡探亲，专门去看望80岁的高中物理老师程守德和75岁的高中数学老师周渊。当得知老师的房子是按揭购买恒大地产的房子时，许家印立即交代当地负责人，把自己老师的房款免了，同时要求配齐所有家具家电。许家印说：“没有老师的悉心教导，我就考不上大学，更不会有我的今天。”据了解，恒大该楼盘均价约5000元/m^2，全部为精装。

20年奋斗，许家印成为中国首富和首善，当年老师给他20元钱，他用来做学费、路费和生活费。这20元钱的恩情永远镌刻在了许家印的内心深处，任凭风吹浪打，可谓恩重如山。如今他给老师一套房子，用来感恩当年老师给予他的无私帮助。

感恩是一种积极的生活态度。要感激那些伤害你的人，因为他磨练了你的意志；感激那些欺骗你的人，因为他丰富了你的人生经验；感激那些轻蔑你的人，因为他唤醒了你的自尊自强，要怀着一颗感恩的心，感谢命运，感激一切让你变得成熟的人，感恩每时每刻在自己身上所发生的一切……

（四）责任心

有教育专家指出，儿童时期是一个人发展的最佳时期，在孩子的成长过程中，应该视其年龄阶段、心理特点，有目的、有步骤、分阶段地实施责任心教育。

责任心也称责任感，是人们对自己、对他人、对家庭、对集体、对国家和社会承担义务的一种情感体验。

据说，某外企在中国招聘员工的时候，在面试的地方故意放了一把倒在地上的椅子，用以观察应聘者的反应。是否把椅子扶起来成了能否进入复试的第一道题目。由此可见，是否具有责任心是很受重视的。

培养孩子的责任心千万不能忽略小事情，从一点一滴中做起，使孩子逐渐做到对个人负责，对他人负责，对家庭负责，最终塑造出对国家、对民族的强烈责任心。

有的父母会说：“孩子太小了，长大后他们自然会知道该做什么，现在不要对孩子要求太高。”他们忽略了孩子的责任心是从小在生活中一点一滴地培养形成的。父母平时事无巨细地都为孩子安排好一切事情，希望某一天孩子能突然变得有责任心，这是很不切合实际的想法。培养孩子的责任心，需要从当下做起，从日常生活的小事开始。比如按时完成父母或老师安排给自己的任务；学会自己照顾自己，自己穿衣吃饭、刷牙洗脸等等。让孩子直接看到通过自己的劳动，自己负责的行为所得到的回报。

应该鼓励孩子参加适当的公益活动和义务劳动，如宣传法律知识、环保知识，加入志愿者协会，扶助老弱病残等。通过不断了解社会，增进关心社会的情感。通过报刊杂志、电视、网络了解关注民生，增强社会责任感。

（五）戒贪心

贪婪是人的本性，也是一切人生祸患的根源！曾国藩说：“功名官爵，货财声色，皆谓之欲，俱可以杀身”。①

现实生活中，许多孩子有爱占小便宜的坏习惯，家长发现这种情况，就要及时的予以矫正，这样有利于孩子价值观的养成。

孩子从小就要养成不占小便宜的习惯。左宗棠说：“好便宜者，不可与之交财”，就是告诫大家与好贪小便宜的人，不要有金钱上的来往。

①林逋《省心录》【释义点评】功名官爵和钱财声色，都是人的私欲，不知节制是可以招来杀身之祸的。

这个世界上最单纯无暇的就是孩子的心灵，因为孩子们心思单纯，不分善恶美丑，所以经常被心术不正的人利用，上当受骗，甚至被拐卖。2018年8月18日网络统计显示，全国失踪儿童约3万多人。

孩子的模仿能力不容小觑，家长在孩子面前展现出贪图小便宜的一面，孩子就会模仿家长这种行为。

一个爱占小便宜的孩子，长大后成了商人，就会偷工减料，以次充好，制造销售假冒伪劣产品害人害己；长大后做了官员，若继续贪图小便宜，收受贿赂，逃不过锒铛入狱的宿命。

二、传知识，启发孩子的学习兴趣，多给孩子传授知识技能

知识就是力量，一个人知识的丰厚与否决定着这个人一生的层次。高层次的人，必然拥有渊博的知识。

早在18世纪，法国伟大的启蒙思想家卢梭就曾指出："要启发儿童的学习兴趣，当这种兴趣已很成熟的时候，再教给他学习的方法，这是所有优良教育的基本原则。"

孩子6岁以前，虽然未接受正规的知识学习，但却是培养孩子兴趣和学习各方面知识的重要阶段，家长要充分利用这段时间，培养孩子学习兴趣和技能。授人以鱼，仅供一饭之需；授人以渔，则终生受用无穷。一定要开发孩子对语言的兴趣、科学的兴趣、艺术的兴趣、体育的兴趣等。

提高说话的技能、吃饭的技能、玩耍的技能、专注力的技能、讲究卫生的技能、注意安全常识的技能等。

这些庞杂的知识、兴趣、技能，都需要家长耐心的去培养传授，尽量在孩子入学前压缩与其他孩子的差距，其实一个孩子的学习，从刚一出生就已经开始了。家长要善于细心地观察孩子，从孩子的一举一动和只言片语中去发现孩子的求知欲。

孩子6岁以前所学的知识和技能，主要靠家长传授。家长是孩子的第一任老师，也是孩子终生的老师。我建议在大学时期，应加一门“如何做老师”的选修课，这对提高全民素质非常有必要，每位家长应该力争做一个合格的老师。对音乐，体育，美术，自然，历史，地理，人文等知识有一些初步的学习和了解。如孩子两岁以后，家长就应该给孩子教儿歌，教诗词，教绘画等。要不然怎么去教自己的孩子，怎么能培养一个优秀的孩子呢？

三、炼体质，锻炼孩子健康的体魄

十年树木，百年树人。祖国的未来属于下一代，孩子身体健康是学习和品行培养的基础。习近平总书记说：“孩子们成长得更好，是我们最大的心愿；党和政府始终关心各族少年儿童，努力为他们学习成长创造更好的条件”。健康的体魄，是孩子努力学习、快乐生活的基础，也是父母最简单的期盼。在人生这场长跑中，如果没有健康的体魄，孩子就可能跑不到终点。

健康体魄包括身体健康和心理健康。处于生长发育期的儿童，其身体机能、心智会随着年龄的变化而发生变化，在成长过程中，要应对许多不可预知的情景，需要充沛的体能和坚强的意志品质支撑，可见，健康的体魄是塑造健全人格的基础和保证。

让孩子具备健康体魄，最重要、最有效的手段，就是让孩子科学持续的参加体育锻炼。

培养孩子的健康体魄是一项系统、渐进的工程，贵在持续。

遵循身心发展规律，以体育与健康教学为载体，让孩子掌握科学锻炼方法，养成良好锻炼习惯，形成基本健康技能，学会自我健康管理；让孩子情绪稳定、包容豁达、乐观开朗，善于交往合作，适应自然环境的能力增强；让孩子关注健康、珍爱生命、热爱生活，养成良好的生活方式，改善身心健康状况，提高生活技能和生存能力。

督促孩子积极参加体育锻炼，做到每天锻炼一小时，增强自身的体质和疾病的抵抗力，拥有健康的体魄是学习的根本保证。

还有一点非常重要，这就是首先要保证孩子生命安全。

有个一岁多女孩，刚学会走路第二天，把烧水壶搬翻倒在身上，父母情急之下给孩子脱衣服，把左胳膊上的皮整个给扯掉了，小孩子受了疼痛，家里已经花5万多元治疗费，今后还需做除疤痕治疗。

正确的做法应该先用凉水降温，千万不要急着脱衣服，马上到医院，请大夫剪掉衣服做伤口处理。

有个孩子过年放炮炸黑了脸，有个孩子炸伤了眼睛，有个孩子不遵守交通规则，横穿马路出了车祸，有个孩子爷爷带着孙子回老家，看管不好溺水。这样的事情经常发生，一定要引起家长的高度重视。

孩子安全是第一位的。

人之初，性本善，性相近，习相远，苟不教，性乃迁，教之道，贵以专。树品德、传知识、炼体质是幼儿阶段的三个关键环节，希望家长们把这三个关键点，融入细化到日常的教育、生活之中，寓教于乐，让孩子快乐健康成长。

一至六岁孩子的特征

了解掌握一至六岁孩子的特征，对于正确教育孩子有重要的作用。所以，家里有小宝宝的父母，一定要学习掌握这些特征和规律。

孩子的成长是一个缓慢的过程，在不同年龄阶段会学习不一样的知识，逐渐拥有不同的能力。很多天才儿童，跳级完成学业考上大学后，结果却不尽人意。

有这样一个小故事，在一条街上有三家裁缝店，每一家都想招揽最多的客人。第一家裁缝店挂出一块牌子“我是本省最好的裁缝”，第二家裁缝店挂出一块更的大牌子“我是全国最好的裁缝”，第三家裁缝店挂出一块很小的牌子“我是这条街上最好的裁缝”，结果这条街上的客人都来第三家做衣服，前两家变得冷冷清清。这个小故事意在告诉我们：将视线收回眼前，着眼现实，从当下做起，从身边的一点一滴小事做起。

因此，在孩子的各个年龄段做好眼前的事情足矣！尤其一至六岁是孩子一生中的黄金时期，对孩子的将来产生至关重要的影响。

一、1岁，安全感建立期

对于这个刚来到世界一年的孩子，最依赖的就是和他血脉相连的父母。在这个阶段，只需要父母能够多在孩子身边，让孩子感受到来自父母的关爱，这才是最重要的事情。

这时候的孩子都是不懂事并且充满好奇，父母应该多一些包容和耐心，不能孩子出现错误就动辄打骂惩罚。

这么小的孩子，对于事物的记忆还没有完全形成，但是对环境和情绪的感知，会深深种在他心里，在他成长中深入骨髓，打上不可磨灭的烙印。

比如我家小外孙刚一岁时，当大人抱着他到外面游玩时，他总是紧紧抓住大人，总怕把他弄丢了，这就是孩子没有安全感的典型特征。

二、2岁，幽默感的建立期

这时候的孩子，已经逐渐能够明白父母说什么，虽然还不能表达，但是已经开始，逐步学会融入到人群中，他们会故意做出一些有趣的表情、动作，逗父母开心。

我朋友孩子两岁十个月，别人逗他，长大后找几个女朋友，他就伸出五个手指，说找五个，他的顽皮幽默，把众人惹得哈哈大笑。

这时候父母可以设置一些情景游戏，让孩子参与进去增强幽默感。幽默感对一个人的重要性，不亚于自信的地位。

通过观察，孩子一岁半到2岁，虽然只能说一个、二个、三个字，但已经能够听懂大人的话语，大人表扬他就很高兴，批评训斥他就会生气不开心，这时让孩子学会幽默就非常重要。

三、3岁，创造力的发展期

这时候的孩子，已经会说话能表述自身想法，由于自身的想象力变得丰富，会出现很多奇妙的想法。

父母应该鼓励孩子，勇于去将想法变成现实，虽然有时候会变成毁家小能手，但是这是创造力发展的必然条件，就是自己动手。过了这个阶段，就不会再出现太严重的“破坏”行为。

我和许多人交流，生男孩的家长都说，他家养了一个小“土匪”，不高兴就乱摔东西，其实这是一个正常现象。

孩子的第一个逆反期，出现在两岁半到三岁左右，自我意识萌发逆反期逐渐显现出来，孩子的创造力与逆反期同时萌发、发展。

不过现在的孩子大约1岁前后就开始表现的“叛逆”了。我外孙不到2岁，一不顺意就开始哭闹，一不高兴就摔东西，有时甚至打人脸，这就是典型的叛逆现象。

一方面现在孩子的确越来越聪明了；另一方面是父母们养孩子更加小心，也因此对孩子更早、更多说“不”。孩子们说出的第一个“不”，就是从父母这里学来的。

这个时期的孩子，行动上，常常会用“打人”来表达自己不同意、反对的态度；语言上，则开始说“不”，什么都是“不”，做与不做都是“不”。

这是孩子最早有意识与父母的分离。在这个过程中，孩子开始形成自己的想法和态度，感受与他人分离的快乐，并由此建立和派生出孩子独立优秀的品质。

四、4岁，语言能力的飞速发展期

这时候孩子正是处于一个爱说的年纪，在和孩子对话的时候，应该加一些成语歇后语，能有效增加孩子的词汇量。

千万避免在孩子面前爆粗口，很容易导致孩子也跟着学说脏话。有个孩子，邻居逗他玩，这个孩子竟然用脏话骂人，弄得家长很难堪。

有的孩子结巴，则需要耐心慢慢教导孩子。如我孩子的小舅舅，十岁了还有点结巴，经过多年反复纠正训练，长大后说话表达正常了。

引导孩子多说、敢说、会说才是最重要的。

五、5岁，亲近父母期

这时候的孩子已经有了自我控制和理解能力，特别希望受到关注和表扬，所以此时父母一定要多夸奖孩子，多去理解孩子的想法。这时候的孩子是捉摸不定的，或许很讨厌，或许很懂事，关键在于家长正确的引导。

好孩子都是父母夸出来的，这句话说的很有道理。有人还专门写过一本书就叫《好孩子都是父母夸出来的》。

六、6岁，自我矛盾期

为什么这个时期的孩子会出现自我矛盾呢？因为此时的孩子，内心已经有了初步的自我意识，变得有自己的想法，而当这种想法得不到父母或者其他人的认可，就会对自己产生怀疑，出现深深的矛盾心理。这时候父母应该多听听孩子的想法，了解和孩子想法的不同点在哪里，努力化解彼此间的矛盾。

孩子总是在一天天的成长起来，不要期望孩子一夜长大，只要父母能够了解每个阶段孩子的特征，就能够在教育孩子的问题上，更好地解决亲子之间的矛盾。你家宝贝是在哪个时期呢？

孩子学习六岁以前就拉开了距离

俗话说："三岁看大，七岁看老"，它概括了幼儿心理发展的一般规律。从3岁孩子的心理特点、个性倾向，就能看到这个孩子青少年时期的心理与个性形象的雏形；从7岁的孩子身上，就能看到他中年以后的成就和功业。

家长在早教时，一定要注意言传身教的作用，父母就是孩子的一面镜子，父母和孩子之间是一种双向沟通的关系，父母要懂得尊重孩子的意见，多些耐心，更多去了解孩子，把握好3岁黄金期，才会按照其本身的特点和潜能教育孩子健康成长。

美国著名心理学家布鲁姆曾对近千名儿童从出生一直到成年的追踪研究表明：5岁前为智力发展最为迅速的时期，如果把17岁的智力水平看作100%，那么孩子在4岁前，就已经获得了50%的智力，其余的30%是在4～6岁间获得的，剩余的20%则在7～17岁间获得。因此，孩子从出生到6岁这一段时期，对家长来说，必须要密切关注和把握！

经过我多年观察发现，6岁以前孩子学习好坏，就已经开始拉开了距离，原因有以下几个方面：

一、父母的素质决定着孩子6岁以前的素质

在我国，拥有本科以上文凭的人群有一亿多，对于14亿人来

说，高学历的人只占到十四分之一多，家长素质高行为习惯相对就会好，他们会将优秀的品质和行为习惯传导给子女。

调查发现，通过孩子的一些行为习惯，就可以折射出父母的影子，即父母的行为习惯。可以肯定的是，所有的家长都是按照自身的行为习惯教育子女。

孩子6岁以前，如果是父母带，孩子的性格、觉悟、喜好等就与父母十分相似。许多年轻夫妇，都希望自己带孩子，喜欢用现代新型的教育理念教育孩子，这种做法是对的。但怎样才能带好孩子，怎么才能培养一个优秀的孩子，大家都是摸着石头过河，甚至有人还没有准备好就做了父母，把自己的孩子当成一个试验品。可是孩子的教育，不可复制，也不可以重来。如果想让孩子长成一个快乐、大度、无畏的人，那这孩子就需要从周围的环境中得到温暖，而这种温暖只能来自父母。

目前，3岁以前孩子的教育体制不发达，缺少保育幼儿所，只能依靠自己，依靠自身文化资源管教孩子。“优质陪伴”永远不晚，但越早越好。0到3岁是人一生中发展最快的阶段，也是大脑发育的黄金期，大脑在这个阶段最为活跃，可塑性最高。

诺贝尔经济学奖获得者詹姆斯·赫克曼，曾提出著名的“赫克曼曲线”：0－3岁早期教育的投资回报率为1∶18，3~4岁下降为1∶7，小学又下降一倍，为1∶3，大学直接跌落至1∶1，年龄越大教育投资回报率越低。所以说，儿童早期发展决定了个体自身的发展潜力。

在我国，有相当一部分幼儿交给爷爷奶奶或姥姥姥爷去带。老人管孩子吃住饮食起居没有问题，要想给孩子传授良好的行为习惯和文化知识，就很困难了，这种隔代亲的教育方式，往往对幼儿比较娇惯，使幼儿养成任性、霸道等许多不良习惯。

当父母由于工作等原因把孩子交给老人带时，再忙也要每天抽一小时，陪孩子玩，万万不能当甩手掌柜。从出生开始，就应该定期到正规医疗机构的儿保科进行健康检查，让专业的儿保医生定期评估孩子的体格发育和身心发育。

有位爷爷带3岁的小孙子在院里玩，另一位老奶奶逗小孩，3岁的孩子出口就骂人，这些骂人的粗话，很可能是跟大人学来的，大人经常在孩子面前粗口爆料，孩子也会跟着学。

住同院的另一个小孙子，见人就很有礼貌，又叫“爷爷好”，又叫“奶奶好”。虽然只是几句话，却给人一种“良言一句三冬暖”的感受，孩子这种细微的差别，就反映了父母素质的高低。

一般来说，父母的素质高，孩子也会素质高，父母素质低，孩子也会素质低。因此，父母要努力提高自己的综合素质。

二、父母知识的多少，决定了孩子6岁以前学到知识的多少

春节期间，我去公园游览，看见腊梅在寒冬里竞相绽放，让人联想到宋代王安石《梅花》里的诗句：“墙角数枝梅，凌寒独自开，遥知不是雪，为有暗香来”。在这个如诗如画的意境里，游客争相合影留念。

一会儿时间，我就遇见了两位年轻的妈妈，带着自己的孩子，问我这是什么花。当时我就思考，孩子的妈妈自然知识了解不多，怎么可能教给孩子很多知识呢？

每个人做孩子时，父母、老师让好好学习，却不愿意下功夫学习，长大后做人父母时，才理解了“书到用时方恨少”。

孩子6岁以前，是学说话，了解世界的重要阶段，父母要用丰富的知识去教孩子。孩子需要的不仅是奶水，更需要大量文化知识的滋养，若家长文化程度较低或不耐心去教，孩子就会少学很多知

识，孩子也就会放弃学习。

我们外出坐地铁、坐高铁，经常会看到家长抱着手机玩，孩子捧着游戏机玩，这种习惯肯定会对孩子产生负面的影响。

父母若有比较丰富的知识储备，孩子6岁以前，在管教孩子的过程中，就可以随时随地传授给孩子知识，耳濡目染，孩子会学到很多知识。其实孩子6岁以前所学知识的多少，在于父母给教了多少知识，也是检验父母知识储备的标尺。

可见，孩子6岁以前，在学习方面就已经开始了竞争，已开始拉开了距离，孩子们的比拼，实质就是父母们之间教育能力的比拼。

三、家庭氛围直接影响6岁以前孩子的身心健康

每个人都是家庭的一份子，家庭的幸福与否，直接影响着孩子的身心健康。盘圆则水圆，盂方则水方。

有一对夫妇，性格都比较内向，不太爱说话，他们的孩子已经上了大学，一直不喜欢说话，性格相对比较孤僻。而另外一对夫妇，女的特别爱说话，他们的孩子从小语言就很好，长大后与人交流，就非常流利顺畅。

一般来说，和谐幸福的家庭，孩子身心就比较健康；相反，父母经常吵架或离异的，给孩子的身心就会造成严重的伤害。

幸福的家庭都是相同的，不幸的家庭各有各的不同。幸福的家庭，家里处处充满温暖，充满着爱；不幸的家庭，处处暗含着恨，暗含着冷漠，孩子长期处在这种家庭氛围内，在习惯、性格等方面总会留下一些缺憾。这种缺憾会伴

随孩子一生，并传导给下一代。

资料显示，每年领取结婚证的新婚夫妇有500多万对，每年离婚的约有180多万对。高离婚率，对下一代的影响是非常大的，有许多单亲家庭的孩子，要么缺失父爱，要么缺失母爱，孩子会在性格上有这样那样的缺陷。家庭破裂，给孩子造成的伤害是很难弥合的。

对孩子来说，什么是幸福？就是有一个完整的家，有负责任的父亲和有爱心的母亲，家里有说有笑，和谐相处，每晚能躺在父母身边温暖的被窝里做美梦。

幸福的家庭氛围，才能培养出一个身心健康的孩子，身心健康的孩子，才会阳光、乐观、开朗、向上，有爱心、有责任心。

四、6岁以前孩子之间的竞争就已经开始了

许多家长总认为6岁以前孩子还小，不用教什么，也不用学什么，只要吃饱穿暖玩好就行了。

其实孩子之间的竞争，从出生就已经开始了，特别是2岁左右，从孩子学说话开始，学说话的多与少、流利与否已经有了差距。

有耐心、素质较高的家长，从孩子2至3岁起，每天会给安排一些时间，教孩子学习说话、识图；到孩子4至6岁时，就教孩子认字、写字、背诗，这些启蒙教育应是不可缺少的。

近代英国教育家洛克在其《教育漫话》中说道："儿童不是用规则教育就可以教育好的，规则总是被他们忘掉。你觉得他们有什么必须做的事，你便应该利用一切时机，给他们一种不可缺少的练习，在他们身上固定起来。这就使他们养成一种习惯，这种习惯一旦养成以后，便不用借助记忆，很容易地、很自然地发生作用了。"可见有意识地培养习惯非常关键。

有个同学的孙子才2岁半，已经能背30几首诗，背三字经，认

识100多个字。相对其他同龄孩子，孩子在学习诗词方面已经走在了前面，这就是差距。

中国诗词大会上，北京有一个11岁男孩，能从百人团中脱颖而出，成为挑战者，这一定与6岁以前家长的教育分不开。

孩子6岁以前的竞争，是行为习惯的竞争，也是学习文化知识能力的竞争。

古希腊先哲亚里士多德就曾指出："总以某种固定方式行事，人便能养成习惯"，行为习惯对孩子来说十分重要。

如文明习惯，许多家长从小就教孩子，不要随地吐痰，不乱扔果皮杂物，孩子从小就会养成文明礼貌的习惯。

如生活习惯，有些家长把家里整理的井井有条，孩子从小在这种氛围中天天生活，也就学会了干净、整洁的习惯；有些家里脏乱差，孩子会养成不拘小节、脏乱差的生活习惯。

我外孙从1岁开始，每天早饭后，给教一会儿看图识字，养成习惯后，每天到这个时间，他就会找图册和大人一起看。现在已能分清许多种汽车的车型，这就是一个小小的学习习惯。

我国每年出生的新生儿有1700万左右，每个孩子处在不同的家庭环境里，但各种竞争从出生后就已经开始了，希望年轻的家长，为自己的宝宝助力、加油！

孩子学习文化知识之间的竞争，从上幼儿园就已经开始了。许多家长为给孩子选幼儿园大费周折，在西安选一所好的幼儿园要花几万，一线城市，价格会更高，其实家长选幼儿园的过程，就是一种竞争的过程。

现在家长越来越青睐民办幼儿园，因为民办幼儿园给孩子教拼音、生字，公办幼儿园按照教育部的规定，防止幼儿教育"小学化"，不允许给孩子教识生字。到底选民办幼儿园好，还是选公办幼儿园好？每位家长只能结合实际情况去选择。

一般来说，高档次幼儿园，硬件设施比较完善，配备的教师水平较高，教给孩子的各方面的知识和技能就会多一些。

其实人类过去、现在和未来，始终是他们出生以前和降生以后周围环境的产物，环境决定着人们的语言、宗教、修养、习惯、意识形态和行为习惯。

总之，孩子6岁以前学习、生活、习惯等方面竞争的序幕就已经慢慢拉开了。

父母的快乐

当年轻的父母孕育了一个崭新的生命，
一定会欣喜若狂。
当孩子出生的那一刻，
父母一定会惊喜万分，幸福满满。
看着新生命一天天长大，
父母充满甜蜜和幸福。
当孩子上学获得一个个小红花，一张张奖状，
父母会高兴地合不拢嘴。
当孩子中考、高考成功，
父母会十分满足和骄傲。
孩子脸上的笑容，
就是父母的快乐。
孩子是上帝给父母的恩赐，
会给父母带来生活的动力和希望。

第二篇

小学教育

XIAOXUEJIAOYU

学习是件快乐的事情

过去有一位牧童，
从小喜欢放羊，每天坐在坡顶，他很快乐，
几十年过去了，
他放了一群羊，仍很快乐也很知足，
但他始终没有走出大山。

我从小出生在农村，
村里传统的副业是用芦苇编席子，
我不喜欢，也不愿意学，
编席子没出息，学习才有乐趣，有奔头，
后来我成为村里第一位通过考学出来的人。

现在出生的孩子，都非常聪明，
每天背着书包来到校园，快乐的吸吮着知识，
长大后变成国家的栋梁，
不要去做放羊娃、编席孩，
聪明若不知道快乐的学习就会变得平庸。

学习很快乐，
它使愚者变聪慧，它使弱者变强大，
它使盲人见到光明，残疾人插上翅膀。
为了今后少些痛苦，
请快乐的学习吧!

小学生要养成良好的学习习惯

思想决定行为，行为决定习惯，习惯决定性格，性格决定命运。世界上许多事物都是相关联的，日常生活中看似平常又“无伤大雅”的不良习惯，最终造成的破坏力，却能超乎你的想象。

我国著名教育家叶圣陶强调：父母的第一责任是教育孩子，而教育孩子第一位的就是帮助孩子养成良好的习惯。养成好习惯，一辈子受用，养成坏习惯，一辈子吃亏，想改也不容易。好习惯是助推器，是助人腾飞的动力；坏习惯是枷锁，是难以挣脱的羁绊。

好成绩都是帮出来的。

要想孩子的成绩好，父母肯定要做出相应的努力，不是所有孩子在学习上一开始都有自己的学习方法，不管是给孩子找个相熟的大学生家教，还是帮孩子跟老师沟通学习上的问题，对孩子来说，都是父母在帮助他。

对父母来说，最终不管孩子的成绩怎么样，父母这些帮助也是必须要做的。

好习惯都是养出来的。

一个好习惯需要21天才能养成，这足以说明习惯的养成不是一蹴而就的，所以当家长发现自己的孩子没有一些好习惯，或者有一些坏习惯的话，不要着急，慢慢来，坏习惯有一个改掉的过程，好习惯也有一个养成的过程。

小学生正处在学知识、养习惯的重要阶段。这个时期，从一年级起就要注意孩子良好学习习惯的培养。千万不要抱有“孩子还小，再等等”的思想，否则一定会后悔莫及。

一根小小的柱子，一截细细的链子，能拴得住一头千斤重的大象，这不荒谬吗？可这荒谬的场景在印度和泰国随处可见。那些驯象人，在大象还是小象的时候，就用一条铁链将它绑在水泥柱或钢柱上，无论小象怎么挣扎都无法挣脱。小象渐渐地习惯了不挣扎，直到长成了大象，可以轻而易举地挣脱链子时，也不挣扎。

驯虎人本来也像驯象人一样成功，他让小虎从小吃素，直到小虎长大。老虎不知肉味，自然不会伤人。驯虎人致命错误在于他摔了跤之后，让老虎舔净他流在地上的血，老虎一舔不可收，终于将驯虎人吃了。

小象是被链子绑住，而大象则是被习惯绑住。

虎曾经被习惯绑住，而驯虎人则死于习惯（他已经习惯于他的老虎不吃人）。

习惯几乎可以绑住一切，只是不能绑住偶然，比如那只偶然尝了鲜血的老虎。

英国哲学家培根曾说过，习惯是一种顽强而巨大的力量，他可以主宰人生。对于习惯，字典里解释是长期形成的不易改变的行为或风气。

如今，提倡优生优育，提前保健，胎教早教，小孩子除先天智力因素外，绝大部分都很聪明。

但是，在同一个班里，为什么有些学生学习成绩很好，有些一般，有些比较差呢？我认为，最关键还是一个学习习惯问题，正如美国思想家爱默生所言，习惯不是最好的仆人，便是最坏的主人。

如果一个孩子干什么事都很专心，上课时能认真听讲，不懂就向老师及时请教，课后如切如磋，如琢如磨及时巩固复习，全身心地投入，并保持与老师节奏相一致。周而复始，他就能把老师讲的知识消化吸收了。骐骥一跃，不能十步；驽马十驾，功在不舍。长此以往，好的学习习惯自然养成。

如果一个孩子上课时，不认真听讲，玩橡皮、玩铅笔、玩手机、挠耳朵，心里想着下课去怎么玩耍，他一心二用了，甚至多用了，那么他的学习习惯就非常差，一堂课上所掌握的知识就大打折扣。

一堂课，老师教了10个生字，他可能才记住了几个，这样长期下去，他光在课堂上丢的知识就太多了。得之在俄顷，积之在平日。[①]

课堂上，孩子即使只有10分钟不认真听讲，课后可能用一个小时也补不回来。一是因为老师不可能为你一个人耽误这10分钟，专门去给你讲；二是课后你很难挤出一个小时，去补课堂上耽误的10分钟；三是今天耽误10分钟，明天又耽误10分钟，一周、一月、一年算起来就多了，你怎么也补不上来。千里之堤，溃于蚁穴！

种其因者，须食其果！今时差一点，日久差一截。长此以往，学习一落千丈，结果一事无成，注定一辈子生活、工作辛苦，恐怕只能靠卖苦力挣钱养家糊口。

可是，有些孩子学时专一，玩时尽兴。上课能认真听讲，下课玩得又很疯，考试成绩一直很好，学习对于他们来说很轻松很快乐，为什么呢？关键是这些孩子自律性非常好，养成了良好的学习习惯。他们抓住了学习的主要方法，他们会学，所以他们学得还很轻松、很快乐，久而久之就成为一个品学兼优的孩子，孔子曰："少成若天性，习惯成自然"，就是这个道理。

---

①清·袁守定《占毕丛谈》。

有这样一个故事：父子俩住山上，每天都要赶牛车下山卖柴。老父较有经验，坐镇驾车，山路崎岖，弯道特多，儿子眼神较好，总是在要转弯时提醒道："爹，转弯啦!"

有一次父亲因病没有下山，儿子一人驾车。到了弯道，牛怎么也不肯转弯，儿子用尽各种方法，下车又推又拉，用青草诱之，牛一动不动。到底是怎么回事？儿子百思不得其解。最后只有一个办法了，他左右看看无人，贴近牛的耳朵大声叫道："爹，转弯啦!"牛应声而动。

牛用条件反射的方式活着，而人则以习惯生活。一个成功的人晓得如何培养好的习惯来代替坏的习惯，当好的习惯积累多了，自然会有一个好的人生。

当然，在人生的逐梦路上，还有其他诸如卫生习惯、走路的习惯、坐姿的习惯、搭车的习惯、穿衣的习惯、吃饭的习惯、教育孩子的方法习惯等等，凡此种种行为习惯都与学习紧密关联。这就需要老师、家长和孩子共同努力，共同去摸索，找出适合自己孩子个性特点的教育模式，尽可能培养出一个各方面都表现优秀的孩子。优秀不仅是表象，其实也是一种能力，也是孩子从小就要养成的一种习惯。

培养良好的学习习惯包括许多方面，下面，我挑选一些重点和普遍性的问题，与各位家长和学生共同探讨。

养成上课注意力集中的习惯

上课注意力高度集中是养成良好学习习惯首要问题，这一点非常重要。

从前，有一个下棋能手名叫秋，棋艺非常高超。秋有两个学生，一起跟他学习下棋，其中一个学生非常专心，集中精力跟老师学习。另一个却不这样，他认为学下棋很容易，用不着认真。老师讲解的时候，他虽然坐在那里，眼睛好像看着棋子，可心里却想着："要是现在到野外射下一只鸿雁，美餐一顿该多好"。因为他总是胡思乱想，心不在焉，老师的讲解一点也没听进去。

虽然两个学生同是一个名师传授，一个进步很快，成了棋艺高强的名手，另一个却没学到一点本事。

古语云：师父领进门，修行在个人。

大家仔细观察就会发现，学习好的孩子，上课时注意力绝对非常集中，他会跟随老师的讲课节奏，老师让读他就读，老师让写他就写，老师提问他就大胆发言，回答问题，下课后就去放松玩耍，这是一条普遍规律，但说起来容易做起来难。这个专心问题，注意力集中的习惯，一定要从小孩出生后，家长就要慢慢去引导。

比如，小孩一岁多学说话，家长教的时候就专心去教，小孩玩玩具时，就教会他专心地去玩，看电视时，就教会他专心的去看，哪怕刚开始坚持的时间很短，也要慢慢让他养成专心的去做一件事情的习惯。这样就为他以后上幼儿园、上小学，保证上课时注意力集中，打下了一个良好的基础。

家长和老师都要非常重视培养孩子注意力集中的习惯。

一个优秀的演讲家，在他演讲时，一定会与听众互动，一定会抓住听众的注意力，或围绕听众最关心的问题去讲；一个优秀的老师，上课时也会顾及孩子的注意力，有时他会不时地插播一个笑话，或讲一些与所授知识相关的有趣事情，来吸引孩子上课听讲的注意力。

我在上学的时候，一位语文老师正在讲课，发现同学们的注意力不集中，有的打瞌睡，有的思想抛锚想别的事情，他就打趣说，我看同学们都在想心思，是想男同学呢还是想女同学呢？大家一下子都被这句幽默的话吸引住了，于是哈哈大笑，听课的注意力骤然升高。

学生上课注意力是否集中，与老师授课技巧水平也有一定关系，但最根本还是孩子自身要养成注意力集中的习惯。

春秋时期，有个人叫高凤，家庭以种田为生，妻子在庭院里面晾晒麦子，因要到田里去干活，就让高凤看住鸡以防吃麦。当时突然下了雨，高凤拿着竹竿读经书，非常专心，做到两耳不闻窗外事，没有发觉水已经把麦子冲走了。妻子回来责问他，才发觉麦子被冲走了。

我孩子上小学时，周末在校外补英语，由于上课注意力很集中，课堂上把所学英语单词，读几遍或写几遍就都记下了，回家后也不见她背单词，我就问她原因，她说课堂上都已记下了。这件事对我启发很大，说明孩子上课注意力集中有多么的重要，孩子抓住了课堂，就掌握了最主要的学习方法。

许多家长跟我讲，他孩子上课经常玩东西，注意力不集中，我就告诉他们，去和老师沟通，让老师把孩子批评几次，上课提问几次，慢慢就会纠正上课注意力不集中的毛病。

正如有人所说孩子的心是块奇怪土地，播上思想的种子，就会收获行为；播上行为的种子，就会收获习惯；播上习惯的种子，就会收获品德；播上品德的种子，就会收获命运！

孩子一定要养成上课注意力集中的习惯，这是学习习惯中最重要的一条，务必请孩子、家长、老师高度重视这个问题。

养成独立完成作业的习惯

作业是巩固当天所学知识的最佳方式，也是学生每天必做的事情，作业完成质量高低，直接影响当天所学知识的巩固程度，所以，独立完成作业，是学生必须需要养成的习惯。

玛丽亚在做功课，姐姐和同学在她面前唱歌、跳舞、做游戏。玛丽亚就像没看见一样，在一旁专心地看书，时间一分一秒地过去了，玛丽亚不为所动，依然不理不睬，安静地做完自己的功课，而且一直坚持下去。玛丽亚长大以后，成为一名伟大的科学家，她就是居里夫人。

习惯就像雏鹰的一双翅膀，能让我们在高高的蓝天上翱翔；习惯就是我们成长过程中最亲密的伙伴，能让小苗在阳光下茁壮成长。

从独立完成作业这个角度，大致可以把学生分为三类：一类是能坚持独立完成作业；二类是在别人帮助下完成作业；三类是抄袭别人的作业。

当然我们提倡第一类，坚决反对第三类。大家经常会听说，有些孩子出钱让别的孩子写作业，或出钱抄别人作业。

作为家长和老师，从小学就应该不断纠正孩子的不良习惯。否则久而久之，小毛病就会变成大问题。尤其是抄作业这个坏毛病，因为越抄成绩越差，越差越依赖别人，越依靠抄袭来完成每天的作业，这样恶性循环下去，学习成绩自然就越来越不好了。因此，从小养成独立完成作业的习惯就显得非常重要。

我去几所学校作报告，校长们都建议让我多讲讲抄袭作业、考试作弊的危害，说明独立完成作业必须引起孩子高度重视。

好习惯成就大未来，坏习惯错失好时机。好的习惯可以让我们终身受益。

严是爱，宽是害，松松垮垮害一代。

在独立完成作业这一方面，家长和老师坚决不能退让，独立完成作业是学生每天必须完成的任务，从小要让孩子养成独立完成作业的习惯。

养成先写家庭作业后玩耍的习惯

孩子每天放学后，都会面临写作业和玩耍的选择，学会克制自己贪玩的欲望，才能在自律中不断磨炼出自信和好的学习习惯。

斯坦福大学心理学家米切尔，从1966年到1970年那段时间，在幼儿园做了一个“棉花糖实验”。

他把一颗糖放在实验室的桌子上，让每个小朋友坐在桌子面前，然后告诉他们，可以现在吃掉这颗糖，假若等一段时间再吃，就会有两颗糖吃。

他长期跟踪这些参加实验的儿童，在他们长大后，米切尔发现，那些当年选择等一下再吃糖的孩子，比马上吃掉糖的孩子，在人生各方面都获得更好的成就。

所以，孩子放学后，要处理好完成作业和玩耍的时间安排，不能把二者本末倒置，在两个时间段完成作业收到的效果完全不一样。立刻吃掉糖还是等一等再吃糖，这是生活中的平常小事，但考验的是一个孩子自控力、忍耐力、坚持力。在这些小事面前频频失控，最终导致自我失控，在人生面前无能为力。把每件小事叠加起来，就是人生。

贪玩是孩子的天性。家长忙碌一天，会采取运动、打牌、看电视等方式缓解疲惫的身心。孩子也一样，学习一天回到家里，也想和小朋友一起去玩耍、玩游戏或看动画片来放松自己。但家长和孩子都要掌握玩的时间和尺度，做到适可而止，不可放任自流。一个人失去自我控制能力，是因为思想、欲望、情绪和冲动出了问题，所以我们要加强这些方面的训练，培养孩子的意志力和坚持力。许多家长经常给孩子限定玩的时间，其实这也是一种很好的教育方式。

教育部不断出台政策，要求给孩子减负。其中规定一、二年级老师不允许布置家庭作业，这是一件好事。不过，到了小学三年级还是要布置家庭作业。作为家长千万不要误认为一二三年级是小学低年级，学习习惯好坏不重要。实际上小学一二三年级几乎可以决定孩子小学乃至初高中的学习状况，因为这是好习惯养成的原始期，一旦养成坏毛病很难纠正，因为习惯具有很大的惯性。

家长应该帮助孩子养成放学回家后先写作业，再安排其他活动的良好习惯。

那些身边的“学霸”，都具有良好的学习习惯。他们会主动探究知识，会不厌其烦地对某个知识进行反复记忆和学习，直到弄通弄懂了才去玩耍或者去休息，他们把学与玩的尺度把握得很好。

据我多年的观察和分析研究，小孩若放学后先去玩，精力、体力都有很大消耗，孩子一般都是跑得满头大汗，或玩游戏玩得非常兴奋，当家长反复制止时才收手，这时孩子精力记忆力已经下降，看似把作业写完了，但与先写作业的孩子相比，学习效果却大不相同。

比如当天学8个拼音，放学后先完成作业的孩子，由于精力比较充沛，8个拼音全部都记下了。但先去玩的孩子由于分散了注意力，思维衔接出现断层，写完作业后，一般只能记下80%左右。时间长了，这一习惯导致的后果是今天少学一点，明天少记一点，学习成绩自然而然就差了。正所谓：失之毫厘，差之千里！

养成及时纠错的习惯

习惯是一种看不见的力量，是在不知不觉中养成的，学生学习成绩的好与坏，不仅与学生的智力有关，更主要的还是与学生的学习习惯紧密相关。

错题是一种正常现象，减少错误就是一种进步。

孩子们在平时的作业或课堂练习中，常常会出现一些明显的错误，大家都喜欢将这种错误归结为粗心大意，其实这不仅仅是粗心或笔误的问题。而是他们做完习题后很少进行反思，只是就错改错，没有对知识和方法进行归纳和总结。

有研究认为学生的错误不可能单独依靠正面的示范和反复的练习得以纠正，必须是个“自我否定”的过程，而“自我否定”又以自我反省，特别是内在的“观念冲突”作为必要的前提。

如何有效地帮助学生及时纠正错误，就显得尤为重要。一定要引起老师和家长足够的重视。如果不能及时纠正错题，那么日复一日，错题会越来越多。错题越多，说明孩子掌握的知识越少。长此以往，恶性循环，学习必将一塌糊涂。

培养学生及时纠正作业错误的好习惯，离不开老师和家长的督促和管理。细心的孩子，会准备一个错题本，在期中或期末复习时补齐短板，积小流成江海，积硅步至千里。这样就把所学知识补充全面了。

一个孩子从小学一直到大学，每次考试都会出现错题，这是正常现象，一个人不可能从小到大每次每门功课都考100分。错题的本质意义不仅仅在于你做错了，而是你从纠错过程中学到什么。

有效纠正一次错题，堪比你练习很多的题，意味着举一反三把同类题型又重新练习了一遍，以后遇到类似的题目，就不会再无从下手了。

发现错题、整理错题、重做错题，这一点很重要。这是一个日积月累的过程，更是一种良好的学习习惯，稍一恍惚，高分便就会渐行渐远。

有一次，一个孩子告诉我说这次没有考好，数学只得了80分，我说是好事呀，错题扣了20分，只要纠错了，就是满分，说明你提升的空间还很大，孩子一想就是这个道理，后来数学越学越好。

从艾宾浩斯记忆法来说，及时纠错就是行之有效的巩固和强化。如果每次都能及时纠错，这些错题就会深深印入脑海。一学期下来，所丢的知识点就比较少，这样学习成绩自然会提高。

所以，孩子从小要建一个错题本，从小养成及时纠错的习惯。

培养学好数学的习惯

德国哲学家黑格尔把数学称作是上帝描述自然的符号，对于很多家长、教师而言，怎样让孩子学好数学，的确是件苦恼的事情。要让孩子学好数学，请记住四句顺口溜：调动兴趣是关键，数学基础要打牢，思维训练要做好，习惯坚持很重要。

一、调动兴趣是关键

因为孩子喜欢数学，才愿意去学数学。在学习过程中遇到任何艰难险阻也愿意去克服，化解困难所得来的成功体验，又增强了孩子学习的兴趣和信心。要想学好数学，调动孩子的兴趣是关键。

亲其师方才信其道。优秀的老师，都善于关心、关爱孩子，与孩子的关系都非常融洽。做人以真，待人以善，示人以美，永远保持一颗童心，做孩子们的好朋友。课堂上，如果有成绩不好的学生举手发言，明知他会回答得不好，也应当鼓励和支持他。当然，家长也要积极引导孩子喜欢老师。比如，通过和孩子讨论老师的授课方式、性格特点等，引导孩子关注老师的闪光点，发现老师值得自己学习的解题思路、思考方法、习惯和品质等等。

我的体会是，孩子要尊重老师，不能挑老师的“刺”，如若对老师有意见，不愿听课，吃亏的是自己，老师的工资又不会受到影响。因此，家长和孩子坚决不能轻易否定老师，否则就会降低老师在孩子心目中的威信，最终受害的还是孩子。

我女儿上初二时，换了一位数学老师，这位老师的陕北口音很重，同学们有点不喜欢，我女儿带头和同学去找校长，要求更换老师。我知道后，就狠狠批评了孩子，引导她理解老师，尊重老师，不能与老师较劲打别扭。要知道"一日为师，终身为父"的道理，孩子应该像爱父母一样爱自己的老师，这样才能建立和谐的师生关系。

二、数学基础要打牢

没有牢固的地基，哪来的高楼大厦？有很多孩子看似粗心而做错的题目，经仔细分析都是由于基础知识不牢固所造成的。比如有的孩子会说："我就是分不清这两个公式，考试时用错了"。如果这个孩子不仅仅记住公式，而且会推理的话，考场上现场推理也是可以避免这个问题的。另一方面，孩子有必要掌握、识记一些最基本的知识，也可以说是最基本的工具，比如30以内的自然数的平方，1-9的立方等。

打牢基础也可以通过做题来实现，这跟题海战术不同，有的学生可能做两道题就弄懂了，那就不需要再做，有的学生可能需要做20道题。总之，为了达到最好的理解和记忆效果，让学生自己理解知识点之后，再多做1-2道题，达到150%的理解和记忆效果。

打好基础的五步学习法：

一是做好课前预习，掌握听课主动权。

二是专心听讲，做好课堂笔记。

三是及时复习，把知识转化为技能技巧。

四是认真完成作业，提高分析解决问题的能力。

五是及时进行小结，把所学知识条理化、系统化。

三、思维训练要做好

一个人逻辑思维习惯的养成，可以通过数学逻辑思维的学习加以锻炼。

老师和家长在给孩子辅导时，不要一次性把思路都讲完，要以提问的方式逐步引导孩子独立思考，或讲一半留一半让孩子自己思考。如果孩子没有能力思考下一半，至少要让孩子独立思考到下一步。当然，老师和家长还要适时给予言语鼓励。一方面增强孩子的自信心，让孩子体会独立解决问题的成功感；另一方面，老师和家长在鼓励孩子的过程中要改进对孩子的认识，培养孩子对同一问题深刻思考的能力和习惯，培养孩子的学习兴趣。

1983年我上师范时，有位数学老师讲课时不看课本，讲的例题与课本完全一致，又擅长一题多解，布置作业也是不看课本，直接说出第几页第几题是今天的作业，我们同学对这位老师都非常佩服，无形之中提高了我们学习数学的兴趣和逻辑推理能力。

四、习惯坚持很重要

好习惯成就好人生，学习数学也是如此。

上面所说的五步学习法是很好的学习习惯。除此以外，孩子还需要养成认真审题，认真检查，有问题必解决的学习习惯。

其实，每位孩子都有自己学习数学的一套方法，如果效果很好，就作为学习习惯坚持下来，如果效果不好，就要及时纠正，摸索出一套行之有效的方法习惯，不断提高自己的数学成绩。

养成熟记记叙文六要素的习惯

记叙文六要素对每个人的学习、工作、生活影响非常大，每个人都应熟记于心，并灵活运用在日常生活、工作之中。

记叙文的六要素也是我们现在常说的6个W，即：时间（when）、地点（where）、人物（who）、事件的起因（why）、经过（how）、结果（what）。只要记熟了记叙文六要素，写一篇记人或记事的作文就简单了。

如在什么时间、什么地点、谁做了什么事、为啥做这事、怎么做的、得到了什么结果。很简练地就能把一件事交代清楚，思路非常清晰，掌握这一点，终身受益。

学而不思则罔，思而不学则殆。这句话提倡的是一种从容地把有限的知识放大到极限的学习方式，一定要一边学，一边想，一边应用，不断地历练提升自己的表达能力。

许多人经常出现对一件事情讲不清楚、说不完整，就是因为没有掌握好记叙文六要素。

家长带孩子看了一场电影，看完后让孩子讲影片的内容，现实生活中许多孩子，只能说出电影中的一个片段细节，抓不住关键点，建议家长可以测试一下自己的孩子。尝试用记叙文六要素去讲，很快就抓住了要领，几句话就讲清了。

我也犯过同样的毛病，看完电影后，讲不清楚，别人就笑话我，这一笑话深深刺痛了我，从此下定决心思考，尽量用几句话讲清一件事，慢慢就养成了勤思考、善总结的良好习惯。

现在经常出去讲课或作法治报告，思路就很清晰，用几句话就把一个案例讲清楚了。

比如关于抢劫罪的描述，什么时间，什么地点，甲用什么手段，抢了乙多少钱，抢的钱干什么了，什么时间抓获的，羁押在什么地点，很简单就把案情讲清楚了。

其实学生上语文课，老师就是把每一篇课文，给学生剖析讲解作者开头怎么写，中间怎么写，结尾怎么写，每一段段意是什么，中心思想是什么。通过每篇课文剖析讲解，实际上就是引导学生去模仿，为孩子写作文打基础。

古人云：熟读唐诗三百首，不会作诗也会吟。

因此，我建议家长每次给孩子讲故事时，最好用记叙文六要素去讲，既简洁干练，又能讲清楚，孩子也能记住。长期坚持，孩子就养成说话逻辑思维清晰的好习惯，也就学会了用记叙文六要素讲故事、写作文，孩子将会终身受益。

【美文共赏】

父爱如山

周六晚上，睡不着，想着还有许多事要做，就起来写作业，忽然听见开门声。我偷偷地把房门打开一条缝，看见父亲走了进来，我轻手轻脚地爬回床上。果然，父亲过了一会便走过来看我睡了没有，我装睡，他转身关上门走出去，我瞥见他汗水浸湿的背，还有不再如从前精神的肩膀。

小时候，父亲带我去游乐场，那天，恰好人多，挤了好久才进去。父亲让我坐在他肩上，父爱的高度让我免受人海的推挤，他背着我穿过了一个个人山人海。那天，我玩的很开心，嘴里塞满了零食，搂着父亲的脖子，不停地要求父亲去这儿去那儿，丝毫没有发现父亲的后背已经被汗水浸湿，依然在他肩上不懂事地闹腾。

稍大些后，出去旅游，我总是一身轻松，而父亲背着所有的包袱。那个时候出去玩，最喜欢的就是爬山，还有就是捧着相机拍照。我总是挂着一个巨大的相机，一个人跑在前面，把所有大包小包仍给父亲，他从没有说过半句话，只是说："重不重，要不要我帮你拿。"我也一股脑儿全塞了过去，那时我怎会看见，父亲在我身后气喘吁吁，大汗淋漓的身影。

上了初中，学习上有问题我总会去问父亲。父亲一遍遍耐心地给我讲解，陪着我，等着我把作业写完才睡觉。直到这时，我才发现，父亲的肩膀早就不如从前了，他额头上也多了许多皱纹，没有从前的活力了。父亲变老了，父爱的高度却没有改变。

我要感谢父亲，他从小对我默默地，无声地，却又细致入微的关爱。我对父亲的爱视若无睹，我的心是麻木的，现在，我麻木的心被释放了。

父亲对我们的爱不如母爱那样明显，是无言的，深沉的，也是无法取代的，所有友情、爱情在父爱面前都是那么的苍白逊色，我们要珍惜当下“树欲静而风不止、子欲养而亲不待，”我们要珍惜父母给我们的爱，珍惜孝顺他们的每一个机会……

母亲的十大恩德

母亲对我们的恩德比大地还重，比高山还高。一个人在世间最亲密的是母亲。母亲对子女的恩德具体都有哪些呢？

1. 怀胎守护的恩德
2. 临产受苦的恩德
3. 哺乳喂养的恩德
4. 教育成人的恩德
5. 训导劝诫的恩德
6. 远行忆念的恩德
7. 深深体恤的恩德
8. 爱无穷尽的恩德
9. 源自天性的恩德
10. 如同大地的恩德

祝愿全天下的母亲，福如东海长流水，寿比南山不老松。

（本文选自网络）

养成喜欢阅读的习惯

中央电视台著名主持人董卿端庄优雅，学识渊博，说话大气睿智，她说："读书和不读书过的是不一样的人生，假如我几天不读书，会感觉像几天不洗澡那样难受。"在这光鲜亮丽的舞台背后，源于她的努力、坚韧、几十年的寒窗苦读，给她撑起了一片蓝天。

小学阶段是扩充知识面的重要时期，如果仅仅拘泥于课本，不增加阅读量，孩子的知识面就不能得到拓展。

但是，小学阶段的孩子对阅读认识理解不深刻，该怎么才能让孩子爱上阅读呢？我认为应该从以下几方面入手。

一、让孩子相信读书是有趣的

孔子曰："知之者不如好之者，好之者不如乐之者"。从小就给孩子建立读书有趣的意识，让孩子自然而然地对书本着迷，愿意花时间去书中寻找神奇的世界。书店里有各式各样的绘本图画，童话故事。孩子出生后，家长应该积极创造爱读书的家庭氛围，让孩子从小就养成喜欢阅读的习惯。

"人不学，不知道"。[①]中国传统的国学经典是教人知礼、懂理、明智的宝库，家长一定要充分加以利用。

二、言传身教，坚持亲子共读

"桃李不言，下自成蹊"。父母自身爱读书，孩子自然会受到熏

①《礼记·学记》

陶，这是培养孩子阅读兴趣的沃土。让孩子爱上阅读最重要的是家长先要拿起书来阅读，并利用一切机会激发孩子爱阅读的兴趣。

阅读兴趣的培养不是一朝一夕的，是一个旷日持久的工程，家长一定要有耐心，多引导、多鼓励。让孩子沉静在书香氛围浓厚的环境中，才可以使孩子养成一个良好的阅读习惯。

三、把读书的选择权交给孩子

不要给孩子规定他应该看什么书，也不要给孩子买你觉得他应该看的书，因为那可能并不是他想要的。家长应该给孩子选择书的自由，不管是什么书，只要能拓展孩子的视野，增加他的阅读量，都是有益的。要博览群书，博采百家之灵气。

四、不要通过利益交换促使孩子读书

阅读本身是一件快乐的事。千万不要给孩子读书设置奖励条件，诱导他看书，这会让孩子对读书这件事情产生认识偏差，以至于在以后的人生中，对读书这件事情都不能正确对待。

五、读书到底有什么用？

腹有诗书气自华，读书万卷始通神。人生大多数的时候，之所以烦恼太多，就是因为读书太少，遇到事情、问题，没有智慧去解决，只知胡思乱想，却不懂通过读书学习，借鉴别人的做法与经验，来解决自己面临的困难。

西汉刘向说：“书犹药也，善读之可以医愚”。

阅读的好处首先体现在写作文上，比如小学三年级就要写作文，作文对许多孩子来说都是一件有难度的事，但如果孩子阅读量比较大，知识面比较宽，那就没有那么难了。正所谓，读书破万卷，下笔如有神。

读书和不读书的人，日积月累，终成天渊之别。所以，坚持读书，才是人生最稳的依靠，最好的出路。

书中自有黄金屋，书中自有颜如玉。今天多读一点书，多学一点知识，明天就少一句求人的话。生活这样艰难，求人这样困难，求人需要抵扣尊严。如果不想如此，那么就要多读书。

大家都认为：自己以前读过很多书，后来都忘了，读不读又有什么意义呢？那么你以前也吃了很多饭，后来也忘了吃了什么，又有什么意义呢？

“人是铁，饭是钢，一顿不吃饿得慌”。那些吃过的饭被你吸收，变成了维持生命所必须的各种能量。我们读过的书，同样也变成了我们的精神食粮，滋润着我们成长，推动社会不断进步。

六、为什么要读书？

你若读书，风雅自来；时光流逝，岁月不言。

读书，是为了看懂这个世界。因为眼睛看不到的地方，文字可以。因为我想找到我自己，找到从出生以来就在寻找的东西，梦想、爱和自我。因为我想找到自己的“相信”和“不相信”，守护住我想守护的东西。因为读书才有前途！因为知识就是财富！

清代大才子袁枚说“读书好处心先觉，立雪深时道已传”，读书读久了，其实是一种脱胎换骨。

读书跟不读书的区别在于，不读书的人会嘲笑读书没有用，而读书的人不会嘲笑没读过书的人。古人云：“读书即未成名，究竟人高品雅”。

一位邻居的女孩子，从小就养成了喜欢看书的习惯，饭桌上、马桶上、公交上、公园里，随处可见她专心致志地看书的身影。现这个孩子在国外攻读博士。

半亩方塘一鉴开，天光云影共徘徊。

问渠哪得清如许？为有源头活水来。

这首《观书有感》是南宋朱熹的一首脍炙人口的借景喻理名诗，给我们诸多启示。

每逢假期，书店里就会有许多学生或站着、或坐在地上认真读书。尤其是冬夏季节，既能学知识，又能避暑或取暖，一举两得。这个习惯非常好，孩子从看图画，到看故事，再到看巨著……孩子读的书多了，思想活泼了，品味认知也提升了。

希望那些喜欢玩手机，迷恋上网的同学们，能够静下心来加入到读书的行列里来。

同时，我也呼吁书店能多配些小凳子供读者使用，避免让孩子坐在地上读书。

养成丰富课余生活的习惯

清平乐

辛弃疾

茅檐低小，溪上青青草。

醉里吴音相媚好，白发谁家翁媪？

大儿锄豆溪东，中儿正织鸡笼。

最喜小儿亡赖，溪头卧剥莲蓬。

教育融于生活，这首词所描述的生活画面，不同人物面貌及情态，有声有色，惟妙惟肖，活灵活现，具有浓厚的生活气息。家长如果有时间，请带孩子去感受一下这份清新与宁静。

“分数至上”的应试教育就像一口井，家长和孩子都被困在了下面，以为看到的方寸蓝色就是天空。然而知识就像浩瀚的海洋，教育工作者和家长应该陪孩子遨游其中，与孩子一起领略世界之广博，宇宙之浩渺。

《三字经》中有这样一句话：“昔仲尼，师项橐（tuó）”。“仲尼”大家都知道是孔子，这项橐是燕国一少年。有一天，项橐见到孔子时说：“听说孔圣人很有学问，特来求教”。孔子笑说：“请讲”，项橐朝孔子拱拱手说：“什么水没有鱼？什么火没有烟？什么树没有叶？什么花没有枝？”孔子听后说：“你真是问得怪，江河湖海，什么水都有鱼？不管柴草灯烛，什么火都有烟？至于植物，没有叶不能成树，没有枝也难于开花”。项橐一听格格直笑，晃着脑袋说：“不对，井水没有鱼，萤火没有烟，枯树没有叶，雪花没有枝”。在此我们应有两点启悟：一是学问是无止境的，有些知识是课本中没有的；二是要善于观察、分析、积累。这需要拓展课外活动，在生活中去寻找答案。若只是捧着现有的知识，坐而不学，终究会被社会淘汰。

孔圣人有圣德，好学不倦，周游列国，弟子满天下，国君无不敬慕其名，为什么会败在项少年的手下呢？值得我们深思。现实生活中，父母只让孩子“两耳不闻窗外事，一心只读圣贤书”，老师和家长总是认为孩子一玩心就野了。殊不知，健康、合理、有趣味的课余生活是孩子身心健康发展最好的调节剂。因此，我们既不能对孩子的课余生活置之不理，也不能让孩子的课余生活变成另外一种课堂。

有句英文谚语：只会学习不会耍，聪明的杰克也变傻。爱迪生的千余种专利发明，大多来源于生活；牛顿若不走出教室，苹果就不会砸到他，也不会发现万有引力。

鼓励孩子积极参加体育锻炼，身体是一切的基础，让孩子坚持不懈地进行体育锻炼，有利于预防疾病，更有利于学习，家长应该明白，娇生惯养会让小孩子习惯撒娇，一点疼痛都无法忍受，一点苦也不能吃。孩子需要强健的体魄，没有健康就没有一切，国家更需要有强健体魄的军人来保卫。

让孩子感知社会，融入社会，遵纪守法，交友访客，音乐美术，手工制作，社会实践等，都是丰富孩子课外生活的有效形式。

今日之责任，不在他人，而全在我少年，少年强则国家强。

因此，在周末或假期适当安排一些课外活动，是丰富理论知识最好的方式。理论指导实践，实践可以丰富理论。学校已安排了教孩子动手动脑的课程。除此之外，家长还应陪孩子参加各种有趣的社会实践活动。

一个邻居的儿子，从小学开始，他父母就让孩子坚持洗自己的衣服，放学回家顺路买菜，做家里的小管家，一直坚持到高中毕业，

现在这个孩子华中科技大学毕业，已结婚工作了，独立性和自主性就很强。

孩子从小做力所能及的家务事，有利于培养孩子的家庭责任感。在不断的实践中使孩子认识到自己是家庭的一员，为家庭集体承担一份责任，从而逐步形成一种家庭责任感，这种家庭责任感，便是今后社会责任感的基础。

我曾经带孩子到大自然中做调查，城市生活的许多孩子，分不清苹果花和梨花，分不清蒜苗和大葱，分不清麦苗和韭菜，不知道吃的粮，吃的菜是如何生长出来的，什么季节种什么菜，什么时候种什么粮食。这就需要家长有计划安排孩子去学习，观察一些自然常识。

杭州树兰幼儿园，每年举办“粮食节”，大班以收割水稻为主；中班组织挖番薯，分辨安全食品和垃圾食品；小班鼓励孩子们亲手种豆子或到超市选购、辨认食材等。这种做法就非常好，既锻炼了孩子勤于动手的习惯，又培养了孩子的观察力。

丰富的课余生活，可以调节孩子的学习节奏。

丰富的课余生活，可以激发孩子的求知欲望。

丰富的课余生活，可以开发孩子的想象力。

养成吃苦耐劳的习惯

俄国作家屠格涅夫说过：想成为幸福的人，首先就要学会吃苦。

有个牧场主人，叫他孩子每天在牧场辛勤工作，朋友对他说："你不需要让孩子如此辛苦，农作物一样会长得很好的"。牧场主人回答说："我不是在培养农作物，是在培养我的孩子"。

西汉丞相匡衡幼年家贫，却志存高远，喜欢看书。可是白天种庄稼，没有时间看书，晚上想看书，却买不起点灯的油，怎么办呢？

有一天晚上，匡衡躺在床上背白天读过的书。背着背着，突然看到东边的墙壁上透过来一线亮光。走近一看，啊！原来从壁缝里透过来的是邻居的灯光。于是匡衡拿了一把小刀，把墙缝挖大了一些。这样透过来的光亮也大了，他就凑着透进来的灯光，读起书来。

他就这样刻苦地学习，后来成了一个很有学问的人，并被封为丞相，这就是有名的"凿壁偷光"的故事。

这两则故事告诉我们，其实培养孩子很简单，让他吃点苦就行。正所谓"吃得苦中苦，方为人上人"。

中国女排是一支具有光荣历史的队伍，她们凭着吃苦耐劳、顽强战斗和勇敢拼搏的精神，五次蝉联世界冠军，为国争光，为民建功。女排精神，鼓舞着一代代青年人为梦想阔步前行。

如今的孩子大多都是独生子女，从小生活在温室中，所有的事情父母都替孩子考虑周全，孩子不用吃苦受累，惰性思维模式悄然开启，大多过着"衣来伸手，饭来张口"的王子与公主般的生活。可是生活是残酷的，也是公平的，当你享受了一时安逸，之后必然会迎来更加痛苦的挫折与磨难。

有这样一个故事：草地上有一个蛹，被一个小孩发现并带回了家。过了几天，蛹上出现了一道小裂缝，里面的蝴蝶挣扎了好长时间，身子似乎被卡住了，一直出不来。天真的孩子看到蛹中的蝴蝶痛苦挣扎的样子十分不忍。于是，他便拿起剪刀把蛹壳剪开，帮助蝴蝶脱蛹出来。然而，由于这只蝴蝶没有经过破蛹前必须经过的痛苦挣扎，以致出壳后身躯臃肿，翅膀干瘪，根本飞不起来，不久就死了。这只蝴蝶的欢乐也就随着死亡而永远地消失了。

这个小故事说明：要得到欢乐就必须能够承受痛苦和挫折。这是对人的磨炼，也是一个人成长必经的过程。

因此，父母必须意识到培养孩子吃苦耐劳和战胜挫折的重要性。正如巴尔扎克的比喻："挫折就像一块石头，对弱者来说是绊脚石，使你停步不前，对强者来说却是垫脚石，会让你站得更高"。

人生漫漫世事难料，不可能一帆风顺。一个人即使再有真才实学，如果不肯吃苦，很难保持良好的竞技状态，适应不了激烈的社会竞争，很容易被困难吓倒，被挫折击垮。

约翰·罗伯茨是美国最高法院第17任首席大法官。

他在儿子毕业典礼的致辞中这样说道：我希望你不时受到不公的对待，唯有如此，你才能领悟真诚的重要性；我希望你每天感到孤独，唯有如此，你才能明白友情并非理所当然，而是需要努力经营的；我希望你经历几次厄运，这样你才会发现生命中机遇的意义；你的成功并非命中注定，他人的失败也非天经地义。

当你失败时，我希望你的对手嘲笑你，这将使你明白，体育精神有多重要。我希望你偶尔被别人鄙视，唯有如此，你才能学到如何尊重与聆听。我也希望你经历磨难，这样你才能学会同情。

这位用逆向思维方式教育孩子的父亲致辞有没有打动你呢？自古雄才多磨难，从来纨绔少伟男！

虽然我们现在物质生活比较优越，大多数父母不想孩子吃苦受累，但社会竞争激烈，孩子将来面临的是处处充满竞争压力的社会，要求孩子必须具备应对的能力和精神。教育家孟子说过：天将降大任于斯人也，必先苦其心志，劳其筋骨，饿其体肤，空乏其身，行拂乱其所为。

英国科学家曾做过一个有趣的南瓜试验。为了试一试南瓜的抗压耐受力有多强，科学家在很多同时生长的小南瓜上加砝码，砝码的重量就是小南瓜成长时所能承受的极限。最终长大的南瓜是用电锯锯开的，它果肉的强度已经相当于一株成年的树干!

南瓜试验告诉我们，如果我们能够用积极的态度和行动去面对挫折和挑战，就能将由此带来的压力化为耐力和成长的张力，同时也说明人的潜力是无限的。

孩子微薄的认知，承载着他们无知又年轻的生命，父母必须让孩子知道，在成长的道路上不可能是一帆风顺。成功往往是与艰难困苦、坎坷和挫折相伴而来。

如何培养孩子吃苦耐劳的精神习惯呢？就此我谈一下个人的看法。

首先，家长要重视吃苦耐劳精神培养，从根本上转变观念，给予孩子正确的导向。

其次，是全方位多渠道培养孩子吃苦耐劳的优秀品质。比如从生活入手，教给孩子基本技能，日常生活不可包办太多，给孩子提供机会，干一些力所能及的家务等。在这个过程中，家长和孩子一起吃苦受累，长期坚持自然是：宝剑锋从磨砺出，梅花香自苦寒来!

再次，建议学校在小学、初中、高中每个阶段增加军训课。把军训和体育课有机结合起来，通过强制性体能训练，切实增强孩子的体质，培养孩子吃苦耐劳的精神和优良的品质。

宝鸡西山的一个农村女孩，家境贫困，却从小立志读书改变命运。上初中时，年轻的女老师送给她一条牛仔裤，她穿了三年。考入金台中学后，成绩始终保持在班里前三名，却还一直穿着母亲做的布鞋。高考时以600分的成绩考入陕西科技大学。

在大学期间担任班上党支部书记，每天中午、晚上在外勤工俭学两个小时，餐厅负责管午饭和晚饭并给予十元钱报酬。大学毕业考研究生，被西安交通大学录取，研究生毕业后在上海工作。

这个女孩从小学到大学再到研究生，一是始终保持吃苦耐劳精神，从小到大每晚坚持学习到很晚；二是从小学到大学一直未在外面补一节课，完全是靠自己勤奋努力，战胜了学习过程中的种种困难。

1984年，我参加凤翔师范学校篮球队，第一次参加高强度的体能训练，走路一瘸一拐，两条腿疼痛了一个星期，后来坚持训练疼痛感逐步减轻。经过两年的训练，自己的吃苦能力和忍耐力明显增强，这对我一生影响深远。

家长孩子们，没有人生来就喜欢吃苦，享受是人的天性。强者靠吃苦，弱者谈享受，今日孩子怕吃苦，明日成年搬砖块，如果家长真的想要孩子今后好，请在适当的时候逼孩子一把，从小养成吃苦耐劳精神的习惯。

养成增长见识的习惯

一个人的见识有时比知识更重要。

见识可以决定一个人的高度，见过大世面的孩子，温和谦逊，睿智通透，彬彬有礼，从容淡定，荣辱不惊！遇到事情，不惊慌、不胆怯，有自己的思想和办法，让人一见就心生好感。

徐霞客幼年受父亲影响，喜爱读历史、地理和探险、游记之类的书籍。十九岁那年，他的父亲去世了，他很想外出去寻访名山大川，但是按照封建社会的道德规范“父母在，不远游”，徐霞客因有老母在堂，所以没有准备马上出游。

他的母亲是个读书识字、明白事理的人，她鼓励儿子说：“身为男子汉大丈夫，应当志在四方。你出外游历去吧！到天地间去舒展胸怀，广增见识。怎么能因为我在，就像篱笆里的小鸡，套在车辕上的小马，留在家园，无所作为呢？”

徐霞客听了这番话，非常激动，决心去远游。他几次遇到生命危险，出生入死，尝尽了旅途的艰辛。

他写下的游记有二百四十多万字，可惜大多失散了。留下来的经过后人整理成书，就是著名的《徐霞客游记》。这部书四十多万字，是把科学和文学融合在一起的一大“奇书”。

徐霞客热爱祖国，热爱科学，在科学事业上奋勇攀登的精神，值得后人永远学习。试想一下如果徐霞客没有走遍山川大地是不可能有《徐霞客游记》这部巨著的。

人生如行路，一路艰辛，一路风景，你的目光所及，就是你的见识，就是你的人生境界。如孩子去过北京的故宫、长城，他学历

史时就对封建社会帝王将相有了初步了解，没有那么神秘，对重大历史事件就容易记住，并增加了学习的兴趣。

我们祖国幅员辽阔，北方有大兴安岭原始森林，南方有西双版纳热带雨林，东边有大上海的东方明珠，西边拉萨的布达拉宫，中部有秦始皇兵马俑，许许多多的名胜古迹，大美河山值得孩子们去学习去探索。

有一次去西藏，宾馆给每个人都配一瓶氧气，氧气瓶很像我们夏天使用的灭害灵，有几个人就把氧气瓶当成桶装灭害灵，虽然因缺氧憋得难受，却不知道使用，闹出了笑话。

我第一次坐电梯，就不知道按层数，吓得不敢动，上下坐了几个来回，才看懂别人怎么使用，这样才会了。

让孩子从小就要增长见识，明白为什么学，给谁学，学无止境的道理。所以，我建议家长们在孩子小学毕业后，利用假期一定要带孩子到北京、上海、广州、深圳等地去看看，开拓眼界，感受外面色彩斑斓的大千世界，增长孩子的见识。

其实在现实生活中，孩子只有在小学毕业和初中毕业后，这两个假期有外出参观旅游的时间，建议家长们不要错过这两个时机。

深圳平安大厦，118层，是目前深圳第一高楼，十分壮观。最近又有新的报道，深圳罗湖区要建世界第一高楼，比目前迪拜世界第一高楼还要高出两米令人震撼。孩子有机会出去看看，就会增长许多方面的知识，激发学习的自觉性和积极性。

会当凌绝顶，一览众山小。

你给予孩子的，带他看过的风景，走过的路，读过的书，都能够在他以后的岁月里熠熠生辉，永生留存。

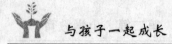

见识广的人，有气量，更有度量。

见识多的人，有态度，更有远见。

见识博的人，有爱心，更有责任心。

见多识广，就会成为很有智慧的人。

注重孩子的情商培养

什么是情商，就是说话让人喜欢，做事让人感动，做人让人想念。情商的高低直接影响着人的发展，人生成就，潜能的发挥，人生幸福指数等。

前几年，有一个针对世界500强企业员工的大规模调查，结论令人惊讶：不论什么行业，情商和智商对于一个人的工作成就都有影响，影响比例为智商：情商=1：2；越往公司高层，这个影响的差距会越悬殊，甚至会到智商：情商=1：6。由此可见，除了重视孩子的学习，还得重视孩子的情商培养。

情商高的孩子，懂得如何与人相处，能很好的控制自己的情绪，作出时宜的举动，让别人感到舒服，在人群中一般比较受欢迎。作为家长应该把握哪些方面呢？

一、忍耐力是基础

勾践“卧薪尝胆”的故事，人们耳熟能详。但他“尝粪辩疾”的故事，却并不为大众所熟知。

话说有一次，夫差得病卧床不起，勾践前去看他。此时的夫差，正好要大解，勾践取了他的粪便，尝了尝之后，对夫差说：“大王，你的病马上就要好了。”

夫差问他：“你怎么知道？”

勾践笑着回答：“患了重症的人，他的粪便是苦的；而得了小病的人，他的粪便是甜的。”

三年之后，勾践的苦役已满，他回到故国，始终不忘在敌国所受到的种种侮辱。最后，终于奋发图强，灭掉了吴国，令夫差自杀。

任何的侮辱，在坚定信念的面前，都可以忍耐、承受，最后将其化为内在的力量。

怎样培养忍耐力呢？比如，孩子急于喝奶时，不要马上满足他，让他哭一会儿，一边慢慢和他说话，一边拍他的后背，然后再给他吃，忍耐时间逐渐加长，从几秒钟到几分钟。对把零花钱很快花光的孩子，家长可以说，如果你能忍住一星期不花零花钱，下周可以加倍给你，你可以攒起来买你最想要的好东西。其实，生活中忍耐力的培养无时无刻不在发生，关键是家长要懂得引导和利用。

妈妈带着儿子坐地铁，儿子坐下后拿出刚买的饼干开始吃。于是妈妈说："宝贝，妈妈给你讲个故事，从前呀，有三只小羊，他们一起出门坐地铁，这时候，大灰狼也上来了，但是他并没有吃掉三只小羊，你知道这是为什么吗？"

儿子摇了摇头，"因为，地铁车厢里不能吃东西"。于是儿子乖乖把饼干收起来了。为了车厢的干净整洁，孩子忍住了想吃饼干的欲望，既培养了孩子的忍耐力，又增强了孩子的道德意识，一举两得。

孩子遇到了困难，家长不要马上给他帮助，而是要鼓励他继续坚持，忍受挫折带来的痛苦。久而久之，他的耐挫力、忍耐力一定会得到强化。有的家长很少让孩子出门，担心这担心那，孩子看到生人就哭，长大后就易敏感、退缩。比如婴儿离开母体后需要适应新环境，不给孩子机会去尝试，他的适应能力是不会自然萌发的。

二、自信心是关键

爱迪生说："自信是成功的第一秘诀"。

科学家做过一个实验：把一只跳蚤放进一个玻璃瓶，发现跳蚤能够立即跳出瓶子。再重复几遍，结果一样。跳蚤能够跳的高度一般是自己身体的400倍左右，所以跳蚤是动物界的跳高冠军。

接着，科学家在瓶口上方放一块玻璃，跳蚤每跳一次都会撞到玻璃，撞了很多次后，跳蚤跳的高度就越来越低。最后，科学家把玻璃拿开，跳蚤再也没有跳出瓶子。

人生不设限，才会有更多可能。限制进一步发展的，往往是自己的思想枷锁。

自信心是靠自己的行动获得的，老被喂饭的孩子自己不会吃东西。所以，孩子想自己拿勺子，玩一下遥控器，拉开关时，家长不要制止他，应正确引导他，不要老数落孩子，这会伤害孩子的自信心和自尊心，如果真有不该孩子玩的东西，应该用转移注意力的方式。

孩子上学后，考试取得比较好的成绩，运动会上获得了名次，助人为乐做了一件好事，今天作业字迹工整，孩子只要有一点点进步，家长就要及时鼓励，增强孩子学习的信心。长期坚持下去，孩子就会对学习产生坚定的信心，成绩一定会有很大提高。

孩子唱歌很好，老师让他领唱；孩子舞蹈很强，老师让他上台表演；孩子跑得很快，老师让他代表班级参加运动会的接力赛；孩子朗诵很好，老师推荐参加学校的诗歌朗诵大赛；孩子喜欢发明创造，参加全国比赛获奖等等，这些一点一滴的收获都会增强孩子的自信心，提高孩子的情商。

三、好奇心和探索精神是重点

世界著名科学家都是充满强烈好奇心的。牛顿对一个苹果产生好奇，于是发现了万有引力。瓦特对烧水壶上冒出的蒸汽十分好奇，最后改良了蒸汽机。爱因斯坦从小喜欢玩罗盘，并对它充满好奇，最后发现了相对论。伽利略看吊灯摇晃而好奇发现了单摆理论。

孩子对外界刺激开始是被动地接受，逐渐对周围的一切感到好奇，都想尝试去摸摸、看看，如果家长什么都不让孩子动，将来你想让他有兴趣干点什么事，他也懒得动了。家长应该以身作则，别怕孩子淘气给你添麻烦，而要多考虑什么有益于孩子心理的成长，家长也要克制自己的任性，做出良好的高情商表率，这一点在孩子的情商培养过程中至关重要。

四、自我认识是前提

周宣王很喜欢观看斗鸡，有人从外地送来一只很强壮的斗鸡给周宣王，它一上场就稳稳站立，毫无摆动，即使其它斗鸡在它身边百般挑衅，它仍然无动于衷，以眼睛注视对方，对方被吓得自然后退，没有一只鸡敢向它挑战。

教会孩子要以宽容的心去对待每个人，控制自己的情绪，不要动不动就心浮气躁，以为别人都在与我们作对。当别人对自己的建议或言论提出异议时，不要轻易动怒，应心平气和地聆听，有时则应大智若愚，发挥斗鸡的心理战术，以静制动，往往会取得意想不到的效果。

情商高手的基本功，就是能察觉自己的情绪状态，并能很快了解控制自己的当下情绪。

帮助孩子辨认自己的情绪状态，会带来两大好处。首先，使孩子明白，遇事要处理的是自己的情绪，而不是那个“对方”。其次，孩子可以从中学会换位思考的能力。这次挨打，心里难受，以后就知道了，若去打别人，别人也就会有这样的感受。从情商教育的角度而言，是个一举两得的做法。情商高的孩子就是这样培养出来的。

刘备寄于曹操篱下，以种菜掩人耳目。一日，曹操请刘备坐饮畅谈。曹操问天下谁是英雄，刘备答了袁绍等人的名字，曹操只是摇头。操说“天下英雄，惟使君与操耳”。刘备闻言大为吃惊，匙箸落地。此时雷声大作，刘备借雷声掩饰吃惊，控制了自己紧张的情绪，使曹操认为其胆小如鼠，不复怀疑。刘备因此躲过一劫，才有了后来的三分天下。

有时候，情商真的比能力重要。甚至于关乎生命和前途，这也是一个人善良与真诚，情商与智慧的收获。

在美国，一家百货商店里，由于突下大雨，有位衣着简朴的老太太浑身湿透进来避雨，几乎所有的售货员都不愿搭理这位老太太。

有位小伙子很诚恳给老太太搬来一张椅子让坐下避雨，雨停后，老太太要了小伙子的名片离开。

几个月后，这个小伙子获得一个机会，被指定代表这家百货公司和另一家大的家族公司洽谈业务，利润巨大。

后来才知道是一位老太太给的机会，这位老太太正是美国亿万富翁“钢铁大王”卡内基的母亲。

这位小伙子由此一帆风顺，青云直上，成为“钢铁大王”卡内基的左膀右臂，同时也是地位仅次于卡内基的富可敌国的重要人物。

情商培养是一个漫长的过程，不可能一蹴而就。如果家长能够做到以上几点，并长期坚持，对孩子情商培养一定大有裨益。

孩子应不应该补课

补课不如补方法，补课不如抓课堂。

近年来，中国的中小学课外辅导市场成长迅速，已成为一个非常火爆的行业，每个城市社区都能看到各种各样补习班招生广告。那么，学生到底应不应该补课呢？这个问题一直困扰着许多家长。

补课大致分为文化课和艺术兴趣课两大类，小学生参加音体美等各类艺术学习，大部分孩子很难一直坚持到初中。

我们家长最大的苦恼就是如何做出选择。

人生每天都面对不同的选择，只不过每个人需求不同，选择方式不同，注定了结果的不同。

无论何种选择，结果还需要选择人来买单。所以，在选择之前不能鼠目寸光只顾眼前利益，而是要做个智者。要充分考虑后续出现的结果是不是自己需要的、能够承受得起的，这样才会减少遗憾。

现在的孩子不缺吃，也不缺穿和玩，就是缺时间。

有一个孩子上小学一年级，她父母在校外报了10个补习班，有舞蹈班、美术班、书法班、钢琴班等，孩子周末跟打仗一样，一个班接一个班上。我就给家长建议，不要因为副业影响了孩子的主业。

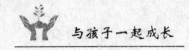

“不会休息就不会工作”，列宁的话强调劳逸结合，周末孩子需要好好休息，这样有利于提高学习效率，有利于学习生活保持合理节奏。据了解，现在小学生至少参加两个以上的兴趣班，许多家长教育理念与过去大不一样，都不愿意让自己的孩子输在起跑线上。

凡尘说：“人的一生要经历许多的选择与放弃，每个人都是自己生命的导演。只有真正懂得选择与放弃的人，才能创作出精彩绝伦的篇章，抵达海阔天高的生命境界”。

其实大家静静地想一想，人的一生，要么从政、要么从商，大部分人只能干一个行业，不可能人人都成为全才，样样精通。我们要做的就是在正确的时间，做出正确的决定，并用正确的方法去执行。选择的过程也是放弃的过程，选择一种可能，就预示着要放弃另一种可能。因为人的时间和精力是有限的，要想在一个行业里出人头地，必须一生专攻这个行业。每个专业贵在精，精通了才“值钱”，否则用处不大。

补课不如补方法。我建议家长们可根据孩子的兴趣、爱好等特点，结合每门功课的学习情况确定是否补课补什么课。语文英语学习方法就是多看多读多背，数理化的学习方法就是背公式多做题。总之，所有文化课的学习方法就是强基础、固基础。只要把最基础的知识学懂弄通，学习成绩自然就提高了。

对于小学生来讲，要以学校学习为主，语文可补阅读和作文写作，数学可阶段性补弱培优，英语就是多记单词、练口语，艺术类可以根据孩子的兴趣报1至2个辅导班即可。

对于中学生来讲，坚持哪门功课差补哪门的原则。注意校外补课时间主要集中在初一、初二、高一、高二，因为初三高三孩子在校学习已经很紧张，没有时间和精力参与课外辅导。这两个阶段只要能够有效抓住学校的学习就可以了，应该尽量减少校外的补课时间和次数。有位孩子除了英语其它功课学得都很好，那就重点补英语，有些孩子数学弱，就重点补数学，理化差就补理化。现在高考不分文理科，鼓励孩子各门功课均衡提高，才能考出高分。

补课不如抓课堂。一位同事的孩子，从小学到高中，在外面一节课都未补过，照样考上了清华，为什么呢？我访谈这位同事，他说一是孩子善于抓住课堂学习，二是营造了良好的家庭学习氛围。他们家里每晚看完新闻联播，就关掉电视。这位同事喜爱写作，就去看书写文章，他爱人是位教师，就去备课，孩子就写作业。家里多年来一直保持这样的习惯和浓厚的学习氛围，孩子从小自然而然养成了良好的学习习惯。从未在课外补过课，照样学习一直很好。这说明良好学习习惯对孩子的学习成绩起着决定性作用。

总之，孩子应不应该补课，建议家长和孩子根据自身的需求和兴趣来决定。

正确对待孩子的逆反期

孩子不听话，已成为逆反的代名词。

孩子的叛逆，对很多家长来说，是个痛苦的话题。尤其对中国父母而言，“建立家长式权威”是个历史悠久的传统。家长问孩子要服从和威信，孩子问家长要权利和自由。一旦孩子进入叛逆期，亲子间的冲突往往会更加剧烈。

从个体心理发展来看，孩子从幼年到成年，会经历三个特别的时期，都会表现得特别逆反。不同的逆反期，有不同的个性发展，心理生理发育特点，父母应对的方法也要不同。尊重孩子的身心发展特点，引导孩子的行为，才能更好地促进孩子健康成长。

孩子7–9岁是准大人逆反期，这个阶段的孩子不同于婴幼儿时期的宝贝。一方面，他们认为自己已经“是一个成人，是一个小大人了，不再是孩子”了。如不愿意让家长拉手，不让父母叫自己“宝贝”或小名了，要求叫他的全名；凡事都喜欢跟家长对着干，大人说东，他偏往西。另一方面，他们又非常依赖大人、不讲道理，爱哭、比较娇气等。如果父母对待孩子的教育方式上不恰当，可能出现加剧逆反心理的现象。

有的父母不尊重孩子，管教孩子时往往是不许这样不许那样；有的父母望子成龙心切，要孩子学这学那，如果孩子不感兴趣，不想学，父母就摆出一副长辈的架势，于是容易产生与孩子情绪上的对立。我经常听到家长反映，让孩子练琴，孩子不愿意，让孩子吹笛，孩子故意不吹，许多家长天天为孩子学这学那闹别扭、闹情绪。在现实教育过程中，家长式教育方式，是每个家长常用的教育孩子的方式。其实良好的沟通才是父母实施一切教育方法的关键。

我认为，孩子在某种程度上，是完成父母未完成的梦想。家长式的教育方式，就是要求孩子按家长设计的路线图学习、行走。比如报高考志愿，许多孩子志愿都是家长选的自己喜欢的大学，而并非孩子心目中理想的大学。

有的父母喜欢整天对孩子唠唠叨叨，这个要这么做，那个要那么做；这也不对那也不是，总是没完没了地嘀咕。这种“敲木鱼”式的教育，最终导致孩子厌烦而产生逆反心理。大部分孩子对母亲的唠叨非常反感，家长们也应该好好思考一下自己的教育方式。年轻的美女妈妈们，你经常使用这种方式教育孩子吗？

有的家长对孩子漠不关心，任其自然成长，孩子与受到家长特别关心的孩子交流，失落感就会增强，与自己父母就会有情感上的隔阂，从而产生逆反心理。

有群七八岁的孩子在家属院捉迷藏，钻到楼下缝隙里，一不小心就会碰得头破血流，我提醒孩子的父母去制止，父母漠不关心，说碰一下，以后就不去了，可我认为应该给孩子讲清危险性，让孩子自己去选择体验。

那么，对处在逆反期的孩子，家长应该怎么做呢？

第一，正确对待。孩子逆反很正常，有些孩子逆反期特征很突出，有些孩子表现不明显，不论怎样，家长一定要正确对待，用平常心对待孩子。

第二，正确引导。如孩子出现逆反期，家长一定要注重对孩子的正确指导和引导，不懂的家长要向老师请教，向专家请教，改变自己的教育方式。

孩子的教育每天都是现场直播，今生只有一次机会。会爱才是真爱，不会爱就是伤害，根据孩子不同时期的逆反特点，找出原因，并逆转孩子的人生。

第三，正确关心。爱护孩子，关心孩子是化解亲子间矛盾的一副良药，家长要学会多用爱心，巧用关心，一步一步化解孩子的逆反心理。

前些日子，一条新闻令人十分震惊。一名少年在上海卢浦大桥跳桥自杀。正是人生最美好的花样年华，眨眼间就没有了。

据说是在学校和同学发生矛盾，被母亲批评后，在母亲驾车途径卢浦大桥时，趁停车之际突然打开车门纵身跳下大桥，当场毙命。

他没有给母亲任何机会。母亲看着桥下的孩子，双膝跪地嚎啕大哭，不断用手锤击地面。

这是一种怎样的恨意和悲凉？光是想想，都能感受到母亲的崩溃和绝望。

他用这种极端的方式结束了自己17岁的生命，解决了所有的痛苦，却留给父母和家庭永远抹不去的伤痛。

这个事情引起我的深思：是家长教育方式不对？把握教育的时机和尺度不当？还是孩子承受压力的能力不足？最终酿造了这起令人痛心的事件。

很多时候，即便全世界的人举着枪对着我们，我们都可能无所畏惧，但是家人的一句话，却足够把我们打倒。外界多大的伤害都比不上家人一句伤害。

我们有多重视家人，家人对我们的杀伤力就有多大。

孩子的成长不能重来，把握孩子成长的黄金期，塑造一个活泼、开朗、勇敢、健康的孩子，是每一位家长义不容辞的责任和义务。

引导孩子不要沉迷手机

随着现代科技迅速的发展，手机等电子产品已经充斥了人们的生活。人们不得不感叹科技发展真是日新月异，三十年前的孩子创造游戏，二十年前的孩子享受游戏，而现在的孩子沉迷游戏。手机、ipad这些电子产品渐渐成为孩子手中的“至宝”。高铁、网购、共享单车、支付宝是当今的新四大发明，手机已成为每个人工作、生活的必需品。

我们许多人早晨醒来后，第一件事就是找手机，看来电来信，这对孩子影响很大。

这一代孩子，似乎天生就带着优越的科技感，手机一到手里，捣腾得比谁都娴熟。

以前孩子无聊了，会去找玩具，找零食，有兴致的孩子会看书，可现在，孩子开口便是：“妈妈，把你的手机给我玩一会吧”。

有些孩子，给了手机心满意足，不给手机立马发脾气，更有甚者，用不读书来逼迫父母买手机。

再纵容这样的痴迷，孩子迟早会被手机毁掉！

许多人讲，手机毁了一代孩子。有一组关于儿童使用网络的数据：日均使用网络时长在30分钟以上的学龄前儿童超过23%，5岁儿童就达31.9%，14岁更是接近80%。

他们上网的主要途径就是手机，孩子玩手机的高频率和低龄化，正在严重损害着孩子的身心健康。

研究表明，过度使用手机容易造成近视、斜视、颈椎变形，影响大脑发育、自控力、听力和注意力，限制想象力。

许多家长不以为然，当危害真正降临的时候，却只有悔恨当初。

江苏一个14岁的男孩跟家人提出要买苹果手机，遭拒后，竟赌气喝下农药。

四川一个15岁的男孩，沉迷游戏，学习下降，被父亲没收手机后，竟两度跳江，称“不想活了”。

安徽一个12岁的男孩假期里不眠不休打王者荣耀，妈妈怕耽误学习抢夺孩子的手机，没想到孩子拿刀威胁说：“再不给我手机，我就砍死你!”

逼孩子放下手机，是逼他们别用手机毁了自己。

要孩子放下手机，得先要自己以身作则，不想让孩子被手机毁掉，请逼自己先放下手机。

中国的网民规模超过8亿人，其中21.8%的上网者年龄在20岁以下，不足10岁的网民约有2900万。10岁女孩沉迷网聊加30多个群，3名未成年人为上网盗4000元，高中生偷花父母40万元打赏女主播，中学生网吧猝死等诸多事件频见报端。

为了防止青少年沉迷网络，社会各界采取了一系列相应的措施。例如游戏公司核实用户身份，推出防沉迷系统，禁止未成年人进入网吧等。尽管社会、学校、家庭采取了许多措施，小学生上网玩游戏还是无法从根本上禁止的。

现在的小学、初高中一般都禁止孩子带手机上学，但仍有许多孩子偷着带手机去教室。

其实，早在2008年我就建议宝鸡中学，不允许孩子带手机去学校，但当时的外围环境不允许学校强行限制，现在学校把带手机作为违反校规校纪来处理，就非常好，我举双手赞成。

最近我做了一项简单调查，有近一半小学生回家后拿父母的手机上网，玩游戏。有位母亲说，她一个孩子上幼儿园，一个上小学二年级，两个孩子玩游戏成瘾，玩游戏比家长还溜，是因为孩子的爸爸一直喜欢打游戏，孩子从懂事开始，就向他爸爸学习玩手机游戏。

家长平时在家里做什么，孩子就跟着做什么，家长整天抱着手机玩，孩子怎么能把心思放在学习上呢？养不教，父之过。言传不如身教，我建议家长在孩子面前一定要克制自己，不能当着孩子的面长时间上网玩手机，这样的家庭氛围就非常不利于孩子的健康成长。

沉迷于玩手机的孩子，是自毁前程，拿青春开玩笑。

沉迷于玩手机的孩子，学习绝对会受到很大的影响。

孩子需要帮助　但绝不是施舍

最近在网上看到了一个流浪汉的故事。

故事中的流浪汉很可怜，他的右手连同整个手臂断掉了，空空的衣袖晃荡着，让人看了很难受。

讨饭的过程中，一位母亲没有慷慨施舍，而是指着门前的一堆砖对流浪汉说：“请你帮我先把这堆砖搬到屋后去，可以吗?”

流浪汉生气地说：“我只有一只手，你还忍心要我搬砖？如果你不能帮助我，我不会怪罪，何必刁难我呢?”

那位母亲不生气，她对流浪汉笑一笑，然后俯身用一只手抓起了两块砖。

当搬过一趟回来时，她温和地对流浪汉说：“你看，一只手也能干活。我能干，你为什么不能干呢?”

流浪汉怔住了，他用异样的目光看着母亲，尖尖的喉结像一枚橄榄上下滚动两下，终于俯下身子，用仅有的一只手搬起砖来。

一次只能搬两块，他整整搬了两个小时，才把砖搬完。

他累得气喘如牛，脸上有很多灰尘，几绺乱发被汗水浸湿了，斜贴在额头上。

那位母亲递给他一条雪白的毛巾，流浪汉接过去，很仔细地把脸和脖子擦了一遍，白毛巾变成了黑毛巾。

然后，又递给他一杯水，一块面包，临走的时候，给了他20美元。流浪汉接过钱，感动地说：“谢谢你，夫人”。

这位母亲很欣慰地说：“你不用谢我，这是你凭力气挣的工钱”。

流浪汉充满感激地说：“我不会忘记你的”。

他向这位母亲深深地鞠了一躬，就昂首上路了。

过了一些天，又有一个流浪汉来祈求施舍。

这位母亲依旧让他把屋后的砖搬到屋前，照样给他水和面包，还有20美元。家中的孩子不解地问母亲："上次你叫人把砖从屋前搬到屋后，这次又让人把砖从屋后搬到屋前。你到底是想把砖放在屋后还是屋前呢?"

母亲说："这堆砖放在屋前屋后其实都一样"。

孩子噘着嘴说："那就不要搬了"。

母亲摸摸他的头说："可是，对流浪汉来说，搬砖和不搬砖可就大不一样了……"

此后，经常有一些流浪汉来到这个家庭乞讨，每一次都会把过去的戏重演一遍，那堆砖头就屋前屋后地被搬来搬去。

几年后，有个很体面的人来到他们家。

那人西装革履，气度不凡，跟电视里那些成功人士一模一样。

美中不足的是，他仅有一只左手，右边是一条空空的衣袖，一荡一荡的。他握住那位母亲的手，俯下身说："如果没有你，我现在还是一个流浪汉。因为当年你让我搬砖，今天我才能成为一个公司的董事长"。

这位母亲回答到："这是你自己干出来的，与我无关"。

那人挺直身子说："是你帮我找回了尊严，找回了自信。就在那一天，我才知道，我还有能力做一些事情"。

独臂董事长为了感谢这位母亲，决定赠送她们一套房子。

可是推让再三那位母亲也没有收下，她说："我不能接受你的馈赠。我们一家人个个都有两只手。如果你真的想要送，就送给连一只手都没有的人吧"。

她们家并不富裕，可是四个孩子中，有两位博士，一个公司经理，还有一名律师，并准备竞选州议员。

这个教育故事很值得我们学习，也引发了我深深的思考。

我们的孩子是不是很像那个流浪汉呢?

他们弱小，他们需要永无止境的帮助……

作为家长我们都是怎么做的呢?

有的父母把孩子的衣食住行全部包揽，提供最好的生活，孩子衣来伸手饭来张口……。在父母日复一日的施舍中，他们失去自我，失去自信，失去生存的能力。

在他们不听话的时候，父母们又歇斯底里的说："我一天到晚到底为了什么，我辛辛苦苦挣钱养家，可你什么都不干，也不好好学习，你对得起我吗?"

孩子需要关爱，需要帮助，但绝不是施舍。我们也不能剥夺他们独立的能力和获得独立意识的机会。我们不能把孩子养成只会讨饭的乞丐。

孩子在父母的眼中永远都是小孩，主观上讲这没有错。如果我们在具体的教育过程中，始终认为孩子还小，便大包大揽，样样包办的话，他只能永远都是个长不大的孩子。这，不是真正的爱。

真正的爱，是给予孩子独立生存的能力，让他无论身在何时，身处何地都能活得很好。

毕竟，人生道路只能他一个人走，遇到的艰难只有自己跨过去才能真正成长。

孩子从3岁起就有了自我意识，爸爸妈妈就要学会相信孩子，学会放手去爱。

美国儿童专家詹姆斯指出：依赖本身就是滋生懒惰、精神松懈、懒于独立思考、易为他人左右等弱点。所以说，处处对孩子包办代替，这不是在帮助孩子，而是在坑害孩子。在儿童阶段，父母一定要学会放手，对孩子心"狠"点，让孩子学会独立自主。

我是一只小蜜蜂

当我们吃到蜂蜜时，自然想到小小的蜜蜂。

蜜蜂，是空中的天使，
蜜蜂，是甜蜜的感觉，
蜜蜂，是勤劳的象征，
蜜蜂，为自己而生，
蜜蜂，为他人辛苦。
我愿做一只勤劳的小蜜蜂！
给人们带来希望，
给人们带来甜蜜，
为人们的生活丰富多彩增辉。

第三篇

初、高中教育

CHUGAOZHONGJIAOYU

初、高中生应把握的基本思路

初高中生应把握的基本思路是“**一个中心，两个预防**”，即以学习为中心，预防上网成瘾，预防早恋。

孩子到了初中、高中阶段，由于青春期逆反心理加重，学习压力加大，思想情绪不稳定，容易发生两极分化，这一阶段孩子的教育问题是许多家长非常头疼的事情。

据我统计分析，只有10%左右的孩子学习自觉性很好，不让家长过多的操心，90%以上的孩子，必须靠家长去管教、去引导。

倘若家长在教育子女问题上漠不关心、放任自流。一个环节或一个方面出现问题，就会影响孩子学习成绩和成长。

特别是独生子女，教育成功了是100%的成功，失败了便是100%的失败。作为独生子女家长，一生也只有这么一次教育子女的机会，失败了，连弥补的机会都没有。

对于生二孩的家长来说，一方面会增加教育投资，另一方面教育孩子的精力也会分散，若一个孩子教育成功，成功率占50%，若两个孩子都教育成功，成功率才能达到100%，若两个孩子都教育失败，失败率则是100%。所以，这一阶段家长和孩子只要把握好“一个中心，两个预防”等基本原则和方法，就能理清思路，增强信心，掌握技巧，方能决胜高考。

近年来，我辅导了上百名初高中学生，大致可分为两类：

第一类，学习主动性强、成绩比较好的学生，这类学生只需要明确目标、指点思路、强调学习方法就可以。

康德说：“没有目标而生活，恰如没有罗盘而航行”。

对小学生而言，考上一所好的初中是目标；到了初中，考上一所好的高中是目标；到了高中，考上名牌大学是目标。作为一名学生，每个阶段有每个阶段的目标，有大目标也要有小目标。

树立正确的目标，找到合适的方法，取得理想的成绩，是督促孩子奋进的一副良剂补药，会大大激发孩子学习的精气神。

其实对于80%左右的孩子来讲，平时学习达到什么程度，模拟考试取得什么名次，中高考成绩也就会在合理的名次和分数区间内。具体方法是：根据自身平时学习状况和连续三次摸底测试成绩，就可以预测出中考、高考的分数。这个预测分数，又分为高、中、低三档次，超常发挥就是高分段，正常发挥就是中间段，出现失误那就是低分段，每段基本会有10分差距。我女儿高考前，我根据几次摸底考试的成绩，分析如果超常发挥成绩会在600分到610分之间，正常发挥在590分至600分之间，失误的话会在580分至590分之间，最后高考成绩果然在预测区间内。

有位朋友的孩子，我根据以上方法预测她高考620分，高考结束后，这名孩子考了619分，只比我预测的少了1分。

第二类，学习成绩一般的学生，他们普遍不够自信，思路不清楚，目标不明确。

针对这种情形，应该根据每位孩子的个性差异，订制一套激励提高方案。通常做法是：首先，鼓励孩子振奋精神，鼓足勇气，坚定信心，尽心尽力；其次，订制切实可行的提高成绩的学习方法与步骤；再次，解决孩子存在的问题，答疑解惑，消除顾虑；第四步，坚持跟踪指导。

有许多孩子期中或期末考试成绩下滑，有一两门课成绩倒退幅度很大，家长咨询应该怎么办？还有些孩子成绩不稳定，忽上忽下，也咨询我怎么办？

我就会帮助家长和孩子分析原因，寻找差距，制订提高对策。

具体方法：一是要坚定信心，二是要打牢基础，三是要有平常心态，不要急躁。

又如有些孩子上网成瘾，我就会讲清楚上网的危害性，强调上学的主要任务是学习，是努力完成学业，并建议把网瘾必须尽快戒掉。我常开玩笑说，等高考结束后，你们可以尽情去网吧潇洒，放松身心。家长可以买一张钢丝床放在网吧，每天送饭，让孩子在网吧住一个星期，把网瘾过够。这部分孩子大多数目标不明，思路不清，责任感差。许多孩子把主次颠倒了，上学期间成天想着偷偷去上网，岂不荒废了自己的主业。

有些孩子谈对象，严重影响学习。我认为，孩子高中毕业以前坚决反对早恋，如果孩子有这种迹象，家长和老师一定要做好说服引导工作。

我给许多学校讲课时，经常会给孩子提口号、座右铭，让几百名学生朗读三遍，入脑入心，效果非常好。下面这三句请牢记。

第一句是：遵纪守法，努力成才。

第二句是：戒掉网瘾，拒绝抽烟。

第三句是：反对早恋，珍惜时光。

如果每个孩子都能做到“明白一个中心，做好两个预防”，孩子学习成长的大方向就选择正确了，就不会迷失方向，就不会走歪门邪道，就能顺利地完成初高中学业，实现自己的理想，成为对家庭、对社会有用的人。

学习是上策

“孙子兵法”告诉我们，
处理任何一件事情，
解决方法总会有上策、中策、下策。
对于正处在学习阶段的学生来说，
学习绝对是上策，
是上上策。
古人为此而头悬梁，锥刺股，
书中自有黄金屋，书中自有颜如玉。
在如今，
学习仍是少年英杰最好的出路。
不爱学习的人，
只能从事简单的工作，
大多都非常后悔，
遗憾的是世上没有后悔药。
趁着还年轻，
正处在学习的黄金期，
好好学习吧！
千万别错过人生的最佳学习期，
学习永远是上策，
是走向成功的必经之路。

明白一个中心

以学习为中心。

让孩子明白学习的重要性，知道这一阶段中心的任务是什么，为谁学，为啥学，学什么，怎么学等。孩子把这些问题都要把握好，要不然就会前功尽弃，前面十几年的辛苦与努力将付诸东流。

古希腊伟大的哲学家柏拉图说："人生最遗憾的，莫过于轻易地放弃了不该放弃的，固执地坚持了不该坚持的"。

人在每个阶段都有自己的中心任务，学生的主要任务就是抓好学习，长大后就是干好工作，退休后是休息保健，安享晚年。

我去学校做预防青少年犯罪的法治报告，经常会给学生讲这样一种情景：当学生放学坐在公共汽车上，向路边看，有走路的人，有骑自行车的人，有骑摩托车的人，有开小汽车的人，问孩子长大后，希望拥有什么样的交通工具呢？同学们会异口同声地喊小汽车。我说，那好呀！只要你们珍惜时光好好学习，考上大学，找一份称心如意的好工作，这个理想就能实现了。其实，我问孩子这个问题，目的是让孩子们明白学习的重要性，明白学生的中心任务是搞好学习，做好自己应该做的事情，不是鼓励孩子们搞攀比。

为什么要明白以学习为中心呢？

1.以学习为中心，才能保证中考、高考成功。

中考、高考是每位孩子必须经历的人生重要阶段，只有明白以学习为中心，才能明确目标，坚定信心，克服困难，励志笃学。争取在中考、高考中取得理想的成绩。中国的高考是世界上相对最公平的人才选拔制度，为普通孩子打开了上升的通道，真正做到了

“我劝天公重抖擞，不拘一格降人才”的境界和地步。

2.以学习为中心，可以提高人生的层次和改变人生的命运。

对绝大部分普通家庭的孩子来说，学习是提高人生层次，改变人生命运的最佳途径。

宝鸡一位男孩和一位女孩出生在普通家庭，就是靠初高中阶段的刻苦学习，考上某知名大学，两人毕业成家在华为研发中心工作，年薪近百万。

我两个同学的女儿，初高中学习很好，一个考上了北京航空航天大学，一个考上了中央财经大学，大学毕业在美国读研后留在硅谷工作，年薪十几万美元。

有一位凤翔籍的年轻人，早年发奋读书，考上了某名牌大学，现在北京中国人民大学对面创办了一个信息化方面的上市公司，经营得非常好，我们今年认识聊了很长时间，他现在是宝鸡驻北京商会的秘书长。

资料显示，从1978年至2018年，我国累计留学570.67万人，其中360.37万人选择回国发展，占比达63.14%。2018年我国留学人数为66.21万人。改革开放四十年来，我国政治，经济，文化，交通等方面取得了巨大成就，也为广大海外留学人员提供了广阔的发展平台，所以回国率越来越高。

无数事例证明，学习是改变命运的最好方法。知识改变命运，智慧引领未来。

3.以学习为中心，可以活出人生尊严和自由。

如果孩子初高中下功夫学习，考一所理想的大学，还可以选择读研读博。一般来说“985”、“211”毕业的本科生、研究生、博士生是挑工作，拿年薪，普通的大学则是找工作，考工作，这就是现实的区别。

我一位同学的女儿，学习很认真，高考被复旦大学录取，现在上海就业工作，她与当年同班其他同学相比较，就更能体现出人生的尊严和自由。

宝鸡烽火有一位朋友，当年废寝忘食，刻苦读书，大学毕业后去美国读研读博，十几年后回来报效祖国，现为中国工程院院士，朋友遍布中国和美国，全国各地到处都聘请他，职业的选择就不是事，到哪里都是受人尊敬。

许多高精尖的大企业都是量才使用，一般是看文凭，看能力，看业绩定年薪。

现在，全国有80多万博士，这些高级知识分子，在全国任何一个大城市很轻松就能找到理想的工作。作为人才引进的三四线城市，提供120平米的公寓住房一套，月薪与实际定职挂钩。若在央企工作，月薪在2万–5万之间。若在民营企业工作，月薪在5万–10万之间。特招入伍，定为副营或正营待遇，月薪1万左右。

相反，低学历的人找工作，有时比登天还难，现实中这方面的事例非常多。

4.以学习为中心，可以减少工作生活的辛苦度，提高生活幸福指数。

一般来说，如果孩子初高中阶段坚持以学习为中心，就会考入大学，毕业后就会找一份体面的工作，工作生活的辛苦度和压力就相对降低。如果孩子初高中阶段不知道学习或不愿意学习，把老师家长的批评置若罔闻，随性自我放弃学习，中考高考失败，最终只能辛苦打工度日。

据统计，2019年全国有575万初中毕业生没有机会上普高。对于这部分孩子，大致可以分为三类，一是接近录取分数线的考生，可以选择私立高中或职业高中；二是对于成绩一般，又想学习文化课的考生，可以考虑上3+2大专；三是对于成绩不太好，又不愿意继续上学的考生，可以选择上技校，学一门手艺就业。

相反，一心通过学习获得好工作的人，就会轻松幸福许多。

朋友的女儿浙江大学毕业，德国留学读研，认识了一位德国男朋友，结婚后在上海工作了两年，现在又移居德国工作，生活很幸福。

“不经一番寒彻骨，怎得梅花扑鼻香”，学习的好坏与家庭贫富无关，只要你功夫到，成绩自然会高。

今天多吃些学习的苦，明天就会少吃些生活的苦。

为了更好地让学生明白学习的重要性，可以从以下三个方面引导孩子。

第一，考核孩子。拿出“十万个为什么”，向孩子提问，孩子肯定有许多问题不知道或说不清，这样就鼓励孩子应当不断学习，重视学习，才能了解大千世界、开阔眼界、提高自己文化修养和本领，做到学无止境。努力学习是解决不知道和知识匮乏的最好途径。

第二，锻炼孩子。让孩子自己动手干一些力所能及的事情，如制定家庭规划、设计出行路线、维修电器、养花种草、制作面包、买菜做饭，缝补衣服等，孩子一般肯定干不好，这时就鼓励孩子要多去学习，向书本要知识要技能，通过动脑、动手，发挥自己的主观能动性、创造性，激发求知欲。只要好好学习涉猎广泛的知识，这些问题才能解决好。

第三，规划未来。问孩子长大后想要什么样的生活，衣、食、住、行怎么去解决？就会引发孩子去思考、去追求、去努力、去拼搏。

如果想要在一线城市有一套宽敞的住房，仅凭一代人的经济积累是很难解决的。因此，一定要鼓励孩子，立足当前学习，做好长远计划，只有发奋图强，成为高精尖人才，长大后这些困难和问题才有可能迎刃而解，否则学习不好，工资不高，这些困难和问题就很难解决。现实中，许多帅气的男孩、非常漂亮的女孩由于没有刻苦学习，一辈子都成了“车奴”，“房奴”。

所以，孩子只有明白为谁而学习，为什么要学习等道理，才会激发孩子积极上进、追求知识、顽强拼搏的内心热情，为其学习进步提供源源不断的动力。运用这些现实的问题和生活的需求，让孩子明白自己的主要任务，明白学习的重要性。

学生的天职就是学习。

只有透过生死，才知道健康的重要，只有用到知识，才明白学习的太少，只有见到高人，才感慨自己的渺小，只有学习，才能改变自己命运，

只有学习，才能实现远大梦想。

人生年少若不能勤奋学习，再聪明也会变成庸才。

【美文共赏】

高度不一样，胸怀和格局自然不一样。你从20楼往下看，全是美景；但你从2楼往下看，全是垃圾。人若没有高度，看到的都是问题；人若没有格局，看到的都是鸡毛蒜皮。生活里，有些人，喜欢从自己身上找问题，一想就通了；有些人，习惯从别人身上找理由，一想就疯了……山本无忧，因雪白头；水本无愁，因风起皱。世上本无事，庸人自扰之！

做好两个预防

一、预防上网成瘾

当今社会，网络技术迅猛发展，日益成为人们工作、学习、生活和娱乐的重要空间，但是网络也是一把双刃剑，正确利用就会成为提高学习成绩的重要工具，一旦痴迷于网络游戏，就会成为部分中学生荒废学业、逃避现实、畸形生活，甚至走上违法犯罪道路的险滩暗流。

我观察了许多孩子，其实这些迷恋打游戏、上网的孩子普遍都很聪明，就是因为自控能力差，迷恋上网玩游戏后，学习成绩一落千丈，整个人也显得神情恍惚，忘记了自己的主责主业。

电视里报道过咸阳一个真实的故事，有一个高中生迷恋上网玩游戏，放弃了学业，在家连续通宵上网，最后用鼠标太久，手变形了，走路也要靠父母搀扶，一个活蹦乱跳的高中生鬼迷心窍，稀里糊涂就成了一个残疾人。

还有许多孩子上初中或高中后，因为染上网瘾，沉迷于上网打游戏、看暴力凶杀电影，渐渐形成“虚拟人格”。有的被学校开除或者劝退，有的不务正业，走向邪路，甚至走向犯罪。以宝鸡为例，每年就有百名青少年涉嫌各种犯罪，入狱服刑。

江苏十六岁的乐乐是一名高一学生，在学校时经常逃课上网玩网游，一玩就是一天。在游戏里面赚钱，让他感受到十分快乐，在游戏里，他有一群小伙伴，称他为“大哥”，这让他感受到十足的荣耀感。

一天晚上七点多，乐乐又逃课到网吧玩起网游，这次玩兴颇浓的他在网吧前后上网19个小时，感到实在太累了，倒在沙发上休息。

后来，网吧的工作人员发现，大睡一天一夜的乐乐还没醒来，怎么喊也喊不醒，觉得有点不对劲，立即报警。救护车来了之后，经检查确认已死亡，家人悲痛欲绝。

上网为何会猝死呢？不是因为电脑辐射，而是因为过度疲劳，上网时间过长，精神过度集中、紧张，容易引起疲劳，因为长时间处在过度兴奋状态，导致心脏压力过大而猝死。

身边有个孩子高中三年经常逃课去网吧，高考成绩公布后，什么高校都未考上。他问我，该怎么办？我说，没有办法了。你的同学三年发奋学习，现在的收获是拿到高校录取通知书，你玩了三年，潇洒了三年，获得了上网玩游戏的刺激和短暂快乐，这就是你高考的成绩单。这就是人与人的差别，人与人道路的选择。

马云在《不吃苦，你要青春干嘛》这篇演讲中讲到："当你不去拼一份奖学金，不去过没试过的生活，整天挂着QQ、刷着微博、逛着淘宝、玩着网游，干着我80岁都能做的事，你要青春干嘛？"

孩子上网成瘾的原因：

1. 贪玩。贪玩是孩子的天性，现代社会孩子贪玩的主要工具就是手机，在手机上打游戏，在网吧里玩游戏。贪玩是上网成瘾的主要原因。

2. 自控力差。孩子自控力相对较差，受从众心理的影响，就会随大流，经常玩手机进网吧。

3. 释放压力。由于初高中学生学习压力很大，又缺少释放压力的有效办法，孩子就会通过上网在虚拟世界里释放压力，寻求刺激。

孩子上网成瘾应该怎么办？

1. 讲清危害。孩子上网成瘾，对学习、身体危害非常大。孩子认真学习与上网成瘾是相互对立的，不可能鱼和熊掌兼得。中考高考时，不考孩子上网时间的多与少，不考孩子玩游戏级别的高与低，相反上网成瘾会严重影响中考和高考。

2. 限定时间。家长发现孩子上网成瘾后，在讲清危害，加强监督的前提下，最有效的办法就是限定孩子上网时间，如每周末允许上网一次，每次一至两个小时，或者假期允许孩子每天上网玩一至两个小时等等。针对不同的孩子特点，家长老师应该采取不同的办法。

3. 外出旅游，增长见识。对于上网成瘾的孩子，家长最好带孩子外出旅游，看看祖国的名山大川和名胜古迹，参观各类名牌大学，感受知识的魅力，转移孩子注意力，增长见识，戒掉网瘾。

因此，我认为青少年一定要“杜绝上网成瘾，杜绝暴力色情影视”。

二、预防早恋

关于早恋的问题，大多数人青少年时期都会遇到。如果处理不好，不仅影响学习，甚至会改变一个人一生的命运。

马云曾说，恰同学少年的你们，在最能学习的时候你选择恋爱，在最能吃苦的时候你选择安逸，自恃年少，却韶华倾负，却不知道青春易逝，再无少年之时。

早恋会引发很多很多的问题。

1. 影响学习。初、高中阶段，正是青少年学习科学知识、提高各种能力的最好时期，各方面成长、发展的最佳时机。这个时期的少男少女们，充满了青春活力，精力旺盛，思想活跃，记忆力强。如果这个时期被懵懂感情问题纠缠，必定分散学习精力，浪费大好时光。

有位同学的儿子，上小学时学习很好，性格活泼，能唱会跳，人见人爱，可是高考只考上西安的一所专科院校。后来，父母在家

整理儿子旧书时，发现抽屉里竟然放着厚厚一沓许多女孩写给他的情书。这才恍然明白，为什么他儿子学习成绩始终不行，原来儿子初中、高中时期早恋，心思根本就不在学习上。

2. 影响健康。早恋是一个既充满欢喜又充满苦闷的过程。由于爱恋对方，早恋者常常因为对方的言行举止造成情绪变化；也因为早恋遭到父母、同学、老师的压力，造成心理失衡；有的甚至会改变性格，本来活泼、天真的男孩、女孩，就会变得孤僻。久而久之，这会导致一系列身体不适，有可能会出现消化道病症、低血糖等症状。

心理学家认为，青少年激情占优势，容易冲动、自我控制能力差。因此，许多热恋中的少男少女，不能控制自己的感情而过早地发生两性关系，就会因为早恋对身心造成最严重的损害。

3. 可能引发犯罪。青少年早恋，大多是由于感情的冲动，或者出于对异性的好感和神秘感。强烈的好奇心和感情上的冲动双重叠加时，冲动就会战胜理智，特别是男孩在女朋友面前，面对一些让自己“吃醋”的行为恼羞成怒，盛怒激情之下，走向道德败坏或违法犯罪的道路。据调查，青少年犯罪中，有三分之一的孩子存在早恋现象。某省调查表明，在犯罪原因一项里，与追求性刺激有关的占被调查人员总数的22%。

同事家的孩子小升初全校第一，进入中学后，开始谈恋爱、叛逆，不和家长沟通，学习成绩就逐渐下滑。之后，很多次说谎要钱，被家长识破后，就不给孩子钱。孩子就开始偷家里的钱，刚开始几十元，后来有一次直接偷走3000元。刚开始死不承认，经过严厉训斥，孩子承认说："钱给女朋友过生日花光了，你们不给我钱，我只能偷"。

对于青少年来说，在爱情生长的土壤还不具备的时候，最明智的办法是筑好防线，集中精力学习科学文化知识，拒绝接受和播撒爱情的种子。

我的两个同学，高三的时候大家都在一心学习，可是他们恋爱了。高中毕业后，男孩去当兵，女孩上了一所大专院校。三年后他们义无反顾的结婚，还有了一个漂亮可爱的女儿。可生活就是柴米油盐这样一个现实，美好的爱情在现实生活面前不堪一击，随着时间的流逝，家庭琐事的矛盾，双方家庭的影响，外界因素的干扰，最终两人在孩子考上大学后选择了离婚。

爱一定要促进彼此的成长，要让彼此变得更优秀。如果因为你的这份"爱"，使两个人不能在合适的时间全力以赴做合适的事情，而遗憾地错过了人生应有的高度，那就是对爱的亵渎。

我给包括我女儿在内的很多人讲，你上高中时谈对象，只能找一个高中生，上大学谈对象就能找一个大学生，上研究生谈对象就可能找一个研究生，是高中生水平的对象好呢？还是大学生、研究生水平的对象层次高呢？这个道理不言而喻。

那么面对早恋，我们要怎样应对呢？

1.正确对待，莫心慌。孩子出现早恋现象，那说明孩子在成长。家长要做的就是正确对待这件事情，而不是在知晓孩子早恋后，什么情况也不问，劈头盖脸的就是一顿训斥，让孩子有点措手不及，有的孩子甚至会有逆反的心理，你越不让做，他就非要这样做。要向孩子讲清楚崇拜与恋爱的区别，不要把自己崇拜的人误认为是对他的爱恋。

2.沟通交流，讲道理。在孩子出现早恋现象时，家长与孩子要好好的沟通交流。只有深入交流，才会了解孩子的想法以及情感发展状况。然后，循循善诱地让孩子知道，中学时期的主要任务是学习。早恋必然会占用学习时间，一定会耽误学习。孩子还小，家长必须为孩子做出正确的指引。

有一个男孩小学毕业时学习非常好，考上了宝鸡一中，上初二时与一个女同学谈对象，成绩直线下滑，后来在老师家长的劝导下，放弃了这段交往，中考又考上了宝鸡中学免费生。但上高中后又谈对象，结果高考勉强考上二本。

3.因势利导，讲教训。每个人都有追求美好事物的权利。因此，家长要学会因势利导，不要扼杀孩子对美好事物的向往。要通过发生在身边的事件，把孩子对异性的感情转化为积极的动力。

两个高二的学生谈对象，因为女孩不愿意谈了，提出分手，男孩便将女孩一只眼睛打瞎了，男孩被判七年有期徒刑，这段感情不仅毁了两个孩子，也毁了两个家庭。

2019年高考结束后，山东一位平时学习很好的男生，因个人纠纷杀死了他的女友，成了网络热点事件。

几年前，两个初三的孩子谈对象，老师在学校进行了批评教育，家长在家里动手打了孩子，男孩与女孩商量后，双双跳湖自杀，这两个孩子为了无知的早恋付出了生命的代价。

有位家长曾经对我讲，她家儿子上高中时谈对象，不听劝，管不住，当时家长非常生气都想到过自杀，其实孩子早恋对家长的伤害也非常大。

许多家长遇到孩子谈对象，第一感觉就是“蒙”了，不知道该怎么办，我觉得大家不妨按照以上方法试试，也许就会收到奇效。

其实，孩子喜欢一个人，就应该替对方考虑，早恋不仅影响自己，也影响了你喜欢的人的学习，早恋实质上是在伤害对方，影响对方，孩子们一定要明白这个道理。

初高中生怎么学

怎样才能学好，每个孩子都有属于自己的一套学习方法，都是“八仙过海，各显其能”。虽然学习方法千差万别，但是还是有一定的规律可以遵循，下面把我总结的学习方法介绍给大家。

一、紧紧抓住课堂45分钟

课堂教育是老师教，孩子学的最重要的方式，也是最传统最有效的方式。所谓师者，传道授业解惑也，就是指老师要利用课堂传授给孩子做人的道理和学习的知识，解答孩子的疑问和困惑。

孩子学习知识的最佳途径，就是上课。

学习成绩好的孩子，上课肯定是认真听讲的孩子。

学习成绩较差的孩子，必然是上课不爱听讲，注意力不集中的孩子。

孩子应当紧紧抓住课内时间，充分利用课堂学习，消化记忆知识。

孩子应该向课堂要效率、要效果，防止课堂开小差、打瞌睡。

简单的说，就是上课要认真听讲。

谁抓住了课堂45分钟，就抓住了最重要的学习方法，想不学好都很难。

二、认真完成作业

作业是巩固所学知识的最佳途径，是孩子提高学习成绩的最好方式，每个孩子都应该认真完成作业。

不知道完成作业的孩子，就不知道学习。

不爱完成作业的孩子，就不会提高学习成绩。

经常抄袭作业的孩子，绝对是不爱学习，不懂学习乐趣的孩子。

一个孩子只要能做到课堂认真听课，认真完成作业，就能掌握80%以上的知识点。

三、适度增加课外题

现在书店的教辅资料非常多，孩子可以适当地增加一些课外题练习。

做课外题有两条原则，一是适度，难度和作业量不要太大；二是尽量在老师指导下去做。应避免孩子钻牛角尖，搞题海战术，顾此失彼。

四、学会找规律，勤思考，善总结

学习的方法多种多样，对于初高中学生来说，要善于找到学习的一般规律。

勤思考、善总结、多提炼，是初高中孩子应具备的基本能力。每个孩子都应学会理清思路，勤于总结，善于提炼，这样学习才会轻松，才会享受到学习的快乐和成就感，也会增强自己学习的自信心。

勤思考的孩子，进步最快。

善总结的孩子，思路清晰。

五、文科学习一个字“背”；理科学习一个字“练”

文科，如语文、英语、历史、地理、政治等，孩子在学习过程中，永远要记住一个字“背”，背下了，就会了。

因为高考以前，孩子学习都是被动的，学习文科类科目，只要背下来，记在脑子里，考试时孩子就可以答出来，得高分。

背诵是学习文科类科目最好、最直接的方法，也是孩子们常常使用的学习技巧。

理科，如数学、物理、化学等，通常最管用、最有效的方法就一个字“练”。

过去经常讲，学好数理化，走遍天下都不怕，数理化就是靠练出来的，只要多做题，记公式，找规律，数理化自然就学好了。

一个孩子只要始终记住“背”“练”两字，并灵活运用到各门功课的学习过程之中，就一定会收获自己想学的知识，实现自己的理想。

凡会学习者，学习得法，则事半功倍；凡不得法者，则事倍功半。

有许多孩子不掌握这两个字的规律特点，文科怕记，理科怕练，这就大错特错了。没有掌握最基本的学习方法和技巧，学习起来非常吃力、费劲，走了很多弯路，学习效果也不好。

作文写作两种基本文体

作文是小升初、中考和高考语文、英语必考内容，许多孩子对此感到非常棘手。其实，写作文也有许多技巧，若能熟练掌握，写好作文就没有那么难了。有些擅长写作文的学生，通过作文得高分来提高分数，也不失为一妙计。

有一个教孩子写好作文的公式："一教三激发"模式，这是一种很好的写作方法：写作技巧（教学）+兴趣+材料+个性（三激发）=好作文，同学们不妨试一试。

一般来说，作文评卷分三类：

第一类，高分类。表现为紧扣主题、观点鲜明、论证充分、语言优美、精炼。

第二类，中间类。表现为观点明确、主题突出、论证比较充分、语言一般，大部分试卷为中间类。

第三类，低分类。表现为主题跑偏，观点不明确，论证不充分，语言不通顺等。

小升初考试和中考一般以记叙文为主，高考一般以议论文为主，偶尔也加一些小记叙文。例如2018年、2019年北京卷，小记叙文（10分）+议论文（50分）。

记叙文和议论文是两大基本文体，用途十分广泛，几乎贯穿整个人生，所以学好这两种基础性文体就非常重要。

记叙文写作

记叙文有记人的、叙事的。它是写作的基础，学好记叙文写作，非常重要，终生受用。

记叙文的六要素，时间、地点、人物、事件的原因、经过、结果，大家一定要熟记，学会活学活用。

比如今天干了一件事情，用记叙文六要素中的全部或部分要素很快就能说清。如果能灵活运用记叙文六要素去讲故事、说事情、记日记、做演讲等，不仅逻辑思维清晰，而且语言简练通顺，很快就能让大家了解情况，效率非常高。

但往往许多人忽略了这一点，把一件事说不清楚，思路混乱，前言不搭后语。究其原因，就是不会灵活运用记叙文六要素。

记叙文写作中，只要把握好以下四个方面基本要领，就可以写出一篇优秀的文章。

一是要熟练运用六要素。比如写你最感兴趣的一件事、某某二三事、春天的故事、秋天的收获、冬天的雪、阳光、上进、梦想、勤奋、发明、友谊、真情等等。就按六要素手法去写，什么时间，什么地点，做什么事，怎么做的，有什么收获、启发和体会，这样就把一件事情写清了。

二是要侧重人物肖像描写。注意写事的记叙文也要简单描写人物体貌特征。用一到二个事例表现某种高尚品质，写出人物个性特点。如最美老师，最美医生，最美司机，最美父母，某道德模范人物的事迹等。通过一些细节描写与刻画，体现整个事件对人的启发和鼓舞，传递社会正能量。

三是结尾一定要精彩。人们常用“虎头”和“豹尾”来形容一篇好文章的开头和结尾。好的结尾要首尾呼应，升华主旨、情感；要少讲空话、俗话、套话；要含蓄有味，注重以情（景）动人；要言有尽而意无穷，给人“余音不绝”之感。

例如：“叮呤……”考试结束铃声响起，她拾起被“委屈”了好久的小纸团，满含鄙夷地展开，只见上面潦草地写着“注意：姓名、校名不要超出装订线”。顿时，她心里刮起了一阵飓风。

四是语言要优美，结构要完整。记叙文语言要求简练、优美，结构要求紧凑、完整。如炯炯有神的眼睛，高高隆起的鼻梁，风景如画的山水、鸟虫、明媚的阳光、平静的湖面、广阔无垠的田野、玉米笑得裂开了嘴，露出金黄色的牙齿、稻谷有礼貌地向人们点头鞠躬等等。

建议同学们，看一下“中国诗词大会”，总结提炼一下庆祝改革开放四十周年大会上，表彰的对改革开放做出重要贡献的100位杰出代表和10位做出重要贡献的外籍人员的先进事迹。在作文中适当引用一些古代诗词，名言警句，增加文采，一定会有很大的收获。

议论文写作

议论文的写作，是摆事实，讲道理。就是讲清理由，分析原因，提出对策，总结做法等。比如，居安思危，原因一、二、三；法治优于人治，理由一、二、三；你如何实现自己的梦想，做法一、二、三。议论文的写作一般采用“三段论”的形式，即提出观点、充分论证、最后总结。

首先，论点要鲜明。近年来，大部分中考、高考作文给一个故事或简短一段话，根据所给材料自定题目加以论证，所以提出紧扣主题的论点就非常讲究。

比如，给一段节约粮食的材料，可以把题目选为“提倡节约，反对浪费”。给一段开展群众路线的材料，可以提出“坚持走群众路线，是我们胜利的法宝”这样一个论点。不论如何，论点一定要鲜明、正确，不能提出错误论点。

其次，论据要充分。论据分为理论论据和事实论据，对初高中来说，主要用事实论据。事实论据其实就是列举几个事例来证明你的观点。

在此，我告诉大家最好用“三个故事”写作方法，一个中国古代的故事，一个中国现代故事，一个国外的故事。用三个故事阐明你的观点，每个故事都用记叙文的六要素叙述。

古代故事，可涉及政治、经济、文化、军事、生活等方面，一个成语就是一个故事。例如：望梅止渴，东山再起，千锤百炼，熟能生巧，千军万马等。

现代故事，请大家多看看感动中国人物、道德模范、改革先锋、新闻人物、科技航天、热点事件、身边人物等，可以提炼和积累很多。

国外故事，就是把课文或故事书中的外国故事，作为论据写出来。如电的发明、电话的发明、第一台汽车、火车、轮船、飞机、名人传记、童话故事等。

第三，总结要升华。总结、升华是议论文结尾必须要精心完成的内容，大家一定要记住高度概括，总结规律，提升高度，宣扬正能量。

优秀作文范例：

阅读下面的材料，根据要求写一篇不少于800字的文章。(60分)

某校有一座建于上世纪50年代末的教学楼，从这里走出去一批批优秀人才，其中不乏知名学者、作家、主持人。如今，这座矮小、简陋、老旧的教学楼已经不能满足学校现代化发展的需要。考虑到它的特殊性，学校想保留，但有人认为学校用地有限，修缮、养护还要花钱，建议着眼发展，将其拆除。为此，学校很犹豫。不少师生和校友表示非常关注，曾在此楼就读过的某知名作家还专程赶回母校拍照留念，并积极争取留住它。

对于以上事情，你怎么看？请表明你的态度，阐述你的看法，体现你的思考。要求综合材料内容及含意，选好角度，确定立意，完成写作任务。

例文：

历史，不容修改

某校有一座建于上世纪末的教学楼，考虑到它的特殊性，学校想将其保留，但有人认为学校这样做会阻碍其现代化发展，建议拆除它。我认为，学校应保留这座教学楼，不要摧毁一位历史的见证人。

从这座教学楼走出去一批批优秀人才，其中有知名学者、作家、主持人，这些各类的职业名人，难道没有在一定程度影响到学生吗？教学楼拥有着浓厚的历史文化氛围，相较于其他现代化、明亮整齐的教学楼，它们能够给学生多少文化熏陶呢？事实证明，在充满着暴力环境下成长起来的孩子，大多数倾向于暴力心理，反而在书香世家长大的孩子更痴迷于文学，性格更是以文静居多。

有人认为这座矮小、简陋、老旧的教学楼已经不能满足学校现代化的需要。这真是愚不可及的想法!不能满足学校现代化的发展。学校难道要把它建成办公楼那种整齐的建筑？帕特农神庙遗址，也仅是几根破损的柱子，为何希腊不把它拆了，在其遗址上建大型工厂来拉动希腊的经济，当然不能拆了。它是古希腊辉煌历史的见证人，承载着古希腊的物质文化。学校可以要现代化，但这座简陋的教学楼不也是学校历史的有力见证人吗？每一个遗址都有其存在的历史意义。每一个国家都有博物馆，文化遗址，就中国的万里长城而言，它显示了当时中国人民的高度智慧，高度的科学文化，承载着太多的意义。这座教学楼，虽然失去了它的美丽，但它却为历史留下了美丽的身影。真可谓“塞翁失马，焉知非福”。

学校用地有限，修缮、养护还要花钱，为了现代化发展，要将其拆除，真是好借口！确切来说是要其现代化而舍弃历史文化罢了。英国至今还保留其国王，英国政府每年支付给英国王室一大笔经费，都要从国家财政支出。况且，在高度现代化发展的社会，民主深入人心，英国为何不废了这封建余孽呢？英国国王为英联邦的首脑，起着维系英联邦的纽带作用且为英国民族团结的象征。这座老旧的教学楼何尝不是学校精神的体现！教学楼的修缮养护虽会影响到学校的现代化发展，但它给予学生心灵的熏陶是无价的，它虽占地，在学生心中对历史文化，名人奋斗史的感触是无边际的。

教学楼不单单是学习科学文化的场所，它还是学校历史的见证人。我们应保留历史遗迹，让它给予我们明亮的镜子，激励着我们奋然前行！

点评：

开篇引述材料后，表明了态度并提出了自己的观点，接着从“教学楼”所起到积极作用角度分析论证其不该拆的理由。“帕特农神庙遗址”的事例运用恰当，“英王室费用”事例虽稍有偏差，好在作者用其论述学校“精神的体现”使其出现在了“恰当的地方”。

（摘自网络）

高考作文怎么写

高考作文，一直都是社会关注的焦点、热点，不仅因为分值大，更因为它反映时代价值导向。

现在的高考作文已经不仅仅在考察学生的思辨能力、文字能力，也在引导学生将目光投向“国事天下事”，将个人的学习与国家的发展、时代的变迁紧密联系在一起，而不是“两耳不闻窗外事”。

从恢复高考的“心中有话向党说”，到新世纪以来的“地震”“共和国，我为你拍照”“中国关键词”“新时代新青年”，以及“2019的色彩”“文明的韧性”“青年奋斗”，这些题目积极回应时代重大主题，具有浓厚“论政”色彩。有人说，高考作文既是一道语文考题，也是一道政治考题。

高考作文是对一个人综合能力的考察，从“论政”中也可洞察一个人的家国情怀。高考是人生的重要转折点，许多人由此进入大学，并成长为社会精英。他们具有怎样的家国情怀，怀揣怎样的梦想抱负，关乎国家的发展未来。

“爱国情怀、奋斗精神、生活思考”是2019年高考作文题目的几个关键词。很明显，这既是一种结果考察，也是一种方向引导——既引导学生走进社会，关注国家大事，拉紧个体与国家的关系；

又引导学生正确看待国家发展，坚定方向、树立信心，用智慧的目光透析时代变化。

高考是国家选拔人才的重要途径，也是一条时代价值引导的指挥棒。恢复高考42年来，虽然历经多次改革，但高考一直都具有时代特征，一直都重视“论”与“政”。一代人又一代人的机遇和机缘、使命和挑战。要答好“论政”这道时代选题，需要每一位考生心怀梦想，涵养家国情怀，既有激扬的文采，又有指点江山的自信和豪迈。

近年来，我一直对高考作文保持高度关注，也做了一些分析和研究。

2018年作文“梦想”和“青山绿水就是金山银山”；2016年浙江作文“创新”，都在我的预测范围之内。有人问我有什么高招？

我的高招就是，坚持研究每年的出题动向和规律，时刻关注时事政治，并把两者有机结合起来，这样就能确定题目范围。

2019年高考前，由于编书的缘故，我对近年来高考题目进行了反复地分析和研究，同时结合习近平总书记2019年系列重要讲话精神和李克强总理政府工作报告内容，对高考作文进行了仔细推敲。

我认为2019年的作文题，可能是三个方向：一是时政新闻热点类作文。如爱国主题，青春主题；二是哲理类型的作文；三是励志类型的作文。围绕这三个方向，我义务给许多参加高考的孩子进行了辅导，并着重对时政新闻热点类型作文写作进行了辅导，收到了很好的效果。

从最终公布的全国高考语文8套试卷作文来看，基本都在我的预测范围之内，只不过是出题方法、叙述方式略有不同罢了。

天津卷的不同时代的名言引发议论，北京卷一的“文明的韧性”，全国二卷的青年奋斗，主题都很明确，命题思路清晰，对于时代问题有很好回应。

上海卷从音乐看“中国味”和北京卷二从色彩看国家认同，在应和时代主题的同时，也另辟蹊径，展现出各自独特的视角。上海卷显然发挥空间更大更丰富，考生们相对好应对。

反观北京卷的两题，都是直奔主题的色彩。观念很正确，但角度上却显得单一，不能充分显示出学生水平能力的差别。

上海卷的好处在于把对中华民族的情感和文化认同融在具体音乐的探讨中，让不同水平的学生都有发挥空间，可以看出较高的出题水准。但是想要出彩，获得高分，也不是很容易。

同样，如全国一卷的“劳动”，全国汉语卷的对奥运的不同感受，江苏卷的百味与人生。浙江卷的作家和读者的关系，这类哲理性的题目发挥的空间较大，都有相当的弹性和灵活性，大家都能写一些，但想要谈深谈好难度大。这是真正考验学生的语文基础和见识阅历。

根据2019年出题动向，我认为2020年的高考作文，可能会分为两个大类：一类是时政、总书记重要讲话和“金句”。时事热点新闻事件，中国梦、小康社会、初心使命、三步走战略、脱贫攻坚、全面建成小康社会、小康不小康关键看老乡、绿水青山就是金山银山、幸福是奋斗出来的，撸起袖子加油干等等。另一类是仍旧会出传统题型。比如：励志题可能会出立德树人、理想；哲理题可能会出辩证关系、因果关系、漫画题，写作形式可能会有书信、演讲稿和心得体会。

对于高考作文写作，我总结了一个“三个故事”的写作法，先后给凤县中学、高新中学、烽火中学学生做过高考作文辅导。用这种方法一对一也辅导过很多学生，反响很好。大家都觉得这个写作法简单明了，思路明晰，听了之后茅塞顿开。高新中学吴校长说，他教了一辈子语文，还没有总结出像我这样简单凝练的高考作文写作方法。

下面，以“创新”为题，给大家作以讲解。

题目：创新是社会发展进步的动力

第一段：点题。

第二段：讲三个故事。即古代创新的故事，现代创新的故事，国外创新的故事。

古代创新的故事。在政治方面，如王安石变法，商鞅变法、戊戌变法等，简要叙述；在科技方面，古代四大发明，即火药、指南针、造纸、印刷术等，把这些古代创新的故事，用记叙文的六要素写出来，根据篇幅多少，用一个或两个故事说明创新的重要性即可。

现代创新的故事。比如新四大发明：高铁、网购、共享单车、支付宝就可以作为创新故事。手机的变迁，短信、微信、微博，袁隆平研究的水稻，屠呦呦发现青蒿素获得诺贝尔奖，中国航天事业的腾飞等等，也可以作为创新故事。天津刚开了一家未来餐厅，里面的服务员全是机器人等，从身边的衣、食、住、行，都能看到创新的巨大作用，根据字数要求写一个或几个故事即可。

国外创新的故事。如英国的工业革命，就是十八世纪中期，英国人瓦特发明了蒸汽机，用于纺织业的生产，大大提高了劳动生产效率，从而推动英国经济乃至全世界经济高速的发展，为人类文明发展做出了巨大贡献。还有爱因斯坦发现相对论，牛顿发现万有引力，世界上第一辆汽车、第一架飞机、第一列火车以及电的发明等等，都是创新的结果。

这些故事都用记叙文六要素去写，思维清晰、语言简洁。为什么我再三强调记叙文六要素呢？因为我辅导学生作文时，每当提问记叙文六要素时，有些人不知道，有些人说不全，甚至大多数家长都说不清楚。众所周知，记叙文六要素是我们写作的最基本要求。

第三段：总结、提升。

创新是社会发展进步的动力，人类只有不断创新，除旧推新，才会推动物质文明与精神文明，提高人民生活水平，才能实现伟大的梦想。

这样一篇有血有肉的高质量作文就完成了。

在此我还想介绍三种学习方法，帮助应对高考作文的复习。

一是把历年的高考作文题目浏览一遍，（见第三篇附件五《历年高考语文作文试题》），了解历年高考作文的出题方向和类型。

二是一定要看每年的时事政治（见第五篇附件三《时政热点资料》），并把重点背下来，这些都是常考的时政内容。

三是选十几个题目去模拟练习。时间来不及的话，把近十年来的高考作文题目和当年模拟作文题目列举出来，按上面“三个故事”的方法列出写作提纲，绝对能用得上。这也是我多年来总结出的一个小窍门，在高考和公务员考试中，为许多孩子赢得了高分。

"初二现象"如何应对

很多家长战战兢兢帮孩子适应了小升初的第一年，孩子就读初二时，他们发现面临的问题更多，孩子莫名其妙进入一个"瓶颈期"，让家长头痛不已。北京青少年心理问题专家许燕将初中二年级表述为"初二现象"，被称为："事故多发的危险阶段，是思想道德、学习成绩、能力培养的分水岭"。

许多家长感觉这个时期的孩子突然变得"异常"起来，其实这是一种正常生理、心理现象。这一时期孩子主要表现为：

一、不服管教

对老师、家长的批评不再虚心接受，容易脱离现实，沉迷于幻想，对老师的批评也不在意。开始反驳、顶撞，爱发脾气，甚至越不让做的事，他们越起劲。在父母严厉教训的时候，有时候会表面上应付一下，背后依旧我行我素。在每一个细节上都表现出自己的叛逆。

二、渴望独立

"成人感"愈加强烈，勇敢、有闯劲、好胜心强，处理问题时固执己见，总认为自己是对的。因此，时常和家长发生争吵。不再什么事都与家长和老师交流，开始有意地疏远家长，喜欢把自己关在属于自己的空间里。

三、两极分化

在学习上，初二是一个分水岭，一部分学生成绩稳步上升，一部分学生存在畏难情绪，成绩迅速下降，甚至出现厌学情绪。

四、注重形象

开始注重外表，变得好打扮，衣服鞋帽也讲究品牌。一些男生开始注重发型，女生注重化妆。同学之间肆无忌惮地开玩笑，部分男女生表现过分亲密。这一时期也是早恋的易发期。

五、爱上网

初中阶段，初二学生上网最多，尤其是男生，特别迷恋网络游戏。

一位父亲咨询我说：他孩子十五岁了，现在个子比他高，与个子成正比的是孩子的脾气也渐长。老师也不时地反映孩子逃学。骂过、也打了，根本不起作用，打得凶了孩子直接说："再打我就不上学了"，他妈妈为这都愁得睡不着觉。心情好的时候，他会跟他妈妈说："我没有交坏朋友，就是上个网什么的"。心情不好时，要么爱搭不理，要么就用一句话"我烦着呢！"父母现在都不知道该怎么办了。

孩子每个年龄段，都有每个年龄段相匹配的烦恼，无一例外。每个年龄段的烦恼，都会在那个年龄点的地方，安静地等着你，从不缺席。

对女孩来说，会变得内向害羞自我怀疑、愧疚或抑郁。

对男孩而言，则更多地表现为暴躁、愤怒、贪玩。

正如这位父亲所说，“初二现象”中的孩子大都处于“烦着”的状态。孩子的角色和身份也会发生一些变化，最明显的是他们开始寻求同龄人的支持。

具体表现为：“初二现象”的孩子大都很好面子，自尊心强；重视同伴关系，易受同伴影响，可能会做一些并非自己意愿，但同伴认同的事。如抽烟、喝酒，这些行为虽然父母不认可，但对孩子来说，可能是成人的象征，代表他们摆脱了对父母的依赖等。这也意味着青春期的孩子会面临一些危险，比如：网络成瘾、早恋、酗酒、犯罪等。

有的父母会过度忧虑孩子可能面临的“初二现象”，希望孩子顺利度过这一时期。我觉得，作为家长应该正确对待孩子的“初二现象”，要相信孩子有这个自我调整能力。

事实上，大多数孩子也能顺利度过这个特别的时期。

当孩子情绪波动时，愚蠢的父母责备孩子，聪明的父母关爱孩子。除了信任，还有什么呢？我们要做好孩子们坚实的后盾。用一句话概括，就是与孩子保持亲密无间的亲子关系，将孩子当作独立的个体，平等对待，支持孩子渴求独立的尝试，在孩子失败时给予鼓励、安慰，在孩子成功时及时给予肯定和表扬。

重点提醒，针对这个阶段的孩子，父母很有必要为孩子提供一个健康的社交氛围，不要以为孩子大了就不用陪了。

带孩子去参加一些团队活动，多与自己的亲戚朋友走动。

别让孩子把自己封闭起来，或者经常宅在家里玩电游。孩子们应该有自己的社交，拥有自己的朋友，有自己尊敬的长辈等，这些都有助于他们的心理健康。

请孩子们记住：见贤思齐焉，见不贤而内自省也[①]。与积极的

①出自《论语·里仁》。

人交往，你会变得更阳光；与消极的人交往，你会充满负能量；与诚实的人交往，你会坦荡磊落；与不靠谱的人交往，是对你时间、生命的极大浪费。

父亲要主动跟这个年龄的男孩做朋友。

对于男孩来说，要紧的不是你如何说他、批评他、指点他，而是他信任不信任你，在你身上，他能否看到一个成熟、有责任感的男人的样子。

对于女孩来说，父亲不能刻意疏远。女儿长大了，不少父亲不再像对待假小子一样亲近女儿了，保持一定距离是对的，但是仍然需要保持对女孩情绪和情感的关注、支持，这对她们很重要。

不同时期的孩子有不同的困扰。“初二现象”就是一个典型时期，对于他们的不听话、叛逆，父母要有清醒的认识。

下面是一些原则性的提醒，也是很多父母容易疏忽的问题。

一、宽容理解

孩子每天都在不断发生着变化，父母的教育方式也需及时调整，切不可因孩子与自己的想法相悖，强行要求孩子按照自己的要求去做，否则就是漠视孩子真正的需要，不利于孩子健康成长。要学会欣赏自己的孩子，肯定和鼓励孩子的进步与努力，不能采取高压政策，更不能讽刺挖苦。

研究青少年心理健康的专家强调，当代青少年有一半以上都存在心理问题。有的是因为家庭关系不和谐，父母经常吵架，有的是因为父母过分注重孩子的学习成绩，忽视了孩子的心理健康。

如果孩子长期被负面情绪左右，又找不到释放的借口，日积月累到一定程度，就会在某件事上突然爆发，造成无法挽回的后果。

湖南沅江市12岁男孩杀死亲生母亲，杀人后镇定地骗了外公，指认现场时还在笑。原因就是因为孩子抽烟、旷课，孩子的母亲用皮带抽了几下，孩子便用菜刀砍死了母亲。

不能说家长打骂孩子是对的，但是家长有批评教育孩子的权利，对于许多家长，更应该反省自己平时的教育方式是否正确。

一个孩子的健康成长离不开家庭、学校和社会的教育，不只是学习好就行了，心理健康快乐往往比学习成绩重要的多！希望这样的事情不再发生，大家要引以为戒！

二、陪伴沟通

父母的陪伴和沟通是治疗孩子心理问题的良药，加强“两个交流”非常重要。

一是要加强与孩子的沟通交流。多关心孩子，保持良好的亲子关系。不要过分强求孩子去做他不喜欢或很难达到的事情，尤其在孩子情绪低落的时候，父母要及时给予安慰和鼓励，让他尽快从负面情绪中走出来。二是要加强与老师的沟通交流。要不定期与老师交流，了解孩子成长情况，共同出主意、想办法，及时纠正孩子的一些不良行为和习惯。在此，我建议家长除每学期参加家长会外，至少还需要一次以上与老师的交流，这一方法非常管用有效，不妨试试。

三、认清自我

深刻认识初二这一年，是孩子一生学习好坏的转折点。这个阶段课程增多，学习难度增加，不稳定的心理干扰因素增加，导致学习出现两极分化。这时候，一定要正确引导孩子充分认识自身问题，及时改掉不良习惯，培养积极向上的性格，努力做到不要掉队。

有个一般规律，对于大部分孩子来说，初二学习好的孩子，一生学习都比较好，初二学习差的孩子，一生学习都比较差，因为初二学的是基础性知识，一生都很难弥补。

家长应不应该陪读

中国历史上，诞生过无数杰出的伟人，他们创造了历史，或是因为留下了不朽的思想和文章名垂青史。纵观他们的成长足迹，我们不难发现，他们背后无一例外地都有着父母亲的身影。

陪读就是陪着孩子一起生活、一起学习。这个词，对绝大多数中国父母来说，简直刻骨铭心，因为每位家长在不同的阶段都做过陪读。

学习是一个人终生的需求，教育是一个人一辈子需要反复去做的事，小时候接受教育，长大成人教育子女，谁也逃脱不了这份责任和义务。

心理学家曾经提出过一个概念叫做“童年期情感忽视”。概括就是：父母在子女童年时期没给足够的情感回应，将会给孩子造成自卑、没有归属感、没有安全感、甚至抑郁等心理创伤，严重影响他们今后个人成长与人际交往。

陪读是与孩子一起成长，一起学习各种知识——理论知识、社会实践知识等，是每一位家长必修课程，是家长义不容辞的责任，也是应尽的义务。

在如此竞争激烈的社会中，单凭孩子一个人去学习，去拼搏是不行的。有了家长陪伴，孩子不会感到孤单。在内心深处，他会认为他和父母亲共同学习、共同战斗。孩子心里有了依靠，有了后盾，更加坚定了勇往直前的信心和动力。

六岁以前，家长需要天天陪读，天天讲故事。孩子上小学后，家长仍然需要每天早中晚接送孩子，每天晚上检查家庭作业，按要求在作业本上签字，这种陪伴要持续到小学毕业。

孩子上初高中后，住在家里的孩子，家长需要做好吃、住等后勤保障。还有相当一部分家长，在孩子上学的学校附近租房子陪读。为了孩子成长默默无闻的付出，做出了很大的牺牲。

许多年前，我就听说有位母亲，辞掉了单位的正式工作，在孩子学校附近租房陪读六年。这种望子成龙，望女成凤的精神和勇气值得我们学习。电视剧《陪读妈妈》有句台词说："陪读妈妈首先是赔了自己，赔了事业，赔了青春，甚至有些妈妈赔了家庭。对孩子的付出和爱，不是一般的伟大"。

去年，我遇见一个熟人，她在县城工作，每周五下午坐三个小时汽车，来宝鸡陪孩子补课。周五晚上住在酒店，周六孩子补一天课，之后再坐三个小时汽车回到县上。为了孩子接受更好的教育，这位母亲付出了大量精力和金钱。

现在，这样的事情在宝鸡非常普遍。县城的跑宝鸡，宝鸡的跑西安或者其他一线城市。父母和孩子们都在陪读的道路上不停奔跑，真是可怜天下父母心啊！

有资料显示，中国妇女在职率高达76%，位居世界首位。每天早晨六点左右，她们起床为孩子准备早饭，然后匆匆忙忙去上班，中午又急急忙忙赶回来为孩子做午饭，晚上吃过饭还要手把手辅导孩子写作业。可以说，母亲一生是为孩子付出最多的人。母亲的爱似水，润物细无声；母亲的爱似路灯，指引孩子前行的方向。

小学阶段陪读，家长还可以进行文化课知识的辅导，但孩子上初中、高中以后，家长辅导文化课就会力不从心。这时候，家长陪读的主要任务就是保障、监督、沟通。

我陪读孩子时间比较长，上幼儿园每天接送，骑在自行车上教孩子背唐诗；孩子上小学后负责检查作业；孩子上初三时，我买来优秀作文选，每晚给孩子读一篇，帮助制定每周学习计划；孩子上高中，每次考试结束，与孩子一起分析每门课的试卷；孩子大学毕业备考公务员，参加北京市公务员考试，我学习北京市前三年笔试、面试题；孩子参加陕西公务员考试，我就研究陕西前三年的考题；孩子考深圳公务员，我就研读深圳前三年的考题。

通过半年陪伴孩子报考公务员学习与实践，分析与研究，我总结出一套公务员笔试、面试的应试方法和技巧，非常简练和实用。这部分内容将在第五篇详细讲解。

要想成就你的孩子，就要了解孩子，在孩子需要帮助的时候给予最大帮助。学会倾听、换位思考、学会沟通，这才是理想的陪读，也是真正意义上的陪读。

龙应台说："父母是有有效期限的，错过了有效期，再怎么努力也难有效。对于这一辈子只有一次的经历，父母应该珍惜。孩子是上天给的一份礼物，我们应该在有效期内全情投入，耐心陪伴着他们长大。"

关于陪读我的建议是：要根据每个家庭的实际情况和每个孩子的具体情况来确定。大致可分为两类：第一类，孩子学习态度端正，自律性较好，知道学习，生活能够自理，这部分孩子家长就不需要专门陪读。第二类，孩子独立生活能力较差，学习自觉性差，需要家长每天监督才能完成作业的孩子，家长陪读就有很大的实际效果。我们要区分不同类型的孩子，选择性的进行陪读，避免盲目跟风，才不会给家庭带来许多困难与问题。

陪读，是孩子的需求。

陪读，是家长的一份责任。

陪读，也是家长自我提升的机会。

如何应对小考、中考、高考

一个学生必将应对小学毕业考试（即小考），中考与高考（以下简称“三考”）。有些孩子，平时学习一直很好，为什么在这“三考”中却发挥失常呢？说明知识准备、心理准备、体能准备不够充分，遇大考就思想紧张、发挥失常。所以要成功应对“三考”，必须做好三个方面的准备工作。

一、知识准备

知识就是力量。自从地球上有了人类，知识便萌芽在人类的智慧中，从茹毛饮血的远古到高度文明的当代，每一次社会的进步，无不显示出知识的巨大作用。知识的进步，推动了历史的发展，促进了人类文明的进程。

古时候，风雨雷电等自然现象都被视作神的行为。每逢大旱，老百姓就杀猪宰羊，送上祭坛，祈求神明，听命道士呼风唤雨。在今天我们的中学生看来，这些似乎都太愚蠢可笑了，这正是缺乏知识导致的必然结果。

知识是一点一滴积累起来的，考试的时候临时抱佛脚，自然不能考出好成绩，面对“三考”只能落得失败的下场。

因此，做好充分的知识准备，是迎战“三考”的前提和基础。

首先，要紧跟老师的教学进度。老师安排的计划，都是多年来的经验总结，一定要紧跟老师的进度，不要自作主张，脱离老师的计划和进度自己学习，这一点非常重要。

有个学生中考前两个月，家长花了3万元，报了某培训机构的冲刺班，结果照样没有考上理想的高中。还有一位高三学生，高考前报了西安的某高考冲刺班，高考成绩未提高还下降了。因此，一定要按学校的安排去学习。

其次，要善于总结、提炼。无论是小学阶段、还是在初中高中阶段，复习时一定要学会总结提炼一般性和普遍性规律，这样就会收到提纲挈领容易记忆的效果。

在数学学习中，首先要记准公式，找准等量关系。比如，求三角形全等，就用那四种方式，不符合条件的方式就迅速排除，总有一种方式能证明两个三角形全等，只要抓住关键，很快就能解答。

历史学习中，有几次变法，有几次盛世，有几次王朝大统一，分类归纳起来就容易记住背熟。

对于语文、英语考试，无非就是三部分：第一部分考察字、词、句；第二部分考察段（即阅读）；第三部分就是作文。这是一般规律，照此复习，分类记忆，就很快记住了知识点。

第三，举一反三强化练习。就是做往年小考、中考、高考试卷或当年的模拟试卷。通过做真题，孩子就知道考试形式、考点、类型等，这样复习起来就有了针对性。

我经常给毕业班的孩子和家长建议，在毕业班第一学期的寒假里，分科目做几份模拟试卷，找十份往年中（高）考试卷研究分析一下近年来的作文题目，通过分类复习，就能很好的把握试题动向，对自己复习的重难点和方向有一个初步的把握。

2008年我女儿高考时，经过研究，我把作文题目和20分的文综综合题都预测对了。因此，做好考前充分的知识准备是关键，也是“三考”取胜的先决条件。

二、心理准备

在知识准备充分的情况下，孩子建立了学习信心，再努力强化孩子的心理素质，这样就收到事半功倍的效果。若心理素质过硬，就可以全部发挥出你的实际水平。否则，若心理素质不过关，即使你学到100%的知识也发挥不出来，影响最终结果，那么应该怎么做好心理准备呢？

首先，心态一定要平和。不论平时学的好与坏，在面对三考时，一定要有一个平和的心态，请家长和孩子们记住，只要把自己平时学到的知识，会答的题全部答出来就是进步，就是成功。

其次，要把握好两个原则。一是会做的题力求全做对，提高答题准确率。二是不会做的题学会放弃，不要在很难得分的题目上面浪费太多的时间，这两点原则非常重要，在平时练习、模拟中多加训练。

第三，树立公平竞争的意识。中考、高考本身就是一种选拔性考试，一定要有竞争的意识，但是不能过度紧张，不能徒增嫉妒心，给自己增加烦恼和压力。与其嫉妒别人，不如把这份嫉妒转化为竞争上进的动力。

其实中考的竞争压力远大于高考。就全国而言，2018年高考900多万人，2019年高考1040万人，录取率在80%，而中考2018年全国有近3000万人参加，录取率在50%左右。当然每个地区，每所学校的录取率都有差异。

当你超过别人一点点，别人会嫉妒你，当你超过别人一大截，别人就会羡慕你。所以多努力一些，让别人羡慕你、佩服你，而不是去盲目地嫉妒别人。

古往今来许多故事告诫我们：要公平竞争，善意竞争，防止恶意竞争。现在中考、高考都非常严格公正，全程都有监控录像，不可能有其他作弊的可能性，孩子只有打好基础，复习对路，做好心理准备，才能在中考、高考中成为胜者。

在此，我建议参加中考、高考的家长，考前最好给家里准备点谷维素，假若孩子晚上因为紧张，12点后还不能休息，可在医生指导下服用，帮助孩子睡眠，保证第二天充沛的体能，因为每年都会有个别孩子因为失眠影响考试成绩。

三、体能准备

父母为孩子制定学习计划时，别忘了在成长一栏里，添上运动计划，因为体能是孩子全面发展的重要因素。体育锻炼，除了能增强身体防御机能，对孩子的大脑、神经、骨骼、智力、人际、情绪以及人格发展，都有显著的影响。

对于小考来说，体能准备不存在太大问题，但对中考、高考学生来说，体能准备就非常重要，因为在中考、高考前学生透支了大量体力和精力。每个孩子都要根据自身特点，安排学习时间。比如：有的孩子晚上休息比较晚，第二天早上洗个头，就会马上清醒，中午再保证半个小时的午休，下午精力又很充沛。如果孩子认为这个学习节奏效果好，就可以遵循这种方法。若这种时间节奏不适合自己，就要另找其他适合自己的学习路径。

许多孩子，初三第二学期，每晚要学到12点左右。高三时，甚至要学到凌晨1点左右。由于长期透支体力，身体处于亚健康状态。因此，我不提倡孩子“开夜车”。

尤其是中考、高考前一周必须调整作息时间，储备充沛的体能。当然还有文具准备、时间准备、交通工具的准备等等。这些都需要提前做好，才能有备无患。

许多家长在孩子中考高考前一天看考场，开车测试路线及所用时间，这样细致周到的安排，才能做到万无一失。

“三考”是一个综合性考试，既是测试学生知识水平，也是测试孩子的心理状况，又是测试孩子的体能储备，只有把三者有机结合起来，才能展示出正常的学习水平，才能在三考中取得理想的成绩。

如何填报高考志愿

高考志愿的填报，对考生和家长来说，的确是一次严峻的考验。许多人讲，考试是孩子的事，报志愿是家长的事，这话讲的一点都不假。

每年高考结束后，填报志愿就是大家最头疼的事情。2008年，我给孩子报志愿的那一周，就好像生活在地狱一样。一家三口不断地争争吵吵，吵完下楼吃饭，回到家继续吵，直到填报完志愿才算结束。这个阶段多数家庭都是这样，每年不同的家庭都在重复这个故事。

近年来，我给许多人帮忙填报志愿，绝大部分都如愿以偿被录取。仅2018年就指导了20多个孩子。其中有一个孩子考了640多分，他不敢报特别好的学校，准备报厦门大学金融专业，又拿不定主意，打电话咨询我。我建议填报北京或香港的大学，原因很简单，这么高的分数，应该给孩子选一个地理位置好的地方，便于孩子以后的发展。听了我的建议，孩子提前批次被香港理工大学录取，家长和孩子都非常激动和高兴。

住在田里的青蛙说："你这里太危险了，搬来和我住吧"。路边的青蛙说："我已经习惯了，懒得搬了"。

几天后，田里的青蛙去探望路边的青蛙，却发现他已经被车子轧死在路边。

原来掌握命运的方法很简单，学会选择就行了。

那么，如何填报高考志愿呢？我认为应该掌握好三大原则，区分三个层次，把握好三种方法。

第一个方面：掌握好“三大原则”

1. 选好专业。这是首先要考虑的问题，因为每个人的学习水平不一样，每个孩子的性格特点不一样，作为家长，一定要把孩子的性格、气质、特点和特长研究透彻。这样根据孩子的性格特点，选择适合孩子的专业，就能让孩子的特长充分发挥出来，否则就是拿孩子的性格短板，与别的孩子的强项去比拼，成功的可能性就非常小。

家长和孩子一定要认真分析，对孩子性格特点作出正确的推测和预判。这一点说难很难，说简单也简单，我们可以把孩子分成三大类。

第一类，性格外向型。这类孩子可以填报以后从事社会管理类的专业。如学法律、学新闻、学公共管理、学能报考公务员一类的专业，原因是外向型孩子学这类专业，有与他人沟通交流顺畅的优势。所以，选今后与人打交道多的专业，就不存在任何障碍，且能发挥他的长处。

第二类，性格内向型。这类孩子比较适合从事某类专业性较强的工作和专业。如化验师、农技师、科研人员等。性格内向型孩子不善于言辞，不适宜与人打交道，喜欢静一些的专业，所以选专业性较强专业，就能发挥孩子心静、好学、善钻研的特长。

第三类，专业确定型。这类孩子专业早已确定，如学美术、学音乐、学体育、学播音等等。可以根据孩子的爱好、兴趣、特长选择相近的专业，对于这类考生，毫不犹豫挑选与成绩对应的学校就可以。

资料显示，有60%左右的人学什么专业，毕业后从事所学专业。可以说选什么专业就决定了一个人一生从事什么工作，对一个人来说非常重要。

2. 选好地域。我国的大学，大部分分布在北京、天津、上海、广州、武汉、香港、西安等地区。

北京是首都，是政治、经济、文化中心；上海、广州是沿海城市，经济发达，信息灵通，外向型经济尤为突出；西安、武汉等作为内陆城市，生活节凑较慢，工作压力相对较小。

从历年985或211大学的录取情况来看，北京、上海、天津等地区的录取率要比其它省份高得多。

据报道，在北上广深、香港上学的孩子，毕业后出国留学、就业的比率比较高。北大、清华大学每年的本科毕业生60%去国外读研，30%在国内读研，只有不到10%的大学生就业，很明显地域可以影响或改变一个人的发展和就业方向，因为不同地域的经济、文化都会对一个人成长起到非常大的影响。

我孩子在北京上大学，周末报了一个英语补习班，在北京电影学院，她顺便对北京电影学院有所了解。也对北大、清华、北航等一流大学有了一定的感性认识。全国其他城市的孩子，这样的机会就比较少。

很多孩子在哪里上学，就在哪里就业。这是因为，通过几年的学习、生活，他已经熟悉适应了周围的环境，对这个环境产生了感情，有了一定的人际关系，他会将这个熟悉的环境作为工作的首选地。比如，有一部分孩子在昆明上学，工作地就选择在昆明；在福建上学，工作地就可能在福建；在杭州上学，工作地也可能选择在杭州。

这样选择并不是说其它地方就不好，一方水土养一方人嘛，只是想说明在特定的条件下，选择比较好的城市，这样有利于孩子以后的发展。

3. 选择学校。学校对一个人影响也较大，在同等条件下，我认为专业和地域的选择，比学校更为重要一些。当然，最后要在这三者之间求得一个平衡点。

专业明确或分值非常高或刚过录取线的孩子，在三者之间相对要好取舍些，对于分数在中间的大部分孩子来讲，确实不太好选。以上这些大原则，仅供大家参考。

高考志愿的报取，只要自己满意喜欢就是正确的选择，没有错对之分。

第二个方面，区分“三种层次”

其实，这部分就是三个字“冲、稳、保”。

就是在报志愿的时候前二个志愿冲一下，中间二个志愿稳妥一点，最后两个志愿保底。

第三个方面，掌握好“三种方法”

1.参照平均分法

即参考近三年来该校录取的平均分及各专业的平均分，用你的考分相比较是否能达到，能达到即可选择。

2.参照全省排名位次法

即参考近三年来该校录取的最高位次和最低位次，及各专业的位次情况，看你的排名是否能达到，能达到即可选择。

3.参照往年超出分数线法

即参照近三年来该校录取时每年超出分数线多少分可录取，用你当年超出分数线的分数与前三年做比较，能达到即可选报。

下面是我这些年辅导孩子高考志愿填报时，总结出的一套高考志愿填报表，供大家参考。

填报高考志愿的原则层次方法

三大原则	专业	
	地域	
	学校	
三个层次	冲	
	稳	
	保	
三种方法	参照平均分法	
	参照全省位次法	
	参照往年超出分数线法	

高考志愿层次填报表

<table>
<tr><th>序号</th><th>层次</th><th>学校</th><th>专业</th></tr>
<tr><td>1</td><td rowspan="2">冲</td><td></td><td></td></tr>
<tr><td>2</td><td></td><td></td></tr>
<tr><td>3</td><td rowspan="2">稳</td><td></td><td></td></tr>
<tr><td>4</td><td></td><td></td></tr>
<tr><td>5</td><td rowspan="2">保</td><td></td><td></td></tr>
<tr><td>6</td><td></td><td></td></tr>
</table>

2020年高考志愿填报分析表

学校	年份	人数	平均分法	全省位次法	超分数线法	专业	平均分	考分	成功几率
	2017								
	2018								
	2019								
	2017								
	2018								
	2019								
	2017								
	2018								
	2019								
	2017								
	2018								
	2019								
	2017								
	2018								
	2019								
	2017								
	2018								
	2019								
	2017								
	2018								
	2019								

2021年高考志愿填报分析表

学校	年份	人数	平均分法	全省位次法	超分数线法	专业	平均分	考分	成功几率
	2018								
	2019								
	2020								
	2018								
	2019								
	2020								
	2018								
	2019								
	2020								
	2018								
	2019								
	2020								
	2018								
	2019								
	2020								
	2018								
	2019								
	2020								
	2018								
	2019								
	2020								

2022年高考志愿填报分析表

学校	年份	人数	平均分法	全省位次法	超分数线法	专业	平均分	考分	成功几率
	2019								
	2020								
	2021								
	2019								
	2020								
	2021								
	2019								
	2020								
	2021								
	2019								
	2020								
	2021								
	2019								
	2020								
	2021								
	2019								
	2020								
	2021								
	2019								
	2020								
	2021								

青少年应知应会法律常识

一、法律常识

1. 违纪：违反某一个群体内部（单位、公司、工厂、学校等）制定的纪律并应当承担相应责任的行为。比如，上班迟到、下班早退、无故旷工、乱扔垃圾等等。再如，学校纪律规定，学生不允许将手机带入教室，如果带了，就是违纪。

2. 违法：指国家机关、企事业单位、社会团体或公民，因违反法律（包括法规、行政规章等一切具有法律约束力的规范文件）的规定，致使法律所保护的社会关系和社会秩序受到破坏，依法应承担法律责任的行为。

违法的构成要素包括：①违法是一种危害社会的行为。②违法必须有被侵犯的客体，即侵犯了法律所保护的社会关系与社会秩序，对社会造成了一定的危害；③违法必须是行为者有故意或过失的行为，即行为人有主观方面的过错的行为；④违法的主体必须是达到法定责任年龄和具有责任能力的自然人和依法设置的法人。

违法可以分为民事违法、行政违法、一般违法和严重违法四种类型。严重违法一般指刑事违法，即犯罪。

（1）**民事违法**：是指违反民事法律规定（包括民法总则、合同法、侵权责任法等）的行为。如没有正当理由而不履行民事义务或违反民事义务造成对方的某种损失等。

例如，甲借乙2000元不还，乙将甲告到法院，甲的行为就是民事违法行为。

因“劝酒”致人死亡的案例也很多。2018年7月26日中午，6位农民工相聚吃饭喝酒，席间喝了一瓶白酒、6瓶啤酒，下午有一民工外出骑车碰死了，其余5人均被法院判决赔偿2万至3万的赔偿金，原因是其余5人未尽到护送监管责任，属于民事违法。

（2）**行政违法**：是指违反行政管理法规（包括治安管理处罚法、交通安全法等）的行为。

例如，梁某开了一家餐馆，本应办理卫生许可证、营业执照等，梁某未办理，就是一种行政违法行为。

又如，开车闯红灯、抽烟、接打电话、向窗外乱扔杂物等等也属于行政违法，对此，工商、卫生、交警等部门可以依据行政法规进行处罚。

（3）**一般违法**：是指违反国家法律规定，但未构成刑事犯罪的行为。

例如，甲和乙在学校因琐事打架斗殴，未造成人员伤害，就是一般违法行为。公安机关可根据《治安管理处罚法》对其处理，采取批评教育、罚款、行政拘留等措施。

又如，王某和朋友聚会喝酒后驾车，当每百毫升血液中酒精含量在20—80毫升之间，就是酒驾，是一般违法。交警可暂扣驾驶证半年，罚款1000元至2000元，扣12分。若王某血液中酒精含量达到每百毫升80毫升以上就是醉驾，以危险驾驶罪追究刑事责任，即为严重违法，也就是构成犯罪，简言之就是要“坐牢”。

特别提醒：据专家测算，喝两瓶啤酒或二三两白酒，约需12个小时后，才能开车；喝多瓶啤酒或半斤以上白酒，约需24个小时后，才能开车。

盗窃2000元以下属于一般违法，2000元以上属于严重违法，即犯罪。

网上有违法成本核算，一般打架斗殴违法成本在几百元至五千元不等，不要因为斗嘴，汽车刮碰等而动手伤人，若因一时冲动涉嫌一般违法，不仅耽误时间，还要付出一个月工资的经济代价。

（4）**严重违法**：一般指犯罪，是因触犯刑事法律依法应受刑罚处罚的行为。犯罪行为的社会危害性大，因此它是违法中最严重的一种。

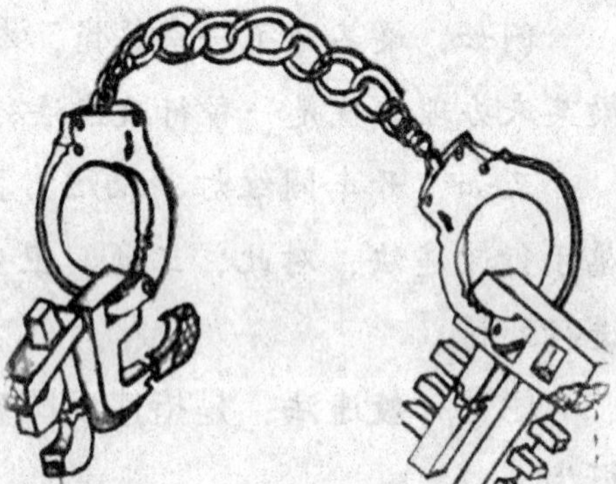

3. **犯罪**：《中华人民共和国刑法》第十三条规定：一切危害国家主权、领土完整和安全，分裂国家颠覆人民民主专政的政权和推翻社会主义制度，破坏社会秩序和经济秩序，侵犯国有财产或者劳动群众集体所有的财产，侵犯公民私人所有的财产，侵犯公民的人身权利、民主权利和其他权利，以及其它危害社会的行为，依照法律应受刑罚处罚的，都是犯罪，但是情节显著轻微危害不大的，不认为是犯罪。

（1）**刑事责任年龄**：已满16周岁的人犯罪应负刑事责任。但对于已满14周岁不满16周岁的人，犯故意杀人、故意伤害致人重伤或者死亡、强奸、抢劫、贩卖毒品、放火、爆炸、投放危险物质罪的，应当负刑事责任。

案例：湖北孝感初二女生小静放学回家，在电梯门口被她的小学同学李某（13岁）挟持到楼上要钱，当得知没钱后，李某逼迫小静脱光衣服，在其脖子、手臂、腿部疯狂刺入多刀。李某因年龄未满14周岁，不构成犯罪，被少管所劳动改造三年，给小静父母赔偿住院等费用18万元。

据报道，全国青少年犯罪逐年增加，占全部案件的20%左右。如广西13岁女孩嫌她的女同学漂亮，残忍将女同学杀害并肢解。宝鸡某小学六年级学生，向同学母亲索要20元后，用榔头剪刀将其杀害，用白酒把房子点着，潇洒走向少管所。这些案例一定要引起大家高度重视，别让一时的冲动毁了孩子的一生。

（2）**正当防卫**：为了使国家、公共利益、本人或者他人的人身、财产和其他权利免受正在进行的不法侵害，对不法侵害人造成损害的，属于正当防卫，不负刑事责任。正当防卫明显超过必要限度造成重大损害的，应当负刑事责任，但是应当减轻或者免除处罚。

对正在进行行凶、杀人、抢劫、强奸、绑架以及其他严重危及人身安全的暴力犯罪，采取防卫行为，造成不法侵害人伤亡的，不属于防卫过当，不负刑事责任。

案例1：王某发现一小偷偷东西，王某大喊一声并追赶，结果小偷拿出匕首捅向王某，王某躲闪，一脚将小偷踢倒，小偷摔成脑震荡，王某的行为不构成犯罪，属于正当防卫。

案例2：非洲某国家一男性病人去医院就医，看见一女大夫休息，欲进行性侵，当男病人用嘴亲女大夫时，女大夫咬掉了男病人的半个舌头，男病人疼痛逃离，后来被警察抓获。女大夫的行为属于正当防卫，不负刑事责任。

（3）**紧急避险**：为了使国家、公共利益、本人或者他人的人身、财产和其他权利免受正在发生的危险，不得已采取的紧急避险行为，造成损害的，不负刑事责任。紧急避险超过必要限度造成不应有的损害的，应当负刑事责任，但是应当减轻或者免除处罚。

2015年8月12日，天津爆炸事故发生造成156人死亡8人失踪、798人受伤，当时，公交车司机为了躲闪连续爆炸对乘客造成的危险，驾车躲避，撞坏了路边的公交站台，绿化带，这种行为就属于紧急避险，不承担刑事责任。

二、几种常见的青少年犯罪行为

因全国各地经济发展水平不平衡，对有关罪名立案标准规定不统一，本节内容仅以陕西省为例。

1.盗窃罪：以非法占有为目的，采用秘密窃取的手段，占有数额较大的公私财物或多次秘密窃取公私财物的行为。

立案标准：2000元以上

处罚：盗窃公私财物，数额较大（2000元）的，或者多次盗窃（3次）、入户盗窃、携带凶器盗窃、扒窃的，处三年以下有期徒刑、拘役或者管制，并处或者单处罚金；数额巨大（4万元）或者有其他严重情节的，处三年以上十年以下有期徒刑，并处罚金；数额特别巨大（40万元）或者有其他特别严重情节的，处十年以上有期徒刑或者无期徒刑，并处罚金或者没收财产。

案例1：宝鸡上马营一学生李某，放学后叫同学张某到自己家去玩，张某看见李某妈妈存放的金项链，金耳环等首饰品，遂产生盗窃心理，趁李某不注意，张某顺手牵羊偷走了，李某妈妈下班回家后，发现首饰不见了，随后报警，张某因犯盗窃罪被判有期徒刑2年，缓刑3年。

案例2：2019年，某高中学生赵某17岁，盗窃同宿舍张某、王某、朱某、蔡某现金共计2600元，用于上网支出。后赵某被依法判处拘役6个月。

启示：（1）偷2000元即为犯罪，2000元以下为一般违法。（2）别人的财物不能随便拿，偷了会毁掉自己一生。

2. 抢劫罪：以非法占有为目的，使用暴力、胁迫或者其他致使被害人不能反抗的方法，抢劫他人财物的行为。

处罚：以暴力、胁迫或者其他方法抢劫公私财物的，处三年以上十年以下有期徒刑，并处罚金；有下列情形之一的，处十年以上有期徒刑、无期徒刑或者死刑，并处罚金或者没收财产：（一）入户抢劫的；（二）在公共交通工具上抢劫的；（三）抢劫银行或者其他金融机构的；（四）多次抢劫或者抢劫数额巨大（1万元）的；（五）抢劫致人重伤、死亡的；（六）冒充军警人员抢劫的；（七）持枪抢劫的；（八）抢劫军用物资或者抢险、救灾、救济物资的。

特点：一是14周岁就应负刑事责任；二是没有数额限制，抢1元钱也构成犯罪；三是判刑较重，起刑就是3年。

案例1：2018年国庆期间，宝鸡某职业学校学生田某，因其他学校白某与他女友有来往，田某纠结四名同学将白某带到金陵河滩进行殴打，致白某流鼻血，临走时田某等五人在白某身上搜出50元，白某提出回校时无钱坐车，田某又退给白某5元，田某等5名同学涉嫌抢劫罪被逮捕。之后，田某被判处有期徒刑3年，其他人均依法被判处1至3年的刑罚。

案例2：宝鸡某校学生孙某和丁某放学后，在渭河河提上将过路的妇女拦住，用匕首威胁抢劫10元钱，后孙某与丁某用10元钱买了两包猴王烟。案发后，孙某和丁某分别被判处有期徒刑三年六个月。

启示：（1）别人的东西抢不得，抢几元钱，只要使用暴力或威胁的手段，即为犯罪。（2）“两抢一盗”即抢劫、抢夺、盗窃是常见多发犯罪，是公安机关打击的重点。

3.抢夺罪：以非法占有为目的，公然夺取公私财物，数额较大的行为。

处罚：抢夺公私财物，数额较大（800元）的，或者多次抢夺的，处三年以下有期徒刑、拘役或者管制，并处或者单处罚金；数额巨大（5000元）或者有其他严重情节的，处三年以上十年以下有期徒刑，并处罚金；数额特别巨大（4万元）或者有其他特别严重情节的，处十年以上有期徒刑或者无期徒刑，并处罚金或者没收财产。携带凶器抢夺的，以抢劫论。

案例：2018年4月至5月间，郝某甲和郝某乙勾结在一起，以非法占有为目的，由郝某甲驾驶摩托车搭载郝某乙，共同在宝鸡、岐山、陈仓区等地作案7次，抢得雷某、张某、李某等多人金耳环、项链等财物，共计人民币9844元。郝某甲、郝某乙以非法占有为目的，当场直接抢夺他人财物，数额巨大，已构成抢夺罪，分别被判处有期徒刑二年六个月，并处罚金人民币一万元。

启示：抢夺罪很多年前在广州等地多发高发，也是公安机关打击重点。

4.敲诈勒索罪：以非法占有为目的，以威胁或者要挟的方法，强行索要公私财物的行为。

处罚：敲诈勒索公私财物，数额较大（3000元）或者多次敲诈勒索的，处三年以下有期徒刑、拘役或者管制，并处或者单处罚金；数额巨大（4万元）或者有其他严重情节的，处三年以上十年以下有期徒刑，并处罚金；数额特别巨大（40万元）或者有其他特别严重情节的，处十年以上有期徒刑，并处罚金。

案例1：某企业职工号称“老大”，经常敲诈厂内职工钱财，2017年1月，敲诈一职工2000元后被人发现报警，“老大”因多次敲诈职工累计2万元，被判处有期徒刑三年。

案例2：宝鸡某高中学生，几人结伙长期敲诈低年级学生多人，数额累计8000元，且都是16周岁以上，又是团伙作案，几人均被依法判刑。

5.故意伤害罪：故意非法损害他人身体，致人伤害的行为。处罚：故意伤害他人身体（轻伤）的，处三年以下有期徒刑、拘役或者管制。致人重伤的，处三年以上十年以下有期徒刑；致人死亡或者以特别残忍手段致人重伤造成严重残疾的，处十年以上有期徒刑、无期徒刑或者死刑。

案例1：宝鸡某高中两个男生，下课后相互追逐玩耍，后面男生追上后，飞起一脚踹向对方，致对方脾脏大出血摘除，构成故意伤害罪。因为是在校学生，又是初犯被检察机关作出不起诉处理，赔偿对方医药费、误工费共计12万元。

案例2：2016年6月15日晚，学生高某与杨某、袁某等10余人在高新区一烧烤店为杨某过生日。当晚十时许高某与杨某在店门口因琐事发生争执，高某顺手拿起一把单刃尖刀，向杨某左腹、右腹、右耳廓背侧各刺一刀。随后，高某在袁某等人的帮助下，将杨某送往医院抢救，后经抢救无效死亡。高某被判处有期徒刑12年。

启示：（1）与人发生矛盾，以不伤害他人身体健康为底线，若咬掉别人鼻子、耳朵、手指、划伤脸部，均有可能构成故意伤害罪。（2）故意伤害罪一般是伤害他人身体、严重会造成他人终生残疾，自己也后悔一生。

6.故意杀人罪：故意非法剥夺他人生命的行为。

处罚：故意杀人的，处死刑、无期徒刑或者十年以上有期徒刑；情节较轻的，处三年以上十年以下有期徒刑。

案例1：2018年9月，河南某中学两名学生谈恋爱，国庆节放假前一天下午，两人相约出去玩，到公园后两人因琐事吵架，男生将女生勒死，男生被判刑10年，向女方民事赔偿98万元。

案例2：2011年，陇县男学生与一女生谈对象、女生家长不同意，让男生“干些有出息的事”，于是该男生叫两同学帮忙，将学生刘某，骗到学校旁边麦地殴打致死，然后将受害学生一只胳膊砍下，背到学校给其他同学炫耀，说自己干了一件大事……后该学生以故意杀人罪被判无期徒刑。

案例3：2016年，上马营甲和乙两学生在学校打架，吃亏的乙学生回家后，告诉了他的家长，乙学生家长找甲学生家长评理讨说法，后甲乙两家长又打起来了，甲家长用刀将乙家长捅死，甲家长以故意杀人罪被判死刑。

案例4：湖南某初中，三个学生在网吧上网，肚子饿了跑到学校小卖部偷食品吃，被值班女教师发现，女教师对其进行批评教育，让三个学生走了，可是三个学生怕女教师报警，又返回学校，将女教师杀害，藏在值班室床底下，这就是典型的故意杀人罪，三人均被依法判处无期徒刑。

案例5：2016年，广州市南沙区16岁少女小何发现自己的腹部时常出现阵痛，怀疑自己肚子里“生了虫子”，于是到医院的消化系统门诊挂号看病，就医期间突然觉得内急，上洗手间时竟分娩出一名男婴。小何惊慌失措，连忙用手纸堵塞新生儿嘴巴，并将婴儿丢弃在垃圾桶内，导致婴儿死亡。之后，小何因犯故意杀人罪被法院判处有期徒刑3年，缓刑5年。小何的境遇并非个例，河南西平14岁少女在厕所产子后掐死，山东高校一女生产子后丢入下水道，江苏盐城刚上初一的女生竟然在课堂上生下婴儿。

近年来，少女杀婴案、女大学生宿舍产子事件屡屡见诸报端，一个无辜的生命一出世便遭杀害，一个无知的少女妈妈第一次生产却成了杀人凶手。一场悲剧中两个可怜人，让人唏嘘不已。

预防胜于打击，与其亡羊补牢，不如防患未然。

“少女杀婴”案件的发生是一个特殊的社会问题，对于该问题的预防与疏导，应该通过社会综合治理体系来解决。在深入推广性教育、完善相关法治教育工作的同时，建立社会救助体系尤为关键，从家庭到学校，全方位，多角度的给予少女关怀、关爱。

故意杀人属于我国刑法中的重罪，涉事少女妈妈固然不得不为自己的杀婴罪负责，付出坐牢的代价，然而，谁来为她的愚昧无知负责？拿什么拯救她们？

启示：(1) 杀人偿命，自古到今均要处以“极刑”。(2) 杀人会造成两个甚至更多家庭破碎，老人、孩子也会受到巨大打击。

7. 重大责任事故罪：在工厂、学校、矿山、林场、建筑企业或者其他企事业单位的职工，由于不服从管理、违反规章制度，或者强令工人违章冒险作业，因而发生重大伤亡事故或者造成其他严重后果的行为。

立案标准：

(1) 死亡1人以上或者重伤3人以上；(2) 造成直接经济损失5万元以上，或者经济损失不足5万元但情节严重，致使生产、工作受到重大损害的。

处罚：在生产、作业中违反有关安全管理的规定，因而发生重大伤亡事故或者造成其他严重后果的，处三年以下有期徒刑或者拘役；情节特别恶劣的，处三年以上七年以下有期徒刑。

案例：刘某在负责组织、指挥拆除某公司厂房时，未确认被拆除厂房内工作人员是否安全离开，未做好现场的安全措施，厂房在拆除时倒塌，致现场施工人员庄某死亡。安全生产监督管理局调查认定，被告人刘某负事故的直接责任。被告人刘某归案后如实供述其犯罪事实，依法从轻处罚，故判处有期徒刑一年，缓刑一年六个月。

启示：(1) 单位管理人员一定要尽职尽责，否则就可能成为玩忽职守或重大责任事故的责任人，造成重大损失应承担刑事民事责任。(2) 玩忽职守给单位造成直接经济损失30万元就要追究刑事责任。

下面是近年来发生在校园的踩踏事故，教训十分深刻，希望能

够引起学校、家长和学生的高度警惕。

1. 2005年10月25日晚上8点，四川省巴中市通江县广纳小学晚自习铃响过后，孩子们蜂拥而出，顺着楼梯下楼。突然听到一个男同学大声喊“见到鬼了！”向下走的人群突然间乱了，学生被挤倒，后面的学生还不断地往前拥。最终事故造成8名学生死亡、17名学生受伤。

2. 2006年11月17日上午，咸阳市渭城区第二初级中学组织召开全校师生例会，学生着急从一幢三层高的教学楼向操场集合。由于当天一个楼梯通道门被锁，下楼过程中学生们互相拥挤，造成踩踏事故，12名学生被踩伤。

3. 2009年12月7日晚上9时10分，湖南省湘乡市私立育才中学晚自习下课，学生们在下楼过程中，一学生跌倒，骤然引发拥挤，造成8人死亡26人受伤。

4. 2013年2月27日上午6时15分，湖北省襄阳市老河口一小学早锻炼集合时，发生楼梯拥挤事故，造成11名学生受伤，其中4名重伤学生经抢救无效死亡。

5. 2017年3月22日上午8点半左右，河南省濮阳县第三实验小学学生上厕所时发生踩踏事故，造成22名学生受伤，其中一人在送往医院途中死亡，5人重伤。

注：相关管理人员涉嫌重大责任事故罪和玩忽职守罪，被依法处理。

路边的小草

过去有一首歌，叫小草。
没有花香，没有树高，我是一颗无人知道的小草。
我是一位高中生，好高骛远，志向远大，
对未来充满希望和憧憬，
但现实不是这样。
许多人一生都很平凡，
平平凡凡才是真。
也许你会成为一只雄鹰，
在蔚蓝的天空中翱翔，
也有落地觅食歇脚的时候。
也许你会成为一位科学家，
为祖国的昌盛描绘蓝图，添砖加瓦，
也有普通人简单生活的一面，
许多年后发现，大多数人都很平凡。
没有惊天动地，轰轰烈烈的惊世伟业，
只是在平凡的岗位上，奉献出平凡的一生。
就像路边的小草，
默默无闻，生生不息，顽强生存，
为大地增添绿色。

人生就一个字“拼”

人来到这个世界，
为什么，
为了吃、为了穿、为了住、为了行，
是的。
衣、食、住、行是人最基本的需求，
怎样才能满足这些需求？
一个字“拼”。
拼搏才能给我们带来漂亮的衣裳，
拼搏才能为我们提供美味的佳肴，
拼搏才能给我们提供宽敞明亮的住宅，
拼搏才能为我们提供外出行走的交通工具。
只有拼搏，人生才会赢，
只有拼搏，人生才会精彩，
只有拼搏，人生才会完美。
习总书记说过，
我们都是追梦人，
我们都是奔跑者，
美好的生活是靠拼搏出来的。

做一个有教养的人

教养是中华民族五千年优秀传统美德之一。

教养，字面意思是教育、培养，是指道德品质和文化素质等方面所达到的水平。

汉文帝刘恒，就是以仁孝闻名天下的典型代表。他是汉高祖刘邦的第四子，公元前180年，被拥立为帝。刘恒对他的母亲皇太后很孝顺，从来不敢有丝毫怠慢。

他的母亲患了重病，这一病就是三年，卧床不起。刘恒天天为母亲煎药，每次煎完，自己总先尝一尝，看看汤药苦不苦，烫不烫，自己觉得差不多了，才给母亲喝。

这就是有名的汉文帝《亲尝汤药》的故事。他死后，人们为了纪念他的伟业和孝道，将其列为二十四孝之第二孝。

道德常常能弥补智慧的缺陷，然而，智慧却永远填补不了道德的空白！一个人的教养与遗传无关，也与智慧无关，它是装不出来的，是从小时候起一言一行培养起来的。

一位40多岁的优雅妇女领着她的儿子，走进某著名企业总部大厦楼下的花园，在一张长椅上坐下来吃东西。

不一会儿妇女往地上扔了一个废纸屑，不远处有个老人在修剪花木，她什么话也没有说，走过去捡起那个纸屑，把它扔进了一旁的垃圾箱里。过了一会儿，妇女又扔了一个。老人再次走过去把那个纸屑捡起扔到了垃圾箱里，就这样，老人一连捡了三次。

妇女指着老人对儿子说："看见了吧，你如果现在不好好上学，将来就跟她一样没出息，只能做这些卑微低贱的工作！"

老人听见后放下剪刀过来说:“你好，这里是集团的私家花园，你是怎么进来的?”中年妇女高傲地说:“我是刚被应聘来的部门经理”。

这时一名男子匆匆走过来，恭恭敬敬地站在老人面前说:“总裁，会议马上就要开始了”。

老人说:“我现在提议免去这位女士的职务”,“是，我立刻按您的指示去办!”那人连声应道。

老人吩咐完后径直朝小男孩走去，她伸手抚摸了下男孩的头，意味深长地说:“我希望你明白，在这世界上最重要的，是要学会尊重每一个人和每个人的劳动成果”。

这个中年妇女被眼前骤然发生的事情惊呆了，她一下子瘫坐在长椅上。

尊重每个人，不以身份而区分，这是你的风度和教养。

在我们的日常生活中，经常会发生一些事情，让人大跌眼镜。

一个周末我去街上散步，碰上一家三口，每人手中拿着甘蔗边走，边吃，边吐甘蔗渣，一看就是没有教养的人。跟在旁边的孩子在父母这样的影响下，长大后会成为一个什么样的人呢?

在一次接待中，有两位教授带着两名十多岁的儿子参加聚会。餐桌上，两个男孩看到自己喜欢吃的菜，就尽力往自己盘中挟，完全不顾同桌其他人，明显缺乏教养。

询问两个孩子的学习情况时，两人都不屑一顾，也不吭气，显得很没有礼貌。晚上教授把两个孩子安排到一个房间，两人就开始上网玩游戏。凌晨两点，两人的吵闹声，吵醒了两位教授夫妇，原来是两个男孩轮流洗澡，一个男孩用手机拍了另一个孩子裸照发在网上，于是两个人就吵了起来。这两位教授学识渊博，文化修养非常高，可是那两个孩子为何言行举止是这样呢?

一个孩子的教养是走向成功的基本因素，孩子成长的每一步，都需要关注他的教养问题。

十多年前有位熟人的孩子，从英国留学回来，我们见了一面，那孩子彬彬有礼，待人热情周到，很懂规矩，的确有欧洲人的绅士风度，给我留下非常深刻的印象。

后来听说那个孩子回国，在一家五星级酒店当了主管经理。我感到很高兴，因为他的个人修养和能力非常适合这个职位。

一个人的能力决定了一个人飞得高不高，一个人的教养决定了一个人飞得远不远。

有一次坐高铁，旁边一位学生模样的小女孩，不小心把装瓜子的袋子弄坏了，瓜子掉在地板上，只见女孩蹲下身子，一颗一颗的捡起所有掉下来的瓜子，并用纸巾把地板擦拭干净。

这个女孩的举动，反映了她良好的教养。

有教养的人，就像一本书。

没翻开之前，平平无奇让人觉得不过如此而已。

翻开之后，让人觉得高山景行、如沐春风。

和有教养的人相处，总能感受到一种不露痕迹的舒服和温暖。

12年前，有一个女孩高中毕业去了法国，开始半工半读的留学生活。她发现当地公共交通系统售票处是自助的，不设检票口，也没有检票员。

她为自己的这个发现而沾沾自喜，从此之后，她便经常逃票上车。四年过去了，名牌大学的金字招牌和优秀的学业成绩让她充满信心。

她去了很多跨国公司应聘，这些公司都是热情有加，然而数日之后，却都是婉言相拒。经过了解，是因为这些公司在资格审查时发现，她有三次乘公交车逃票被处罚的记录。此时，她才如梦方醒、懊悔难当。

王宝强还未名声大噪之前，曾与刘德华之间发生过一个有趣的故事。

有一次，王宝强出席活动去洗手间洗手时，由于没有用过自动感应水龙头，使劲按了几次，没出水。

这时，恰逢刘德华路过看见了这一幕，便主动托起王宝强的双手，放到水龙头下帮他解围，没有给王宝强造成任何的尴尬。

对于这件事，刘德华从未和人提起，而王宝强却念念不忘，每每谈及，都会特别感谢刘德华。

不因身份的悬殊，辨高低，划界限，是尊重层次差异的谦逊，是包容认知不同的睿智，更是施恩而后忘却的豁达。

教养是一些习惯的总和，在某种程度上，教养不是活在我们的皮肤上，是繁衍在我们的骨髓里。

希望我们的孩子德、智、体、美、劳全面发展。

希望人人都争做一个有教养的人，做一个文明的人。

为创造富强、民主、文明、和谐、美丽的社会主义现代化强国，努力奋斗，贡献力量。

附件一：常见中高考模拟试题

中高考前请学生准备好这8个类型的作文，作文考高分轻而易举！

1、《目标与理想》

2、《责任与使命》

3、《坚韧与顽强》

4、《乐观与自信》

5、《宽容与感恩》

6、《奉献与爱心》

7、《承诺与诚信》

8、《情》

附件二：2020年—2022年中考作文题意预测

1. 快乐________
2. 成才
3. 挑战________
4. 拼搏
5. 奋斗
6. 活力
7. 青春
8. 坚强
9. 阳光〈注：2018年陕西中考作文〉
10. 会玩〈注：2017年陕西中考作文〉
11. 自信
12. 健康________
13. 微笑
14. 爱的奉献
15. 目标
16. 责任心
17. 感恩
18. 向善
19. 承诺兑现
20. 情
21. 名人名言对我的启发
22. 绿色

23. 鲜花盛开时
24. 窗外鸟叫〈注：2005年陕西中考作文〉
25. 友情
26. 珍贵
27. 高兴
28. 悲伤________
29. 手机
30. 车流
31. 台阶
32. 我喜欢________
33. 天空
34. 星光
35. 颜色的变幻（注：2019年北京高考卷2）
36. 共鸣
37. ________仪式
38. 节奏
39. 强音
40. 风
41. 蓝天白云
42. 碧水
43. 新的________
44. 新时代、新青年、新生活
45. 生机
46. 画卷
47. 自强
48. 心间
49. 考验
50. 影响

附件三：陕西省历年中考语文作文题目（摘　录）

2005年　窗外的____________

2006年　____________和你在一起

2007年　____________，你好吗?

2008年　难忘那张____________脸

2009年　在我的世界里一切都很美好

2010年　在这里____________

2011年　想见你的笑

2012年　逗号

2013年　热情，让青春灿烂

2014年　答卷

2015年　我的老师

2016年　为我心中的那片海

2017年　会玩，才好

2018年　阳光

2019年　做个诚实的人

其他省市中考部分语文作文题目（摘录）

广州　原来这么简单

济南　从未止步

成都　答案

山东　从两句名言中提取信息，谈体会感悟推心置腹的谈话就

是心灵的演示

耳朵是通往心灵的路

以“一次的选择”为题写一篇文章

老师

我心雀跃

幸福的约束

从未停止

青春答卷

奋斗，让青春更精彩

附件四：2020年—2022年高考作文题意预测

一、时政类

1.中国梦

2.开放

3.改革进行时（注：2012年山东卷）

4.不忘初心

5.新青年的使命

6.小康社会是人类文明进步的里程碑

7.创新是社会发展的动力

8.绿水青山就是金山银山（注：2018年全国卷3）

9.无规矩不成方圆

10.道路的抉择

11.继承中华先进文化内涵

12.一带一路发展共享

13.在精准扶贫路上

14.公生明、廉生威

15.形式与内容

16.享乐与浪费

17.人对美好生活的向往

18.新时代、新思想、新青年（注：2018年北京卷）

19.“两个一百年”奋斗目标

20.“三步走战略”发展目标（注：2018年全国卷1，2019年全国卷2）

21.稳中求进

22.民族复兴

23.底线思维

24.合格________

25.忠诚

26.监督

27.强国之路（注：2019年全国卷2）

28.德才兼备、以德为先

29.实绩与政绩

30.勤政

31.担当

32.倾听

33.三创：创新、创业、创造

34.中国制造

35.中国创造（注：2007年海南卷）

36.中国精神

37.“亲清”新型政商关系

38.爱国主义为核心的民族精神

39.改革创新为核心的时代精神

40.亲民爱民的榜样

41.求实精神

42.哲学思维

43.依法治国

44.和谐

45.忠孝——在家尽孝，为国尽忠

46.奔跑

二、励志类

1.理想与现实

2.责任心

3.拼搏

4.平常心

5.爱的奉献（注：1997年全国卷）

6.勤奋出成绩

7.脚下的路（注：2010年北京卷）

8.攀登高峰

9.青春奋斗（注：2019年高考卷）

10.青春灿烂

11.有为

12.修身

13.幸福是奋斗出来的（注：2019年全国卷1）

三、社会主义核心价值观

1.富强

2.民主

3.文明（注：2019年北京卷2）

4.和谐

5.自由（注：2014年上海卷）

6.平等

7.公正

8.法治

9.爱国

10.敬业（注：2019年全国卷1）

11.诚信（注：2019年陕西中考作文）

12. 友善

13. 仁、义、礼、智、信

四、漫画类（略）（注：2019年全国卷3）

五、社会类

1. 立德树人——教育工作的方针（注：2019年高考主导思想）

2. 如何立德

3. 怎样树人

4. 保护地球人人有责

5. 绿色发展（注：2010年江苏卷）

6. 人与自然（注：2010年上海卷）

7. 生态文明

8. 美丽中国

9. 大气污染

10. 水污染（注：1985年全国卷）

11. 土壤污染

12. 节约

13. 地方特色小吃是童年的美好回忆

14. 地方特色文化是人的精神食粮

15. 地方特色旅游带来的启示

16. 乡村振兴战略

17. 共同富裕

18. 先进文化影响人

19. 交往与包容

20. 细节决定成败

21. 酒驾——写一封信

22. 违纪——违法（民事违法、行政违法、一般违法、严重违法即犯罪）

附件五：历年高考语文作文试题

2019年

全国Ⅰ卷

阅读下面的材料，根据要求写作。

“民生在勤，勤则不匮”，劳动是财富的源泉，也是幸福的源泉。“夙兴夜寐，洒扫庭内”，热爱劳动是中华民族的优秀传统，绵延至今。可是现实生活中，也有一些同学不理解劳动，不愿意劳动。有的说：“我们学习这么忙，劳动太占时间了！”有的说：“科技进步这么快，劳动的事，以后可以交给人工智能啊！”也有的说：“劳动这么苦，这么累，干吗非得自己干？花点钱让别人去做好了！”此外，我们身边也还有着一些不尊重劳动的现象。

这引起了人们的深思。

请结合材料内容，面向本校（统称“复兴中学”）同学写一篇演讲稿，倡议大家“热爱劳动，从我做起”，体现你的认识与思考，并提出希望与建议。要求：自拟标题，自选角度，确定立意；不要套作，不得抄袭；不得泄露个人信息；不少于800字。

全国Ⅱ卷

阅读下面的材料，根据要求写作。

1919年，民族危亡之际，中国青年学生掀起了一场彻底反帝反封建的伟大爱国革命运动。1949年，中国人从此站立起来了！新中国青年投身于祖国建设的新征程。1979年，“科学的春天”生机勃勃，莘莘学子胸怀报国之志，汇入改革开放的时代洪流。2019年，青春中国凯歌前行，新时代青年奋勇接棒，宣誓“强国有我”。2049

年，中华民族实现伟大复兴，中国青年接续奋斗……

请从下列任务中任选一个，以青年学生当事人的身份完成写作。

①1919年5月4日，在学生集会上的演讲稿。

②1949年10月1日，参加开国大典庆祝游行后写给家人的信。

③1979年9月15日，参加新生开学典礼后写给同学的信。

④2019年4月30日，收看“纪念五四运动100周年大会”后的观后感。

⑤2049年9月30日，写给某位“百年中国功勋人物”的国庆节慰问信。

要求：结合材料，自选角度，确定立意；切合身份，贴合背景；符合文体特征；不要套作，不得抄袭；不得泄露个人信息；不少于800字。

全国Ⅲ卷

阅读下面的漫画材料，根据要求写一篇不少于800字的文章。

（据“小林漫画”作品改编）

要求：结合材料的内容和寓意，选好角度，确定立意，明确文体，自拟标题；不要套作，不得抄袭；不得泄露个人信息。

全国汉语试卷

阅读下面的材料，根据要求写作。

2019年5月10日，北京2022年冬奥会倒计时1000天。来安中学举行“奥运我最爱”的主题班会。小华说：“我最喜欢奥林匹克格言：更快、更高、更强！”大伟说：“我最喜欢乒乓球运动员马龙。希望有一天我能成为世界冠军，像他那样自豪地说‘I am made in China’（我是中国造）！”小齐说：“我最喜欢奥林匹克运动口号：‘奥运会最重要的不是胜利，而是参与。’我没什么体育特长，但经常锻炼身体！”

请根据材料内容，结合你的体验和思考写一篇文章。

要求：①自拟题目，自选文体。②不得少于600字。③不得抄袭。④文中不得出现考生真实姓名、校名、地名等信息。

北京卷

从下面两个题目中任选一题，按要求作答。不少于700字。将题目抄在答题卡上。

①“韧性”是指物体柔软坚实、不易折断的性质。中华文明历经风雨，绵延至今，体现出“韧”的精神。回顾漫长的中国历史，每逢关键时刻，这种文明的韧性体现得尤其明显。中华民族的伟大复兴，更需要激发出这种文明的韧性。

请以“文明的韧性”为题，写一篇议论文。可以从中国的历史变迁、思想文化、语言文字、文学艺术、社会生活及中国人的品格等角度，谈谈你的思考。

要求：观点明确，论据充分，论证合理。

②色彩，指颜色；不同的色彩常被赋予不同的意义。2019年，我们隆重纪念五四运动100周年，欢庆共和国70华诞。作为在这个特殊年份参加高考的学生，你会赋予2019年哪一种色彩，来形象地表达你的感受和认识？

请以“2019的色彩”为题，写一篇记叙文。

要求：思想健康，内容充实，感情真挚，运用记叙、描写和抒情等多种表达方式。

天津卷

阅读下面的材料，根据要求写作。

不错，目前的中国，固然是江山破碎，国弊民穷，但谁能断言，中国没有一个光明的前途呢？不，决不会的，我们相信，中国一定有个可赞美的光明前途。

——方志敏

国家是大家的。爱国是个个人的本分。

——陶行知

若能作一朵小小的浪花奔腾，呼啸加入献身者的滚滚洪流中推动人类历史向前发展，我觉得这才是一生中最值得骄傲和自豪的事情。

——黄大年

以上材料触发了你怎样的思考和感悟？请据此写一篇文章。

要求：①自选角度，自拟标题；②文体不限（诗歌除外），文体特征明显；③不少于800字；④不得抄袭，不得套作。

上海卷

倾听了不同国家的音乐，接触了不同风格的异域音调，我由此对音乐的“中国味”有了更深刻的感受，从而更有意识地去寻找“中国味”。

这段话可以启发人们如何去认识事物。请写一篇文章，谈谈你对上述材料的思考和感悟。

要求：（1）自拟题目；（2）不少于800字。

江苏卷

根据以下材料，选取角度，自拟题目，写一篇不少于800字的文章；除诗歌外，文体自选。

物各有性，水至淡，盐得味。水加水还是水，盐加盐还是盐。酸甜苦辣咸，五味调和，共存相生，百味纷呈。物如此，事犹是，人亦然。

浙江卷

阅读下面的文字，根据要求作文。

有一种观点认为：作家写作时心里要装着读者，多倾听读者的呼声。

另一种看法是：作家写作时应该坚持自己的想法，不为读者所左右。

假如你是创造生活的“作家”，你的生活就成了一部“作品”，那么你将如何对待你的“读者”？

根据材料写一篇文章，谈谈你的看法。

【注意】①立意自定，角度自选，题目自拟。②明确文体，不得写成诗歌。③不得少于800字。④不得抄袭、套作。

2018年

全国卷Ⅰ：写给未来2035年的那个他

（适用地区：河北、河南、山西、山东、江西、安徽、湖北、湖南、广东、福建）

阅读下面的材料，根据要求写作：

2000年　农历庚辰龙年，人类迈进新千年，中国千万“世纪宝宝”出生，

2008年　地震；北京奥运会。

2013年　“天宫一号”首次太空授课；公路“村村通”接近完成；“精准扶贫”开始推动。

2017年　网民规模达7.72亿，互联网普及率超全球平均水平。

2018年“世纪宝宝”一代长大成人。

2020年　全面建成小康社会，

2035年　基本实现社会主义现代化。

一代人有一代人的机遇和机缘，使命和挑战。你们与新世纪的中国一路同行、成长，和中国的新时代一起追梦、圆梦。以上材料触发了你怎样的联想和思考？请你据此写一篇文章，想象它装进“时光瓶”留待2035年开启，给那时18岁的一代人阅读。

要求：选好角度，确定立意，明确文体，自拟题目，不要套作，不得抄袭，不得泄露个人信息。不少于800字。

全国卷Ⅱ：二战期间战斗机防护，多数人认为，应该在机身中弹多的地方加强防护。但有一位专家认为，应该注意防护弹痕少的地方。如果这部分有重创，后果会非常严重。而往往这部分数据会被忽略。事实证明，专家是正确的。请考生结合材料进行分析，自定立意、自拟标题，写一篇作文。

（适用地区：内蒙古、黑龙江、辽宁、吉林、重庆、陕西、甘肃、宁夏、青海、新疆、西藏、海南）

全国卷Ⅲ：根据标语写作

（适用地区：广西、四川、云南、贵州）

材料作文：围绕以下三个标语写作。

1981年　深圳特区时间就是金钱，效率就是生命；

2005年　浙江绿水青山就是金山银山；

2017年　雄安走好我们这一代的长征路。

选好角度、确定立意、文体不限，写一篇不少于800字的文章。

北京卷："新时代青年"、"绿水青山图"

微写作（10分）

从下面三个题目中任选一题，按要求作答。

①在《红岩》《边城》《老人与海》中，至少选择一部作品，用一组排比比喻句书写你从中获得的教益。要求：至少写三句，每一句中都有比喻。120字左右。

②从《红楼梦》《呐喊》《平凡的世界》中选择一个既可悲又可叹的人物，简述这个人物形象。要求：符合原著故事情节。150-200字左右。

③读了《论语》，在孔子的众弟子之中，你喜欢颜回，还是曾参，或者其他哪位?请选择一位，为他写一段评语。要求：符合人物特征。150-200字。

作文（50分）

从下面两个题目中任选一题，按要求作答。不少于700字。将题目抄在答题卡上。

①今天，众多2000年出生的同学走进高考考场。18年过去了，祖国在不断发展，大家也成长为青年。

请以"新时代新青年——谈在祖国发展中成长"为题，写一篇议论文。

要求：观点明确，论据恰当充实，论证合理。

②生态文明建设关乎中华民族的永续发展，优美生态环境是每

一个中国人的期盼。

请你展开想象，以“绿水青山图”为题，写一篇记叙文，形象生动地展现出人与自然和谐相处的美好图景。

要求：立意积极向上，叙事符合逻辑；时间、地点、人物、叙事人称自定；有细节、有描写。

天津卷：《器》

阅读下面材料，根据自己的体验和感悟，写一篇文章。(60分)

生活中有不同的“器”。器能盛纳万物，美的形制和好的内容相得益彰；器能助人成事，有利器方成匠心之作；有一种“器”叫器量，兼容并包，彰显才识气度；有一种“器”叫国之重器，肩负荣光，成就梦想……要求：①自选角度，自拟题目；②文体不限（诗歌除外），文体特征鲜明；③不少于800字；④不得抄袭，不得套作。

上海卷：谈被需要的心态

生活中，人们不仅关注自身的需要，也时常渴望被他人需要，以体现自己的价值。这种“被需要”的心态普遍存在，对此你有怎样的认识？请写一篇文章，谈谈你的思考。要求：(1）自拟题目；(2）不少于800字。

浙江卷：江苏卷：生活处处有语言

花自语，鸟有语，生活处处有语言。生命也可以用语言来解读，雕塑、基因……都可以用语言来传递。语言丰富生活，语言诠释生命，语言传承文明。请根据所给材料作文，自己拟题，文体不限，不少于800字。

看到这里，你是不是也想起了当年被高考作文支配的恐惧？梳理了历年全国各地高考作文题，看看你当年写的是啥？

2017年

全国卷Ⅰ：老外眼中的中国关键词

全国卷Ⅱ：根据诗句自拟文

全国卷Ⅲ：“我与高考”或“我看高考”

北京卷："说纽带"或"共和国，我为你拍照"

上海卷：预测

浙江卷：有字的书、无字的书、心灵的书

江苏卷：车辆与时代变迁

天津卷：重读长辈这本书

山东卷：24小时共享书店

2016年

全国卷Ⅲ：创业故事

全国卷Ⅱ：语文素养提升大家谈

全国卷Ⅰ：奖惩之后

天津卷：我的青春阅读

山东卷：行囊

浙江卷：虚拟与现实

江苏卷：话长话短

上海卷：评价他人的生活

北京卷：老腔、神奇的书签

2015年

全国卷Ⅰ：女儿举报父亲开车打电话

全国卷Ⅱ：当代风采人物评选活动三名候选人谁更具风采

天津卷："范儿"

湖南卷：有一颗大树

浙江卷：文章和人品

上海卷：人心中坚硬的东西和柔软的东西

北京卷：假如我与民族英雄过一天

广东卷：感知自然

重庆卷：等待

福建卷：路

山东卷：丝瓜藤和肉豆须

安徽卷：蝴蝶是否有颜色

四川卷：老实与聪明

湖北卷：喷泉与泉水

2014年

全国卷Ⅰ：山羊过独木桥

全国卷Ⅱ：喂食动物失觅食能力

天津卷：智慧芯片

湖南卷：心在哪里风景就在哪里

浙江卷：门与路

辽宁卷：科技改变生活

江苏卷：什么是不朽

上海卷：自由与不自由

北京卷：老规矩

广东卷：胶片与数码时代

重庆卷：租房

江西卷：探究

福建卷：提到空谷，有人想到的是悬崖，有人想到的是栈道桥梁。

山东卷：窗口下一个画框

安徽卷：剧本修改谁说了算

四川卷：人只有站起后世界才属于他

湖北卷：山顶的风景

2013年

全国卷（新课标）：切割钻石（经验与勇气）

全国卷（大纲卷）：同学关系（真诚与友善）

天津卷：“____而知之”

湖南卷：我愿意

浙江卷：丰子恺说，孩子的眼光是直线的，不会转弯的。英国作家说，为什么人的年龄在延长，少男少女的心灵却在提前硬化。美国作家说，世界将失去海底王国，一般失去伟大的王国就是成人。

辽宁卷：沙子与珍珠

江苏卷：探险者与蝴蝶

上海卷：生活中，大家往往努力做自己认为重要的事情，但世界上似乎还有更重要的事。

北京卷：爱迪生如何看待手机

广东卷：富翁捐款

重庆卷：根据“大豆”写作文

江西卷：“中学时代，学生有三怕：一怕奥数，二怕英语，三怕周树人，但有些学生却喜欢前面的‘两怕’”。

福建卷：根据顾城的《忧天》作文

山东卷：《咬文嚼字》开设专栏，为当代著名作家的作品挑错

安徽卷：有的人看到已经发生的事情，问：“为什么会这样？”我却梦想从未有过的事物，然后追问：“为什么不能这样？”——萧伯纳

四川卷：过一个平衡的生活

湖北卷：上善若水任方圆

2012年

全国卷（新课标）：船主给漆工送了一大笔钱。漆工说：“工钱已给过了”。船主说：“这是感谢补漏洞的钱”。漆工说：“那是顺便补的”。

全国卷（大纲卷）：放下顾虑

天津卷：两条鱼在河里游泳，老鱼问小鱼：河里的水质如何？小鱼说：我不知道水质是清澈还是浑浊。

湖南卷：一幅双手的图片。伸开手温暖服务，摊开手放飞想象，合拢手收获快乐。

浙江卷：网民甲：坐在路边鼓掌其实也挺好。网民乙：人人都

在路边鼓掌，谁在路上跑呢？网民丙：路边鼓掌与路上奔跑，都应该肯定。

辽宁卷：大隐隐于“乐”

江苏卷：忧与爱

上海卷：人们对自己心灵中闪过的微光，往往会将它舍弃，只因为这是自己的东西。而从天才的作品中，人们却认出了曾被自己舍弃的微光。

北京卷：火车巡逻员老计的故事

广东卷：生活的时代

重庆卷：拯救冷库工人

江西卷：围绕“你不要想着你没有拥有什么，而要想着你拥有什么”、“你不要想着你现在拥有什么，而要想着你没有拥有什么”两个主题，选择展开议论。

福建卷：“运动中的赛跑，是在有限的路程内看你使用了多少时间；人生中的赛跑，是在有限的时间内看你跑了多少路程”。

山东卷：“我辈既以担当中国改革发展为己任，虽石烂海枯，而此身尚存，此心不死……则终有最后成功之一日。——孙中山”

安徽卷：不用时请将梯子横放

四川卷：关于水的讨论

湖北卷：科技的利与弊

2011年

全国卷Ⅰ：期待长大

全国卷Ⅱ：彩票

全国卷（新课标）：中国崛起的特点

天津卷：从望远镜、显微镜、放光镜、哈哈镜、三棱镜中至少选两种，谈自己的感悟与观点。

湖南卷：某歌手第一句话由“大家好，我来了”变为“谢谢大家，你们来了”

浙江卷：我的时间

辽宁卷：三个学生和蜡做的苹果

江苏卷：拒绝平庸

上海卷：犹太王大卫在戒指上刻有一句铭文：一切都会过去。契柯夫小说中的一个人物在戒指上也有一句铭文：一切都不会过去。

北京卷：如何看待乒乓球赛中国夺冠

广东卷：回到原点

重庆卷：情有独钟

江西卷：孟子认为君子有三乐，其实这也是今天成为我们崇尚的人生之乐。请选择三乐中一乐作文。

福建卷：袁隆平说，我的工作让我常晒太阳、呼吸新鲜的空气，这使我有了个好身体。

山东卷：这世界需要你

安徽卷：时间在流逝

四川卷：总有一种期待

湖北卷：旧书

2010年

全国卷Ⅰ：（漫画）猫有鱼吃还捉老鼠

全国卷Ⅱ：路径

天津卷：我生活的世界

湖南卷：早

浙江卷：角色转换之间

辽宁卷：材料“托尼的三次选择”

江苏卷：倡导绿色生活

上海卷：丹麦人钓到小鱼放回河里。孟子曾说过“数罟不入洿池，鱼鳖不可胜食也”。

北京卷：仰望星空与脚踏实地

广东卷：与你为邻

重庆卷：难题

江西卷：找回童年

福建卷：《格林童话》与人类历史

山东卷：生活品质靠什么来支撑?

安徽卷：交流四水抱城斜，散作千溪遍万家。深处种菱浅种稻，不深不浅种荷花。

四川卷：人生就像不规则的几个点，这些点又可以连成无数条线，这些线又可以组成不同的平面，不同的平面又可以组成不同的几何体。

湖北卷：幻想推动现实，幻想照亮生命，幻想是快乐的源泉

2009年

全国卷Ⅰ：生存的本领

全国卷Ⅱ：道尔顿妈妈色盲的故事

天津卷：我说九零后

湖南卷：踮起脚尖

浙江卷：绿叶对根的情意

辽宁卷：明星代言广告争议

江苏卷：品味时尚

上海卷：郑板桥的书法，用隶书参以行楷，非隶非楷，非古非今，俗称“板桥体”

北京卷：我有一双隐形的翅膀

广东卷：常识

重庆卷：我与故事

江西卷：圆明园非法流失的兔首、鼠首铜像流拍。

福建卷：这也是一种

山东卷：见证是一种经历，也是人生、社会记忆的凝聚

安徽卷：弯道超越

四川卷：熟悉

湖北卷：站在的门口

2008年

全国卷Ⅰ：地震

全国卷Ⅱ：海龟和老鹰

天津卷：人之常情

湖南卷：“天街小雨润如酥，草色遥看近却无”。人对事物的看法与对美的感受同距离是有关系的。

浙江卷：触摸城市或感受乡村

辽宁卷：青少年价值观调查报告

江苏卷：好奇心

上海卷：他们

北京卷：石头和杯子

广东卷：不要轻易说“不”

重庆卷：在自然中生活

江西卷：助鼠为患

福建卷：三个人走进商店。一个人买了一瓶果汁，说：“我喜欢甜的”。一个人买了一杯咖啡，说：“我就喜欢这又苦又甜的滋味”。还有一个人买了一瓶矿泉水后说：“我喜欢淡淡的矿泉水”。

山东卷：春来草自青

安徽卷：带着感动出发

四川卷：坚强

湖北卷：举手投足之间

2007年

全国卷Ⅰ：人生，诗意还是失意

全国卷Ⅱ：帮助

天津卷：有句话常挂在嘴边

湖南卷：诗意的生活

浙江卷：行走在消逝中

辽宁卷：我能

江苏卷：怀想天空

上海卷：必须跨过这道坎

北京卷：春夜喜雨

广东卷：传递

重庆卷：高考充满了酸甜苦辣

江西卷：1、语文，心中的一泓清泉 2、语文，想说爱你不容易

福建卷：季节

山东卷：时间不会使记忆风化

安徽卷：提篮春光看妈妈

四川卷：一步与一生

陕西卷：一个小孩跌倒了，周围有三个大人，分别代表了社会、家庭和学校，这三个人异口同声的说“出事了”。

海南卷：论科学家的创新与创造

宁夏卷：机遇与坚持不懈的精神

湖北卷：学习母语运用母语

2006 年

全国卷Ⅰ：模仿

全国卷Ⅱ：书

全国卷Ⅲ：书

天津卷：愿景

湖南卷：谈意气

浙江卷：生有所息、生无所息

辽宁卷：肩膀

江苏卷：人与路

上海卷：我想握着你的手

北京卷：北京的符号

广东卷：雕刻心中的天使

重庆卷："走与停"

江西卷：燕子减肥

福建卷：1、诸葛亮借箭未满十万支

2、戈多来了

3、留下一点空白

山东卷：在地上看月亮的时候是晶莹明亮的，当人们踏上月球的时候才发现，月亮和我们的地球一样是凹凸不平的。

安徽卷：读

四川卷：问

陕西卷：一只忘记自己是什么的鸟

2005年

全国卷Ⅰ：出人意料和情理之中

全国卷Ⅱ：位置和价值

全国卷Ⅲ：忘记和铭记

天津卷：留给明天

湖南卷：跑的体验

浙江卷：一枝一叶一世界

湖北卷：诗人对宇宙人生，须入乎其内，又须出乎其外。

入乎其内，故能写之；出乎其外，故能观之。入乎其内，故有生气；出乎其外，故有高致。谈对王国维《人间词话》这段文字的感悟。

辽宁卷：今年花胜去年红

江苏卷：凤头、猪肚、豹尾

上海卷：社会文化生活对你的成长的影响

北京卷：以"说'安'"为题作文。

广东卷：纪念

重庆卷：1、以"筷子"为对象写一篇说明文。2、请以"自嘲"为题目写一篇文章。

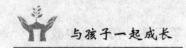

江西卷：脸

福建卷：一幅是标准的圆形，周长小，面积大，比较稳定。一幅是带有棱角的圆形，周长大，面积小，比较多变。根据这两幅图自拟题目。

山东卷：双赢的智慧

2004年

全国卷Ⅰ：相信自己与听取别人的意见

全国卷Ⅱ：快乐幸福与我们的思维方式

全国卷Ⅲ：遭遇挫折和放大痛苦

全国卷Ⅳ：看到自己与看到别人

天津卷：材与非材

湖南卷：家庭教育

浙江卷：人文素养与发展

湖北卷：买镜

辽宁卷：平凡与自豪

江苏卷：水的灵动，山的沉稳

上海卷：忙

北京卷：包容

广东卷：语言与沟通

重庆卷：自我认识与他人期望

福建卷：以人物或文学形象为话题作文

2003年

《感情亲疏和对事物的认知》

2002年

《心灵的选择》

2001年

《诚信》

2000年

《答案是丰富多彩的》

1999年

《假如记忆可以移植》

1998年

《坚韧——我追求的品格/战胜脆弱》

1997年

材料1：小新背双腿瘫痪的同学小牧到1公里外的学校上学，从小学五年级到现在高中一年级，一背就是六年，1000多个日子。

材料2：某杂志社作调查："你对同学最赞赏的品质是什么？"调查结果，排在第一位的是"乐于助人"。

材料3：某单位在一些青少年中作不记名问卷调查："你如果遇到别人碰上麻烦事时会怎样对待？"回答"悄悄走开"的人不少。

根据材料1描写背同学上学的情景；根据材料2和材料3，自选角度，自拟题目，联系实际，写一篇议论文，表达你的看法。

1996年

观察《给六指做整形手术》和《截错了》两幅漫画，以"我更喜欢漫画"为题，写一篇议论文，表达你的看法。

1995年

阅读预言诗《鸟的评说》写文。

1994年

《尝试》

1993年

夏日的夜晚，院子里，梧桐树下……

啪！随着细微而清晰的一声爆裂，梧桐树的一块老皮剥落了，露出鲜嫩的新皮。

女儿对老树皮发出一串赞叹……

儿子对新树皮发出一串赞美……

父亲听着，看着，深有感触地说："我希望人世间一切都能像你们俩所说的那样……”

要求：1、对环境和气氛加以具体描写；2、写出女儿、儿子的具体话语和父亲未说完的话，写出人物神态。

1992年

清理路旁的赃物：1、根据提供的材料加以设想，记叙他们中的谁又怎样回来清理这个地方；2、选择所提供材料中的一个或几个人物（包括“我”）的思想行为，写一篇议论文。

1991年

1、描写圆的想象物；2、就“近墨者黑”或“近墨者未必黑”写一篇发言稿参加辩论。

1990年

母亲带着两个女儿去玫瑰园，一个女儿告诉母亲，“这里不好，每朵花下都有刺”；另外一个女儿告诉母亲，“这里真好，每个刺上面都有花”。写一篇议论文。

1989年

你的好朋友是某重点中学高三年级里中上水平的学生，他想立志报某重点大学历史系，班主任、父母各持己见。他为此感到困惑、苦恼，他写了一封信想听你的意见，给他写封回信。

1988年

《习惯》

1987年

1、根据材料写简讯《育民小学办起了游泳训练班》；2、结合材料，就理论对实践的指导意义这个问题写一篇短文。

1986年

《树木森林气候》

1985年

以“澄溪中学学生会”的名义，给《光明日报》编辑部写一封信，反映情况、申诉理由、呼吁尽快解放（化工厂排放废水、有害气体、污染）问题。

1984年

对中学生作文的看法。

1983年

根据漫画《这下面没有水，再换个地方挖》写文。

1982年

《先天下之忧而忧后天下之乐而乐》

1981年

《毁树容易种树难》读后感

1980年

读《画蛋》有感（达芬奇故事）

1979年

将《第二次考试》改写一篇《陈伊玲的故事》

1978年

将《速度问题是一个政治问题》，缩写成一篇五百至六百字的短文。

1977年

中断了十余年的高考制度恢复。那年高考是分省考试，北京卷的作文题目是《我在这战斗的一年里》。

附件六：疫情类中、高考作文题意预测

一、知识储备

人类史上七次大的瘟疫。

1.1348年黑死病。发生在1347-1353年，这场鼠疫引发的瘟疫，预估造成全球死亡人数7000多万，欧洲三分之一的人死亡。这都是预估数量，不同口径有不同的结果，但都是天文数据。

2.1918年是历史上最凶猛流感的大爆发之年，这场流感又被称为西班牙大流感，按照估算，导致2500万-4000万人死亡（当时世界人口约17亿人）。其全球平均致死率约为2.5%-5%，远远高于一般流感的0.1%。

3.1910年10-11月（清末）黑龙江大兴安岭地区，旱獭携带肺鼠疫病毒，把携带的病毒传染给了人，然后再通过飞沫传播。全国共病亡9万人，其中牺牲医务和其他服务人员297人。

4.1920年中国东北地区鼠疫。1920年冬天，东北地区旱獭携带肺鼠疫病毒，把携带的病毒传染给了人，然后再通过飞沫传播。死亡人数约5000人。

5.2003年，中国爆发“非典型肺炎”SARS。17年前的恐惧，相信我们很多人永远都无法忘记。疫病起源于售卖野生动物的广州菜市场。SARS病毒目前的认知是来自果子狸，果子狸又是蝙蝠传给的。中国累积感染5321例，死亡人数829人（含港澳台）。全球累计非典病例共8422例，涉及32个国家和地区。全球死亡人数919人，病死率近11%。

6.2012年，中东地区爆发“中东呼吸综合征”MERS，造成400

多人死亡。因为患者迅速被隔离了，中国人没有直接的恐惧感。其实这是非常可怕的病毒传播，死亡率超过30%，大大高于SARS。

7.2020年新冠肺炎，按照一些科学家的分析，这次新冠肺炎，毒性比SARS低，传播性比SARS强。截至2020年3月30日，全球累计确诊病例约70万人。

人类史上七次大的瘟疫

次数	时间	地点	起因	后果
第一次	1347–1353年	全球性	黑死病，由鼠疫引发的瘟疫	预估造成全球死亡人数7000多万
第二次	1918年	西班牙	流感的大爆发	按照估算，导致2500万－4000万人死亡（当时世界人口约17亿人）。其全球平均致死率约为2.5%－5%，远远高于一般流感的0.1%
第三次	1910年10–11月（清末）	黑龙江大兴安岭地区	旱獭携带肺鼠疫病毒，传染给了人类，然后再通过飞沫传播	共死亡9万人，其中牺牲医务和其他服务人员297人
第四次	1920年冬天	东北地区	旱獭携带肺鼠疫病毒，传染给了人类，然后再通过飞沫传播	死亡人数约5000人
第五次	2003年	非典	疫病起源于售卖野生动物的广州菜市场。 SARS病毒目前的认知是来自果子狸，果子狸又是蝙蝠传给的	中国累积感染5321例，死亡人数829人（含港澳台）。全球累计非典病例共8422例，涉及32个国家和地区。全球死亡人数919人，病死率近11%

次数	时间	地点	起因	后果
第六次	2012年	中东爆发“中东呼吸综合征”MERS，	病毒传播，死亡率超过30%，大大高于SARS	造成400多人死亡
第七次	2020年1月	全球性新冠肺炎	已经知道SARS（新冠病毒）起源于蝙蝠	截至2020年3月30日，全球累计确诊病例约70万人

二、作文题目预测

1. 最可爱的人；（包括科学家、医务工作者、教师、社会管理者等）

2. 奉献；

3. 考验；

4. 感恩；

5. 奋进；

6. 居安思危；

7. 人民福祉；

8. 公共事件应对；

9. 众志成城，万众一心；

10. 疫情就是命令，防控就是责任；

11. 和谐共处（人与人，人与动物）；

12. 人类命运共同体，同呼吸、共命运；

13. 发生疫情怎么办？

①个人层面：早预防，早发现，早救治，早隔离。

②社会层面：强防护，不恐慌，不造谣，不信谣，不传谣。

③国家层面：实事求是，精准施策，内防扩散，内防输入，外防输出，运用法治思维依法管理，加强公共卫生防控体系，提升社会管理和治理能力。

以上内容仅供参考。

一封家书

致新时代最可爱的人

最可爱的亲人：

欢迎回家，终于把你安安全全的盼回来了。

此去经久，想家了吧？家里也无时无刻不牵挂着你。

疫情当前，你义无反顾的抵达前线，毫不畏惧投入防控救治工作。是你们的日夜奋战、舍生忘死，是你们的不负重托、不辱使命，是你们同时间赛跑，同病魔较量，换来了疫情防控形势积极向好的变化，取得了阶段性重要成果。

你们是白衣执甲的战士，是逆行出征的英雄；是光明的使者，希望的使者，是最美的天使，是真正的英雄!谢谢你，我们的家人、我们的白衣战士、我们新时代最可爱的人!

你们不在郑州的这些日子，家里挺好的。面对疫情，咱们郑州一刻也不曾放松，疫情防控取得阶段性成果，现在已经开始复工复产。咱们熟悉的街头，又逐步恢复往日繁华，我们将再接再厉，夺取大战大考双胜利。

请你们放心，不管是工资待遇还是临时性工资补助，咱们都出台了相应政策。这是我们献给英雄的赞礼，是我们对你们献上的敬意!这场战“疫”，你们是最大的功臣，你们理应记头等功!而我们，永远是你最坚强的后盾。

回家了，那就卸下紧张忙碌，放松下来吧，这几天的隔离期，好好休息、保重身体。

隔离期后，家人在等你，我们在等你，熟悉的郑州在等你，春风十里繁花万里都在等你!

好好的。祝安!

郑州市新冠肺炎疫情防控领导小组办公室

2020年3月

第四篇

大学教育

DAXUESHENGJIAOYU

大学期间的基本思路

大学，是纯真的代名词，是青春激扬，个性飞扬，提升自我的训练营，是造梦的工厂。在大学时光中，若没有经过艰苦的奋斗，没有经过辛勤的付出，人生必将不会绽放光彩，就如同蛹没有经过痛苦的挣扎，永远不会变成美丽的蝴蝶；河蚌没有经过砾沙的一次次磨练，永远不会孕育成晶莹高贵的珍珠一样。

《中共中央国务院关于深化教育改革全面推进素质教育的决定》指出：实施素质教育就是全面贯彻党的教育方针。以提高国民素质为根本宗旨，以培养学生的创新精神实践能力为重点，造就“有理想、有道德、有文化、有纪律”的社会主义事业建设者和接班人。

大学生素质的高低将直接影响着整个国民素质的水平。21世纪是知识经济时代，是综合国力竞争的时代，更是人才素质竞争的时代。

大学是人生的重要阶段，是一个人世界观、价值观、人生观成熟的重要时期，许多人觉得孩子上大学后好像懂事了，独立生活能力也强了，知道关心父母了，确实是这样。

上大学是人生一个转折点，孩子不仅要学知识，更要学本领、练能力。工作后主要是能力，但这能力要靠所学知识来支撑。

到大学后，孩子经过小考、中考、高考的筛选，一般来说都是学习比较好的学生，尤其是对广大农村生源来说，绝对是小学、初中、高中各阶段学习很好的学生。

大学里学生来自五湖四海，同一个班级里有来自不同省市的孩子，他们相互交流，相互学习，了解到许多新鲜事物，各地的风土人情、天文地理、人文科学等。通过交流开阔了眼界，宽广了心胸，对事物或事情的看法、观点都在潜意识的变化着，心理也更加成熟。

做人、做事、学习、娱乐、为人处事、待人接物都有了很大变化和提升，可是相对于父母来讲，还显得不够成熟。所以有一些问题需要引起家长和学生的重视。

我认为大学生应该树立一个基本思路：**围绕一个目标、明确两大任务、保证两个安全、做好两手准备、处理四大关系、练就几大技能。**

一个目标，就是以考研为目标。

我们上大学的目的是为了进一步学习科学文化知识，提高本领，开阔视野。对于绝大部分大学生来说，要把读研究生、读博士作为终极目标。最新资料显示，每年平均读研究生的人数占大学生人数7%左右。

根据教育部和国务院学位委员会2017年1月联合发布的《学位与研究生教育发展“十三五”规划》指出：中国2020年将建成亚太区域研究生教育中心，在校研究生总规模将达到290万人，专业学位硕士招生占比达60%左右，保持研究生规模适度增长。以此计算，今后每年的研究生扩招增幅将超过5%。

2014-2019年高校毕业生、研究生报考录取情况

年份	高校毕业生人数	研究生报名人数	最终录取人数
2014	727万	172万	57万
2015	749万↑	164.7万↓	49万↓
2016	765万↑	177万↑	51.7万↑
2017	795万↑	201万↑	55万↑
2018	820万↑	238万↑	60万↑
2019	845万↑	290万↑	65万↑

调查显示，超过7成考生读研为改变学校背景出身，提高就业竞争力。继2018年硕士研究生报名人数高涨之后，2019年硕士研究生报名人数继续高涨，达到290万人，比2015年增加125.7万人，增幅76%。这一数据在未来几年仍将持续上涨，考研热在短期内不会降温。

两大任务：学知识、练能力。

两个安全：人身安全、财产安全。

做好两手准备：考研的准备、就业的准备。

处理好四个关系：同学关系、师生关系、恋人关系、社会关系。

练就几项技能：开车的技能、做饭的技能、旅游的技能、自己喜好的技能等等。

大学四年共有7个假期，大家一定要充分利用好，可以报考驾照、学习烹饪、外出旅游、开阔视野等等。

练就一手好厨艺，一生不吃亏，想吃什么做什么，这是我一直比较推崇的。人生无非是吃、穿、住、行，最基础的需求不就吃饭吗?

2018年5月2日，港珠澳大桥沉管隧道最终接头合龙，迎来“深海之吻”。媒体聚焦，举国欢腾，55公里的跨海工程全线贯通，这一举世瞩目的“世界超级工程”背后，有一位技术总负责人，他如同一出戏的总导演，他让整个工程加速运转，一道道桥梁史上的难关被攻克，一个个奇迹被创造。

他——就是从宝鸡岐山农村走出来的珠港澳大桥管理局总工程师苏权科。

苏权科可谓是贫寒子弟早当家，青少年时期学会磨面、擀面、种地割麦、生火做饭，他还会做高粱面和白面混搭的花式面点，这是苏权科童年生活中最深刻的记忆，这样的厨艺至今令他引以为豪。

外出旅游的话，我建议大家把每个景点的门票，像集邮一样收集起来。想像一下，5年、10年之后再回首，会发现那就是自己大学生活最珍贵的记录。也可以把积累下来的门票画册，作为故事讲给下一代听，图文并茂，很有纪念意义。

有些大学生选择骑自行车去西藏、云南、北京等地观光旅游，人文考察，既是一种挑战，也是人生积累。

朋友的孩子利用大学假期去台湾呆了几个月，写了两本繁体科幻小说发表，很有成就感。

总之，不论你干什么，这些宝贵时间不可浪费。不论你学什么专业，一定要明白大学期间的基本思路。

学习知识仍然不能放松

千万不要以为考上大学就可以放松一下，不用保持高中那样的学习劲头了。请记住，不要和长辈去比，他们出生的年代，个人的历史背景和你们完全不同。新时代，世界在飞速发展，知识更新日益加快。如果不能持续提升自己，那么很快就会和同龄人拉开距离，成为时代和生活的抛弃儿。

适者生存，优胜劣汰是不可逃避的现实，只有不断更新大脑知识库，才能提升社会竞争力和成功的概率。黑发不知勤学早，白首方悔读书迟。终生学习是现在年轻人的必然选择，天长日久的积累，一定会转化成机遇，福报回馈给自己。

现在一个人一年的信息接收量，相当于17世纪英国一个农场主17年阅读量的总和。要应对千变万化的世界，就必须做到活到老、学到老。一个人如果不及时更新自我的知识，很快就会被淘汰。

正所谓：吾生也有涯，而知也无涯。

一名优秀的大学生必须把不断学习的理念扎根心底，付诸于行动。拥有扎实的专业知识和文化知识，最终形成自己的知识体系。因为任何工作、科学研究、实践操作都需要丰富的理论知识。

大学生既是高级专业人才的预备队员，又是未来科学文化知识的传递者。因此，学好专业知识和专业技能是十分重要的任务。

同时，还应具备广博的人文知识。人文教育是用人类文明的一切成果教育年轻一代，使他们的灵魂得以净化，情操得以陶冶，品格得以完善，心智得以充实，培养健全的人格，使身心得到和谐发展。大学生应该广泛涉猎音乐、美术、历史、数学、哲学和语言文学，了解经济学、边缘学、交叉学科和自然辩证法，从而形成一个专而深、宽口径、活性大的综合性文化素养。

有许多人讲，大学学习是老师教给你一个学习方法，知识的学习还得靠自己。

如果说大学以前是被动学习，那么大学则是主动学习的开始。老师传授学习方法，学生主动学习、思考、研究、创新。

但不论怎样变化，学习知识仍是最主要的任务。

学习就是为了就业，就业的一般原则是凡进必考。

现在公务员招考非常公正公平，像高考一样，必须依靠自己的知识积累。笔试、面试，如果没有真才实学，注定只能是失败的结果。

我经常给年轻人讲，专业学精了才有价值，如果学不精，干不精就不值钱，不论哪个行业，只有学精学透，成为高精尖人才，才能出人头地。

人的潜质就像蓄电池一样，会随着时间而逐渐流失。人们的知识需要不断“加油”“充电”，否则很快就会失去“能量”而惨遭淘汰。因此，坚持不断地学好文化知识和专业知识是基础。

专长性可以说是大学生个人核心竞争力最主要的特征。每位大学生在大学学习期间都有自己的专业，但这只能说明你有了一定竞争力。在人才济济的今天，如果不把专业变成业务和技术上的特长，很难在竞争激烈的社会中立稳脚跟。同时，社会的发展更欢迎一专多能的复合型人才，在发挥专业特长的同时，具备其它必要的技能将更加凸显一个人的核心竞争力。

通过辅导学生，我总结出一条规律。凡是大学期间学习很优秀的孩子，考公务员的成功率都非常高。

我曾经辅导过这样一位女孩，山东大学毕业，又取得中国政法大学第二学位，学习一直很用功，成绩也非常优秀。参加公务员考试，她的笔试成绩高出第二名26分，面试时，第二名孩子看差距太大没有希望，直接放弃了面试。

我女儿上大学期间，也是她学习最出彩的阶段。从大一第二学期到毕业，一直是系里六个班的学习第一名，英语过了四级和六级，计算机也过了四级，毕业时被评为“北京市大学生三好学生”。在孩子上大学的四年里，过几个月就会打来电话报告喜讯，作为家长感到非常自豪，这是我一生中最开心的四年，甚至比自己晋升职务还高兴。

我体会，一个人二十多岁比学习，三十多岁比工作，四十多岁比成就，五十多岁比孩子，六十多岁比健康。

知识就是力量，知识就是财富，只有拥有丰富的知识和能力，才能为自己创造更多、更好的机会。

因此，大学期间孩子学习知识仍然不能放松。

能力锻炼是关键

参加工作后考察一个人是否优秀主要看能力，这些能力从上大学就应开始训练。

大学有两件事最重要，一是学习知识，二是锻炼能力。

一个人的能力是天长日久锻炼出来的。

我一直鼓励孩子上大学后，担任学生会、校团委或者班级干部，什么职务不重要，主要是给自己争取了一个锻炼的平台。同时，也要积极参加学校和社会上组织的各种活动。

通过这些平台可以获得更多锻炼和提升自身能力的机会。比如：表达能力、创新能力、交际能力、组织能力、决策能力、应变能力、心理承受能力等。

如你参加演讲比赛，第一要有勇气参与；第二要有胆量上台，不害怕、不紧张；第三要有一篇高质量的演讲稿；第四演讲声音要洪亮，注重抑扬顿挫；第五要有音乐做背景。通过参加整个活动，让个人的勇气胆量，文字写作能力，语言表达能力，逻辑思维能力，音乐欣赏能力，场面把控能力，现场号召能力，与评委的沟通能力，与工作人员的配合能力等等，都得到了很好的锻炼。

如让你组织一场迎元旦小型文艺晚会，第一步要制定计划，第二步要组织实施，第三步要进行总结。这三步也是参加公务员面试中“怎么做”类型的试题，你有了这样的经历，回答这方面问题就会胸有成竹，对答如流。

在组织班会、户外活动、庆祝活动、演讲比赛、新闻发布会等活动中，可以体验、感悟和总结出许多经验和教训，总结的过程就是能力提升的过程。

这样不仅有利于提高个人能力，也为自己履历上增加了诸多经历，为将来就业奠定良好的基础。

我女儿上大学时，担任年级女生部部长，管理60多位女生，对她的能力提升起到了很大的作用。同时，她积极参加学校组织的各项活动，先后获得了专题演讲比赛、英语演讲比赛的第一名，有幸参加北京市大学生辩论赛，代表学校与首都师范大学等院校开展辩论。通过参加各种各样的活动，使她能力得到了锻炼和提高。这些能力提高得益于大学期间的锻炼。参加工作以后，在单位组织的诸多活动中，她经常被选为主持人或者策划人，干起来得心应手，受到同志们一致好评。

因此，我认为大学生应该具备以下六种能力。

一、自我决策能力

自我决策能力是一个人能否独立思考，果断处事和独立完成某项工作的能力。对于即将毕业走向社会的大学生来说，将会面临求职择业，别人的意见和忠告等各种各样的选择，这些都要靠自己决定，这也是对自我决策能力的一次检验。在未来的工作中，每一件事情每一个问题，不可能像在学校那样有老师指导，必须靠自己迅速作出决定，及时予以处理。因此，具有良好的自我决策能力对大学生就业是十分重要的。

如考研与就业的选择，第二学位的选择，考英语四级的选择，各种资格证考取的选择，工作方向的选择等，都在考验着大学生的自我决策能力。

二、社会适应能力

指个体能够准确认知他人与社会，对情境与环境作出准确判断，通过正确的反应达到与他人顺利沟通、与社会环境协调、达成自身目标所应具备素质和能力等。面对五彩纷呈的现实社会，要学会与人打交道。在恰当的时间、地点，面对形形色色的人把握好说话的分寸；要学会看形势走向，把握好做事的最佳火候，随机应变；及时调整心态，要主动的、积极的适应，不能消极的等待。只有具备较强的社会适应能力，才能充分地发挥自己的聪明才智。

比如有些大学生刚参加工作，几年内不停跳槽，对新的工作总感觉不称心如意，这就是社会适应能力差的表现。

三、实践操作能力

实践操作能力是人们知识转化为物质力量的凭籍。大学生应注意克服只注重理论学习，而轻视实践操作的倾向。一个大学毕业生如果在实践操作上有过硬的本领，一定会受到用人单位的青睐。在现实生活中，尤其是教学、科研、生产第一线，大学生实践操作能力的强弱，将直接影响到其作用的发挥。

比如，作为一名教师，不仅要有丰富的知识，还要有把自己的知识传授给学生的能力。

四、语言表达能力

是指运用语言阐明自己的观点、意见或抒发感情的能力，主要包括口头表达能力和书面表达能力。一个人要想让别人了解你、重视你，更好地发挥你自己的才能，其前提就是要有表现自己的能力。要准确表现自己，就离不开出色的表达能力。在求职择业和参加工作后，会有深切的感受。比如撰写求职信、自荐信、个人材料，回答招聘人员提问，接受用人单位的面试等，都需要较强的表达能力。

在我辅导的学生中，存在的突出问题是逻辑思维不清晰，语言表达不流利，有的学生回答问题结结巴巴，这是许多大学生的短板，这些就需要高度重视，加强锻炼。

五、社会交际能力

社交能力实际上就是与他人相处的能力。社会上的人际关系远不像学校中的同学、师生关系那么简单。大学生步入社会后，要与各种各样的人发生这样那样的关系。能否正确、有效地处理、协调好工作生活中人与人的各种关系，不仅影响一个人对环境的适应状况，而且影响着他的工作效能、心理健康、生活的愉快和事业的成就。因此，大学生自觉地培养良好的社交能力非常重要。

据网上报道，有三名女大学生让骗子贩卖，给山区光棍做媳妇，还生了三个娃，我觉得大学生首先要增强防骗能力。

六、组织管理能力

虽然不是每个大学毕业生都会从事管理工作，但是在实际工作中，每个从业者都会不同程度地需要组织管理才能，不仅领导干部、管理人员应当具备组织管理才能，其它专业人员也应当具备。近年来，许多用人单位在挑选录用大学毕业生时，在同等条件下，往往会优先考虑那些曾担任过学生干部，具有一定组织管理能力的毕业生，这正反映了时代的客观要求，也是我为什么建议大家都去竞选学生会、校团委和班级干部的原因。

能力，需要去锻炼。

能力，需要来提升。

能力，是衡量人工作优秀的重要标志。

能力，将陪伴人的一生。

谨慎对待校园爱情

随着思想的开放和社会理念的更新，社会各界对大学生恋爱给予了相对宽容的态度。我国各大高校，对大学生在校期间恋爱，基本上既不提倡，也不反对，采取了中立的态度。这就使大学生恋爱获得了宽松的环境。

在对292名大学生网络调查中发现，有92.9%的学生表示“有与异性交往的愿望”，有13.5%的学生表示“交往愿望强烈”，有37.7%的学生在大学期间有谈过恋爱的经历。这一组数字强有力的说明，当代大学生已经把爱情作为了生活中的一部分，大学生恋爱呈现了普遍化的趋势。然而，统计数据显示，大学生谈恋爱的成功率只有1%-3%。

我认为，高中以前绝对要禁止孩子谈恋爱，上大学之后可以根据具体情况来确定。真正找对象还是在工作后，这个时候是人生找对象的最佳时期，大学生们应该明白这个时间节点，不要盲目的去跟风、攀比，以免对自己造成伤害。大学生的年龄普遍都在18至22周岁之间，心智还不算完全成熟，大学生因失恋自杀、自残的事例也非常多，家长和老师一定要注意引导，提前加以防范。

有一位女大学生向男朋友提出分手，他男朋友竟然用硫酸烧毁了女孩脸。男孩以故意伤害罪被判刑，并赔偿女孩几十万元。

大学生谈恋爱，没有错和对之分。你若遇见比较投缘的人，可以尝试去谈一下，若没有合适的人，就等到毕业后再找吧。切记，不要太偏激，绝对不能因恋爱分手作出伤害自己和他人的事情，这方面血的教训太多、太深刻。

大学，是人生个性发展的最好时机。理科学生的学习还是比较辛苦。想学好、学精、学透需要狠下一番功夫。想读研、读博更需要加倍努力学好文化课和专业课知识。文科学生相对要轻松一些，但是学习成绩想要达到班级、系里前几名，也需要非常刻苦努力才行。

大学生应该把主要精力放在学习上，努力把自己锻炼成为一个非常优秀的人。不要盲目恋爱，不要急于恋爱。倘若把主要心思都放在谈恋爱上，就得不偿失。尤其是对于那些有理想有抱负有上进心的学生来说，学习仍是首要的任务。否则，想要顺利考上硕士研究生，并继续考取博士研究生，或者在某个领域搞研究发明，那都是很困难的事情。

从目前我国就业形势来看，博士研究生找工作相对容易，工资待遇也相对高，这个时候找对象的层次也就提高了。知识层次高，找的对象文化层次也就相对高，这是一般规律。

最近遇到一位中学的校长，他女儿在兰州大学上本科，在中国地质大学读研究生，今年中科院博士毕业，在青岛签约了一家海洋研究所，找的男朋友正在读博士后。

我女儿的同学，2009年在西北大学读本科，后来又读了研究生、博士。毕业后在郑州大学任教，现在才准备找对象，我感觉这个孩子把找对象尺度把握的非常好。

大学生恋爱中，最让人焦虑的是无法正确处理好爱情与学业，爱情与工作的关系。现实中，因为花前月下，卿卿我我而荒废学业，追悔莫及的事非常多。网络调查显示，有83.7%的学生认识到恋爱会对学习产生一定的影响，但其中80.2%的人明确表示“只要处理好，关系不大”。这说明大学生在对待爱情与学习的关系上持有积极态度，并力图做好。58.7%的学生表明“理想中的爱情使人振奋向上的”，67.9%的人认为“爱情的意义在于帮助对方，同时提高自己”。

绝大多数大学生对爱情的真正涵义已经有所认识。真正的爱情是以学业和事业为基础,是把幸福的爱情转化为积极的力量,以彼此为动力,促进学业。是两个人一起互相帮助,互相鼓励,互相支持,学会关心体谅彼此,通过对他人的爱,不断完善自己的人格。

然而,“不求天长地久,只求曾经拥有”的思想也普遍存在,他们把恋爱当成了一种感情体验,及时行乐,追求刺激,满足精神和肉体享受。也有一些大学生为充实课余生活,排除寂寞,填补空虚,把恋爱当作一种消遣文化。这种行为实质上只强调了爱的权利,而否认了爱的责任,这些都是不成熟的恋爱价值观。这样错误价值观主导的爱情,很难走入爱情的归宿——婚姻。

大学生辩识能力差,很容易被社会不良人群做为狩猎对象。

哲学家培根说过,一切真正伟大的人物,没有一个因爱情而发狂,因为伟大的事业抵制了这种软弱的情感。树立正确的恋爱价值观虽然不一定会让你成为一个伟人,起码会使你成为一个在感情上没有遗憾的人。

在这样的青春岁月里,一份真挚而深刻的感情是每个人都渴望拥有的。而你的成熟程度将决定这份感情的去向,我想你的成熟度适不适合开始一段感情,只有你自己知道。

如果大学里你在学习上不求上进,只想着轰轰烈烈地谈恋爱,享受了爱情荒废了学业,大学毕业后,进入社会如何自立,何以生计?

总之,我认为大学期间谈对象应该把握以下原则:

1.不提倡,也不反对。

2.顺其自然。

3.做到防止。一是防止因恋爱影响学业;二是防止因失恋伤害自己和他人。

做好就业、考研两手准备

我经常给许多家长讲，孩子上大学后，家长可以轻松三年，这三年是家长最幸福的时刻。因为孩子上大学后已基本独立，生活、学习不要家长过多操心。

为什么说是三年呢?因为孩子到大四这一年,家长们又得忙乎起来,为孩子读研究生还是选择就业,在哪里就业苦思冥想。

人们常讲，机会总会留给有准备的人。孩子大学毕业前，会面临三种选择，一是继续读研究生，二是选择就业，三是徘徊于两者之间既想读研又想就业。到底是选择直接就业，还是读研后再就业呢?

我认为，应该做好两手准备，学会两条腿走路，就是说既要准备考研究生，又要考虑就业。

首先，弄清考研的目的是什么？一是为了学术研究考取研究生。二是为提升竞争力，以后好找工作。研究生会比本科毕业就业待遇好，进大企业机会可能性大，但是这也不是绝对的，未必研究生毕业就一定比一个本科生更受欢迎。

比如：一个朋友的女儿，前几年东北某大学本科毕业，有机会进百度公司，可是想着研究生毕业待遇会更好点，结果研究生毕业的时候，因为各种原因却进不去了。

所以，我个人看法就是：如果是奔着研究生学历好找工作的目的。假如本科毕业就有一份很满意、有发展前景的工作，就可以放弃考研，直接参加工作。

其次，研究生不是你想考就能轻易考上的。2018年，820万大学毕业生，有238万人报考研究生，最终60万人被录取。2019年大体也一样。也就是说每年研究生录取比例大概为当年大学毕业人数的7%左右，这也意味着有90%的大学生面临直接就业。

大四是正式找工作的关键时刻，一旦你错过了校招，再去社会上应聘，难度就会更大，现在大学生从事一般服务性工作的比比皆是。

再次，必须做好两手准备。人生本来就是一场接一场的拼搏。鼓励大学生去拼一把。假如研究生考上了，家庭经济条件允许就直接上。假如研究生考上了，工作也找到了，就综合考虑各方面因素作出满意的选择即可。当然，这话说起来简单做起来难，建议大家用利弊分析法来帮助解决困惑。

虽然双重准备比较辛苦，但千万别错过这样拼搏的机会，一旦不想拼搏、不想争取，你的事业生命将没有意义。

如果选择直接就业，就应该提前做好就业的准备。全力备考公务员，积极搜索招聘信息，寻找适合自己的工作。考公务员一般要提前三至六个月下功夫复习，同时统筹做好公务员考试和毕业论文答辩等事宜。我建议，如果直接就业，最好能参加公务员和事业单位的招录，我认为这是一条光明大道，是一种正确、明智、稳妥的选择。

如果打算考研究生，就要一门心思更加努力学习，同时要提前了解相关考研常识。比如，是选择国内学校，还是选择国外学校。在国内读研，一般学生自己就能解决。假如想去国外读研，就要在大二开始着手准备，需要提前找老师或留学机构咨询，与家长做好沟通与交流。

现在，国外留学大概2年时间，一年的学费生活费大约在20万至30万之间。家长和孩子一定要结合家庭和个人的现实状况，进行综合分析做出明智的选择。

总之，做好两手准备，学会两条腿走路，只是给大学生和家长们提供了一个思路，具体如何选择一定要结合自身实际，全面综合考虑。

利弊分析法

随着社会生活的日益多元化，我们的生活处处充满选择。有重大的阶段性抉择，也有日常生活中纷繁琐事的选择，如何作出正确而有利的选择，成了我们每个人生活中不可缺少的环节。

15世纪，英格兰政治家、作家托马斯·莫尔慨叹：人生中最困难者，莫过于选择。日常生活中，我们常常听到"某人有选择困难症"的说法。

在多年的生活实践中，在日常工作生活的关键时刻，如何做出正确选择，我总结出了一套利弊分析法，有很强的操作性和实用性。

利弊分析法，是朴素的唯物主义辩证法和方法论，是对某一事件的利和弊作出理性分析和判断。简单来说，就是在做一些结果不确定的事情之前，我们通过现有信息，对事情有利方面和不利方面进行分析，进行对比，做出最终选择的一种分析判断方法。若利大于弊，就大胆选择；若弊大于利，就勇敢放弃。

在高考志愿填报时用利弊分析法，很轻松就能做出最终选择。

有位同事的孩子三年前报高考志愿，我建议报陕西师范大学免费师范生。因为免费师范生就业前景很好，供不应求，许多学校争先抢要，根本不存在就业困难的问题，孩子和家长听取了我的建议，作出了理智的选择。

当时还有一位孩子，考分比同事孩子分数还要高，上免费师范生绝对没问题，当时却不愿意填报，被一所大学数学系录取。上大学一年后又想当教师，这时才发现还需要考教师资格证，将来还得参加事业单位教师公开招聘，最终绕了一大圈子，走了不少弯路，这时候后悔当初的选择已经来不及了。

大学毕业时，在“就业”和“考研”的选择上，我的建议是“两条腿走路”。就是既要报考研究生，又要报考公务员考试，多给自己描绘几张蓝图，就会有效避免大学毕业后无所适从的困境。

报考公务员时，在职位选择方面，许多考生又会遇到两难的困境。在岗位选择上，若报考大中城市或热门岗位，就面临竞争激烈、名落孙山的风险。在地域选择上，若报考地区偏远的职位，又将面临条件艰苦、离家较远的困境。这时候就要结合自身实际，弄清楚自己的实力，想想自己需要得到什么样的工作与生活，全面客观地分析报考职位的利与弊，问题就相对简单多了。

找对象，对于年轻人来说，也是一生中的大事，同样面临着选择，这时不妨用利弊分析法考量一下。

管子说：“不作无补之功，不为无益之事”。利弊分析法在许多方面都会帮助你理清思路，降低选择时的痛苦和压力，最终做出理性正确的决策。

传递正能量

什么是正能量?
给人希望，给人方向，
给人力量，给人智慧，
给人自信，给人快乐。
在这纷繁复杂的世界里，
我们要对未来充满希望与信心，
没有希望和信心，生活将会索然无味。
我们要对学习充满执着，
否则将不能持之以恒。
我们要对工作充满激情，
缺少激情，成就不了非凡的业绩。
我们要对生活充满热爱，
热爱生活，人生才能绽放精彩。
我们每个人在拼搏，
我们每个人在努力，
我们每个人在奔跑，
人一生之中，每个人只有传递正能量，
这样才会身心健康，人生快乐!
社会才能风清气正，到处充满阳光与温暖。

凡事都要把握好一个“度”

人们常说，不管说话还是做事都要讲个“度”，“度”就是适当、合适，多了少了都不好。比如我们吃盐，少了没味，多了又咸；喝酒不能过量，过量要醉……

所以，万事须讲“度”，不可乱为之，适可而止，不能超出度的范围、原则。凡过分之事，虽有利而不为；分内之事，虽无利而为之，这就是——“度”。

评论一件事，只有设身处地，才能出言有尺，唏嘘有度；评价一个人，只有量人先量己，才能心中有德，口下留情。

这个“度”其实就是我们所说的“分寸”，也是人生当中最难把握的两个字。

度在我们每个人的工作、学习、生活中应用十分广泛。掌握事物发展的内在规律，对于我们分析问题、把握问题、解决问题十分有益。

能够把握尺度，激流勇退，退得妙恰如进得巧。所谓识时务者为俊杰，其实是恰如其分把握尺度的表现。

范蠡和文仲帮助勾践灭吴，两人位极人臣，再进一步就威胁到越王，范蠡选择功成身退，带着西施隐姓埋名，文仲依然身居高位，最终被越王赐死。

慢的过头就成为僵化，开放的过头就成为放纵，与人相处亦是如此。

一、把握好学习中的“度”

凡事过犹不及。在成长学习的过程中，许多人没有正确认识自我，把握好“度”，最终“聪明反被聪明误”。

大学生就应该把握好学习与恋爱，学习与娱乐，学习与能力，以及同学关系的度，师生关系的度，与他人发生冲突时的度等，这样才能保证自己顺利完成学业，成为一名优秀的大学毕业生。

无数事实证明，谦虚和骄傲，成功和失败，总是相生相伴的。骄傲自满会固步自封，会堵塞智慧的源泉。谦虚谨慎、戒骄戒躁、自信而不自满，就是学习的“度”。

爱迪生一生中有一千多项发明，他的这些成就，都是在不知满足的努力中取得。但遗憾的是，爱迪生晚年变得骄傲自恃，对于手下合理建议听不进去。这样，他堵塞了智慧的源泉，再也没有新的重大发明。

历史上，因骄傲自满导致失败的例子数不胜数：项羽不听范增的劝告，终于酿成了霸王别姬、自刎乌江的悲剧；关羽骄傲轻敌，结果人头落地麦城；李自成进北京后，因麻痹大意，骄傲自满，不仅逼迫弃城而走，最终还导致全军崩溃。假如他有“余将胜勇追残寇”的远见卓识，那中国的历史恐怕将要改写。

二、把握好工作中的“度”

在规章制度面前，必须不折不扣遵循。但是没有主见地一味跟风，不加分辨地随意苟同，没有原则地随波逐流，势必丧失做人做事的起码准则。

单位领导要有把控全局的“度”。

一个单位荣辱兴衰最主要在于领导，如果领导一身正气、两袖清风、公私分明、有强烈的正义感、公平感、责任感就会带出一支团结和谐有力的队伍，就会干出一番不同凡响的事业，人与人之间的关系也就会变得纯粹、简单。反之，则单位一盘散沙，毫无生气，勾心斗角，无心工作，整体工作自然一塌糊涂。不仅耽误了党和人民的事业，又耽误了干部职工的个人前程。

三、把握好生活中的“度”

直爽不是无顾忌。说话、做事一定要讲究技巧，不要把直爽当成口无遮拦、毫无顾忌的借口。不分场合、不顾他人感受的说话，很容易把人家搞得下不来台，势必会遭人看不起、嫉恨，这就是“分寸”问题。

见人宜说三分话。对人说话客气些、礼貌些、诚实些总是无害的，尤其是在陌生人和领导上司面前，要谨言慎行，少说话多做事。情商高的人大多都是逢人说话留三分。

海南东方市发布了一则通缉令，责成134名电信诈骗犯在24小时内自首，结果134名电信诈骗犯悉数投案自首，在派出所排起了长队。他们很好的把握了自首的机会和尺度，最终得到了法律的从轻、减轻处理。

在十九大后，全国有五千多名职务犯罪嫌疑人，在纪委监委自首，就是把握住了“坦白从宽，抗拒从严”的尺度，自觉向党和人民谢罪。

人生路漫漫，我们要怎样走？身处顺境时，我们若能把握好向前发展的度，适时调整心态，人生将会更加精彩；身处逆境时，我们若能把握准事情向坏处发展的度，及时“止损”，抓住命运的“牛鼻子”，也定会否极泰来，化腐朽为神奇！

总之，在学习，工作，生活中要把握好一个“度”，是每个人一生当中不断探索追求的目标。

大学应开设家庭教育课

目前的大学生，再过几年就会成为“未来孩子”的父母。因此，对现在的大学生开展如何做一名合格父母的教育，对提高“未来孩子”的整体素质，将起到非常重要的作用。

现在的大学生是“未来孩子”的第一任老师，

“未来孩子”六岁以前，全靠家长悉心教化。

上小学，需要家长陪读改作业；

上初中，也要家长去督促；

上高中，更需家长来鼓励；

上大学，仍要家长明方向；

工作了，还需家长去指引。

我国每年新生婴儿约1700万，这也意味着将会有3400万名“新父母”诞生。

孩子出生后，接触的第一个人是母亲，最亲近的人也是母亲。在与母亲朝夕相处中，孩子们首先传承的是母亲的性格、习惯。从说话、走路，到接人待物、为人处世，母亲的一言一行，对小孩有着巨大的影响，当然父亲也不例外。

一、大学生的素养和品行，决定“未来孩子”的素质

教育历来不是简单的事，需要教育者有很高的技巧与素养，能够让受教育者理解、接受，并终身受益。孩子幼小的心灵一旦接受了你的言行，便会形成一种思维习惯和行为习惯，并根深蒂固地存在着，以后想要改变，是一件很难的事情。

现在大学生的素养和品行，对“未来孩子”成长起着至关重要的作用。

胡适先生是中国新文化运动的旗手，白话新诗的倡导者和实践者，在中国现代史、现代文学史中享有崇高地位。他在散文《我的母亲》中写到：“我14岁就离开她了，在广漠的人海里独自混了二十多年没有一个人管束过我。如果我学得了一丝一毫的好脾气，如果我学得了一点点待人接物的和气，如果我能宽恕人、体谅人——我都得感谢我的慈母”。老舍也说：“我的真正的教师，把性格传给我的，是我的母亲”。可见母亲对一个人性格的影响。

同事的二胎女儿2岁多了，他告诉我，虽然自己大学毕业后不喜欢读书，但每天他都会强迫自己坚持看书，目的是让年幼的女儿看到爸爸在读书、在学习，希望女儿也会喜欢读书、喜欢学习。

在感叹做父母不易的同时，对朋友的这个做法很是赞同，这个举动对年幼的孩子，绝对可以起到很好的示范作用，这也是言传身教的最有力体现。然而，很多父母却并不了解这一点。

小区一个老同事很焦虑。她说，她孙子7岁多了，最近竟然学会说脏话，一言不合就开骂，竟然还动手打人。探其原因，原来是小两口最近经常吵架，还大打出手，从不避讳孩子，小两口竟然还是大学毕业生。

生活中这样的情景随处可见，孩子的坏毛病会遗传吗？当然不会，但这些可以模仿和学习。

加拿大心理学家阿尔伯特·班杜拉和同事的一项著名研究证实：儿童可以通过观察、阅读、听他人讲述来学习模仿人类的行为。

家庭是孩子成长的第一环境，也是最重要的生长环境，孩子在家庭生活中养成的言谈举止将会影响他的一生。“有其父，必有其子”说的就是这个道理，也是告诉我们身教重于言传。

现在的大学生为人父母后，教育好子女是一个如履薄冰的旅程。

因为孩子随时都在观察你，随时都在模仿你，你任何的优点和缺点，他都看在了眼里。

孩子的社会经验比较少，社会接触面也比较窄。父母便自然会成为他们模仿的榜样，父母也就成了他们最早的也是任期最长的老师。

前苏联著名教育学家苏霍姆林斯基曾说过：“人的全面发展取决于母亲和父亲在儿童面前是怎样的人，取决于儿童从父母的榜样中怎样认识人与人之间的关系和社会环境”。

有些具有大学文凭的父母由于社交应酬烟不离手，工作压力大常常借酒消愁，这会给孩子传达吸烟可以交朋友，喝酒是可以缓解压力的错误信息。久而久之，孩子会觉得吸烟很男人有魅力，模仿大人偷吸香烟，尝试饮酒缓解学习压力，逐渐对烟酒产生好感甚至成瘾。父母自身应该寻找更积极的解压方式，比如锻炼身体、户外旅游、与好友聊天等健康生活方式。

《麦田里的守望者》有一句话：教育不是管，也不是不管，在管与不管之间，有一个词叫做守望。坚持守望，给小孩成长空间，也许他就会给你带来意想不到的惊喜。

现在的大学生，刚从孩子长大成人，下一步又要为人父母，更是没有一点思想、心理准备，因此，要让他们知道，不断提高个人的文化素养和品行，为人师表，不仅是为了国家，为了自己，还是为了更好培养下一代。

二、好父母都是学出来的

现在的大学生，就是将来的父亲、母亲，将会成为孩子的首任和终生导师。在这个漫长的教育工程中，我们不能有半点疏忽，否则就会影响孩子一生。

没有人生来就会当父母，不知道怎么做父母，那就学啊！

就像妈妈刚生下孩子，不会给孩子喂奶，可是不会不行，最后还是磕磕绊绊的学会了。

全国首届杰出母亲沈丽萍为了学画，不仅靠自己努力上了大学，还到中央工艺美术学院进修。业余时间经常阅览相关书籍，听过无数专业性的报告,参观过数不尽的画展,最终成为一名很优秀的画家。

可是对自己要求如此严格，对待生活如此有条不紊的她，却从来没有意识到培养孩子也应该花时间，直到孩子因为空难导致身体严重残疾之后，她才开始真正学做母亲，由于自己的努力，最终帮助孩子战胜残疾。

现在的大学，如果不增设子女教育成才课程，大学生们就对子女教育缺乏全面、系统地学习和了解，今后为人父母时，只能靠自己碎片化学习了解到子女教育方面的知识教育“未来孩子”，不会形成自己全面系统教育子女的观念和方法，依赖自己的习惯和粗浅的认识把“未来孩子”又当成了“试验品”。

每一个人在做父母之前都要学习相关的知识，关于怎样做父母越早准备越好，准备越充分越好。

当前我国约有2879所大学，每年毕业大学生800多万。可是，没有一所学校专门开设“家长教育课”。

在此我呼吁：在大学开设家长教育课，让每位大学生接受如何做父母的选修教育。让优生优育、素质教育从大学开始。这对提高全民素质，实现中华民族伟大的复兴梦具有非常重要的现实意义。

第五篇

公务员应考

GONGWUYUANYINGKAO

心路与脚路

心路，就是一个人的梦想，
脚路，是脚下的路，就是现实。
每个人应该有心路，
心路，给人希望、期待，
脚路，给人实在、踏实。
心路与脚路，不能离得太远，
太远，心路成了空想，
相近，心路与脚路才能步调一致。
梦想是无比美好的，
现实是残酷无情的，
只有两者相互结合，
才是人生的最佳选择。
等出来的是命运，
奋斗出来的才是人生，
心在哪里，路就在哪里，
拼搏在哪里，成功就在哪里。
但愿每个人，
都能脚踏实地，
去欣赏星光灿烂的夜空。

如何应对公务员考试

大学毕业后的就业问题，一直困扰着许多孩子和家庭。

从就业方向来分析，具体可以分为以下四大类。第一类被录取为公务员或事业单位工作人员；第二类进入国有大中型企业或外资企业；第三类民营企业或服务行业；第四类自主创业。近几年，就业形势严峻，报考公务员的人越来越多，甚至出现了几千人报考一个职位的现象，那么公务员到底有什么好处呢？

公务员工作的特点：工作体面，收入稳定，上下班时间固定，工作环境优越，工作压力小，不用担心下岗裁员，不用担心拖欠、克扣工资，不用白天黑夜加班，还可以依法享有双休日等国家法定假期，没有风吹日晒的艰难，也没有严寒酷暑的痛苦。

近年来，我一直热心关注公务员考试这件事。从公务员笔试到面试、从基本常识到职位筛选、从申论写作到考题预测，都系统地作了学习和研究，经过反复教学实践，帮助百余名学生顺利考上公务员。

尤其在申论写作、面试等方面积累了许多成功经验。

以近年来陕西省公务员考试申论作文题目为例：2015年是“创新”，2016年是“双创”，2017年是“绿色发展”，2018年是“建设特色小镇”等等，都在我指导复习的范围内。2019年，我重点给考生辅导了“乡村振兴战略”这个内容，结果成功命中。

经过我指导的学生，都感觉收获很大，特别面试辅导，理清了思路，掌握了类型，取得了非常好的成绩。

近年来我教学成功的事例非常多，有四件事至今记忆犹新。

第一件，我女儿2012年参加五个职位的面试，均取得了面试的第一名，最值得称赞的是参加深圳公务员面试，她报考的职位招录6人，笔试她考了第18名，是参加面试考生中笔试成绩排名最后一名，但她面试取得第一名，最终总分第一，成功逆袭。

第二件，2015年辅导的一个考生。三道面试题，辅导命中两道，这位考生由笔试第二名提升到总分第一名，成功被某公安机关录取。

第三件，2016年辅导的一位考生。周五早上辅导，周六考生参加面试，三道题全部辅导命中，考生由笔试第三名提升到总分第一名成功录取，这位考生是面试收益最大的一位。

第四件，2018年辅导一位参加西安市特警招考的考生。该职位招60名，共有180名考生参加面试，经过我的辅导，该考生最终取得了面试第二名的好成绩。

要想顺利通过公务员考试，以下几个关键点必须重视。

1. 优选职位。选择报考职位，是成功应对公务员考试的第一步，需要追求的目标是降低竞争比例，具体方法见后述。

2. 笔试。笔试成功的目标是取得进入面试的资格，笔试成绩能顺利进入面试就是成功，笔试是取得成功的基础。

3. 面试。面试是成功录取的关键。面试的目标是取得第一名。面试成绩一般都不会差距太大。一般情况下，面试成绩达到85分左右算是高分区，80分左右算是中间区，78分左右就是低分区。总体而言，女生具有语言表达能力强，颜值高等优势，成绩普遍会高于男生。

4. 体检及体能测试。在综合分数公布后，进入录取范围的考生应提前去医院做一次体检，以防万一；需要参加体能测试的考生，提前可以做摸高、跳远、仰卧起坐、短跑等训练，但应该注意强度不能太大，以防拉伤肌肉。

下面，从公务员考试基本常识、笔试、面试、申论写作、申论题意预测、时政热点问题等方面作以简要讲解。

公务员考试基本常识

可能大家都认为公务员考试越来越难，竞争比例动辄几十比一，考试难度每年加大，但是我想说各位同学，别被吓倒了,只要下功夫准备，公考没有你想象的那么难!

公务员考试的决定因素主要有三个方面：一是自身的基础，也就是过去的知识积累；二是现在复习所下的功夫，三是运气。第一个因素已成为过去。第三个因素是任何人无法掌控的。自己能够把控的，只有第二个因素，那就是全力以赴刻苦学习，全身心地投入到复习准备中。

现在绝大多数辅导班和参考书，把历年的真题和模拟卷翻来覆去地讲，目的就是通过高强度模拟训练，让考生熟背熟记。

公务员考试的出题人和培训机构永远都是“对抗关系”。培训机构希望通过对历年题型的梳理总结，提升考生得分的能力；出题者却总是要通过不断更新出题方式来摆脱培训机构，让公平公正惠及绝大多数考生，把真正优秀的学生选拔出来。

为什么有些人总是屡考屡败？总结起来有以下四点：

1.基础知识不牢固，准备不够充分，缺少学生时代参加高考时的学习劲头。

2.复习抓不住重点和关键点。有的人把书泛泛地看一遍，没有把知识学深学透。练习只有数量，没有质量。

3.录取比例太低。

4.笔试、面试成绩都一般。

近年来全国公务员招录情况

年　份	国考招录人数	24省考招录人数	竞争比例
2016年	2.7万	14万	26:1
2017年	2.8万	14万人	30:1
2018年	2.8万	12.2万	25:1
2019年	1.45万	14.5万	90:1

从下图可以看出，近年来国家公务员考试报考依旧火热，很多人把公考当成求职的最佳途径。2019年国考报考的人数看似减少了一半，其实从报录比来说，热度丝毫未减。

下图是近十年来国家公务员考试的招录人数走势。很清晰的可以看出，从2009年到2018年国考招录人数基本都是持续平稳上升，唯有2019年国考人数呈现断崖式下跌。很多考生都会有这样的疑问，这是偶然状况吗？是不是明年人数就会有所回升了？其实不然，从国家推行的机构改革、事业单位的综合改革以及信息化的进一步推进，都会导致公务员岗位编制的减少。

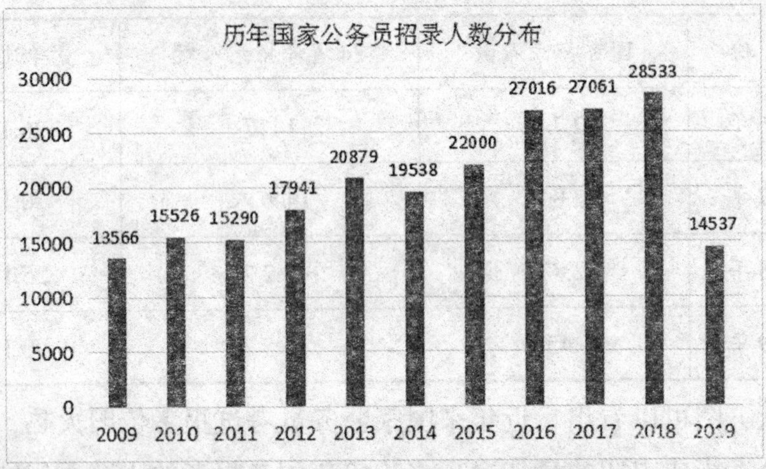

公务员考试考察行政职业能力测试和申论两门科目，部分岗位会考察公安专业知识。

行测题型与题量。

题　型	题　量
常识判断	20
言语理解	35
数量关系	10
判断推理	35
资料分析	20

申论考试形式一般是给几篇材料，出3到5个归纳总结问答题和1个大作文。

题　型	考察内容
归纳概括题	对给定资料或试题中特定部分的内容要点、精神主旨、思想意义进行提炼，并用简明的语言加以概述的试题。主要考查考生的阅读理解能力。
综合分析题	以分析为主要作答方法，综合多种命题形式的一种试题类型，要求考生能够准确把握题目要求，条理清晰、简明扼要地分析问题，揭示问题本质和引申意义，阐释独立思考所得的观点。主要表现考生的综合分析能力。
贯彻执行题	要求考生能够准确理解给定资料中所包含的工作目标与组织意图，遵循依法行政的原则，依据给定资料以及设定题目所反映的客观实际，及时有效地完成题目限定任务的试题。主要考查考生的执行能力。
提出对策题	要求考生针对材料反映的主要问题或材料中涉及的某个具体问题提出对策思路或解决方案。主要考查考生的提出和解决问题能力。
文章写作类题	要求考生在给定字数范围内，针对特定的社会现象或社会问题，在分析的基础上提出对策建议，并全面阐述和论证自己观点的一类题型。简单地说，文章写作题就是要求考生写一篇文章。主要考查考生的文字表达能力。

在公务员考试中，招录人数最多的专业分别是：会计学、经济学、财政学、计算机、法学、税务、统计、审计、工商管理、汉语言文学。

国家公务员考试招录十大专业

年份 \ 专业		会计学	经济学	财政学	计算机	法学	税务	统计	审计	工商管理	汉语言
2017	职位数	4387	4152	3758	3357	3277	2959	3078	2377	1665	1825
	招考人数	8475	7723	7512	5950	5844	5779	5752	4754	3317	2899
2016	职位数	3772	4888	2948	3033	3138	2665	2807	2027	1434	1352
	招考人数	7375	9116	5942	5066	5530	5382	5185	4262	2872	2008
2015	职位数	3464	3747	2444	2262	2268	2250	1549	2146	1069	1224
	招考人数	5889	6085	4304	3401	3813	4020	2307	3805	1750	1777

公务员遴选常识

公务员遴选，是指市（地）级以上机关从下级机关公开择优选拔任用内设机构公务员。遴选是公务员队伍内部竞争性转任和选拔，是公务员队伍中“二次择优”的制度创新，建立起纵向跨机关层级、横向跨部门（系统）的交错式选人用人渠道。

遴选分为中央遴选和地方遴选，中央遴选一般在6月份至7月份考试（2019年1月份考试），地方遴选则遍布一年之中，各个地方时间都不相同，具体大家可以查阅招考公告。

一般来说，考试分为笔试、面试、考察、体检等环节，类似于公务员考试。笔试、面试、考察都是差额进行，只有个别地方考察时是等额的。所以遴选考试可谓机遇与挑战并存。为更好的帮助学员提高复习效率和针对性，现将遴选考试常见疑问和解答汇总如下：

一、遴选考试没有标准题型

1. 遴选考试题型根据不同层级和类型，题目有一定差别，且出题形式灵活度高，但总体来看还是有一定规律可循。

考试内容一般包括：政策理论水平、分析问题与解决问题的能力、文字表达能力等，实际上这些就是我们常说的办文办事办会的能力。从笔试考试的题型来看，一般分为以下几个题型：

（1）客观题，即选择题。目前中央遴选没有这类题型，但是一些地方的遴选还有。选择题主要考察对基础知识的掌握情况，虽然题目本身不难，但是因为没有明确的范文，所以平时应该积累知识。

（2）简答题。比如问新时代中国特色社会主义的主要矛盾是什么？如何理解制度与执行的关系？社会管理与社会治理有什么区别？这种题目理论性最强，需要考生具有扎实的理论基础。

（3）公文写作题，即法定公文的撰写。《党政机关公文处理工作条例》规定了15种法定公文，其中有一些常用的是考试重点，比如通知、通报、纪要。以往还曾经出现过公文格式改错的题，随着考试难度的增加，目前这类题考得不多了，主要还是让你撰写。

（4）作文写作。包括政论文、策论文、领导讲话等，由于考察撰写“工作意见”的题目往往字数要求也比较多，所以也可以作为大作文。

2. 考试层级不同题型划分有所区别。

（1）中央遴选：中央遴选根据岗位级别可分为A、B两类，其中A类为处级公开遴选职位。B类为主任科员以下公开遴选职位、选调生职位。

其中A类考试题型主要涉及热点类案例分析题、实务类案例分析题、对策性议论文。而B类考试题型主要为：热点类案例分析题、实务类案例分析题、公文写作（15种党政公文+事务性文书：讲话稿、倡议书、宣传稿等）。每一类题量一般为2-3道大题。每一题2-3个问题。

（2）省级遴选：各省遴选出题形式灵活多变，不同省份题型上也有不同，但整体仍然以政策理论水平、分析问题与解决问题的能力、文字表达能力为基本方向。现以某省纪委选调（6月16日考试）为例向大家介绍：

题型上，包括客观题（单选、填空、判断）和主观题（简答题、案例分析题、写作题）。

题量上，客观题60道，主观题7道，题量还是比较大的，如果知识储备不足或者准备不充分，那么估计会很难取得好成绩。

从近几年情况看，归纳概括、提出对策、贯彻执行三种类型的题目每年必考，为必须备考的题目，这个与考试公告中的要求较为贴切。

（3）市级遴选：市级遴选题型变化度更高，可根据实际岗位需求灵活设置题目。常见考试中公文、简答、客观题等都有涉及。

二、遴选考试前是否需要经过用人单位的同意

根据《公务员公开遴选办法》（试行）第三章第十条之要求，报名与资格审查：公开遴选报名一般采取个人意愿与组织推荐相结合的方式。

公开遴选可由公务员本人申请并按照干部管理权限经组织审核同意后报名，也可征得本人同意后由组织推荐报名。

另外，公务员遴选涉及单位调动，岗位变化等，从实际工作需求的角度来讲，也必须要经过单位同意后，才可报考。

三步教你淘出理想职位

第一步，预选职位。一是要选择专业符合要求的职位；二是要选择学历符合要求的职位；三是要选择你满意的地区（市县）。

第二步，关注报名通过人数。注意一般公布两次。把你所选职位报名人数较多的先预做删除考虑，通过人数少的职位保留待选。

第三步，把握报名时间节点。在公布两次报名通过人数后，根据报考人数，多、中、少三类进行预测，并最终选定自己想要报考的职位，在报名最后一天提交审核。

公务员考试职位筛选表

序号	城市名称	单位名称	招录人数	第一次通过人数	第二次通过人数	成功机率
1						
2						
3						
4						
5						
6						
7						
8						
9						
10						
11						
12						
13						
14						
15						

如何应对笔试

应对笔试的两个原则：

一、下功夫复习的原则

只要功夫深，铁杵磨成针。

不论你原来基础知识学的好与坏，考前复习必须下很大功夫。许多人年年报考，却不下功夫复习，只能屡战屡败，次次名落孙山。为什么国考每年有二三十万人弃考？为什么绝大部分人成为陪考？除了竞争比较激烈外，主要是没有认真复习备考。

2018年国考平均录取比例为30∶1。如果你想考上，必须比其他29个人下的功夫大，必须像参加高考那样下功夫。否则，谁也帮不了你。

有位考生，考前三个月参加培训班，白天学，晚上学，经过百日奋战，终于取得了理想的成绩。我想，如果大家都能如此用功，就顺利考上公务员。

宝鸡文理学院的毕业生，多年来考公务员成功率非常高，原因就是许多学生提前备考，下功夫复习收到的良好效果。

那么复习时要注意些什么呢？

第一，行测要围绕出题思路展开学习，主要看每种题型的考察思路是否能够融会贯通。

第二，申论多看多练。要吃透评分标准，了解清楚场景、立场和基本理论，有目的性地改进文章，提高写作水平，不能闭门造车，天马行空。

第三，强化练习“在精不在多”。学完系统课程后，在强化练习阶段，要精练有代表性的题目，提高学习质量。

此外，要认真总结出题意图，搞懂选项设置，弄懂解题思路。

二、均衡提升的原则

公务员复习考试，行测与申论必须齐头并进。失行测者失公考，得申论者得公考。行测是公考的基础，但是行测无法让你与对手甩开差距。申论则不同，大多数学生都是因为申论得高分，最后成功。这不是因为申论难学，而是很多人忽视申论。

一般来讲有80%的题都是大家会做的题目，关键就看谁的准确率高，剩余只有20%的题目是拔高题，有一定难度，出题者有意用拔高题拉开分数名次。现实中，许多人严重偏科，一门课成绩很高，另一门课成绩却太低，结果总分还是上不去，但是如果两门课均衡提高，都能考80多分，这样总分排名一定会在前面。

如果紧紧抓住80%会做的题目内容，复习时的难度系数无形等于降低了。

尤其是参加了几年公务员考试的学生都有一个体会，那就是成绩提升空间越来越小，提高分数越来越难。这时候，就一定要做到两门课均衡提升。

总之，笔试成绩的好坏，取决于两个方面：第一，个人的文化基础，即初、高中、大学阶段个人的学习情况；第二，个人考前的复习情况。当然基础好与坏不是决定因素，不是说基础好就一定能考上，还要看你复习时下功夫的大与小，如果以前基础差一些，但在考前复习阶段下了很大功夫，就可以弥补以前基础弱的不足，同样可以考出较高的成绩。

笔试是公务员考试的第一关，目标是能顺利进入面试。

笔试成绩靠前，就可以取得录取优势。

如何备考行测

行测考试涉及到政治、经济、文化、历史、地理、数学、法律等诸多方面。涉及面宽，知识点多，题量很大，但一般都是常识性知识。

2019年国考行测题中出现的一带一路，乡村振兴战略，政府信息公开，名人名言，宪法是国家根本大法，每年12月4日为宪法日，烈士纪念日，戒烟日，互联网+，共享经济，善待农民工，精准扶贫，民生问题等等知识点，都是基础知识。

对于如何备考行测，我认为：必须掌握以下五个学习方法：

一是看：全面看书，划重点。

二是背：早晚背诵，没有捷径。行测内容只要都能背下，就一定能得高分。

三是准：提高答题准确率。因为80%左右的常识题，大家都会做，所以谁的答题准确率高，谁就能取得高分。

四是放：学会放弃。行测题量很大，每道题大约只有1分钟做题时间。对于诸如数量关系等相对较难的题要学会放弃，做估答处理。

五是练：即做往年真题和当年模拟题，一定要精炼。一方面看题型；一方面看考点，综合指导自己复习点与面。

总之，行测的复习就三句话，背诵是前提，训练是基础，技巧是根本。

如何备考申论

申论分为两部分，一部分为回答问题型，一般3至5问；另一部分为作文写作。

申论一般紧贴时政，紧扣热点。考生可根据复习材料，分类研究政治、经济、文化、社会、生态等方面的热点问题，理清原因和对策。

实际上，申论题每个人都会答，关键看谁写的作文质量高，尤其是选题角度。

论点明确、论证有力、总结全面是衡量一篇文章优秀与否的重要因素。评分标准一般分为三类，即优、一般、差。

申论复习的方法：一看、二仿、三提、四练、五时政。

一看：把教材必须通读几遍，掌握基础知识，回答问题要紧扣要点，学会作文开头、结尾几种方法。

二仿：在政治、经济、文化、社会等方面，选1–2个热点问题根据范文去模仿，这样可以收到举一反三的效果。

三提：把往年的真题或自己猜测的热点问题，一律列一个写作提纲，掌握写作技巧。

四练：多练往年真题和模拟试题。做到分类练习，系统提高，如把回答问题和作文写作分类复习就能总结出规律，提高复习效率。

五时政：考前一年之内时政，习总书记的重要讲话和金句、党代会报告，政府工作报告，重大部署安排，新闻事件和热点问题都有可能成为笔试或面试试题。

一、归纳问答题的要求

（1）问什么答什么；

（2）思路清晰；

（3）善于提炼；

（4）答全要点；

（5）字迹工整。

二、三种申论作文的写法

一篇优秀的申论文章，要有新颖丰富、吸引眼球的开头，还要有证明有力的典型事例和故事，又要有总结提升的结尾。申论文章的写作，开头、论证和总结三者缺一不可。

（一）三段论写作法

第一段，提出论点，破题。

第二段，论证充分，建议最好用“三个故事”的写作方法。1.古代故事 2.现代故事 3.国外故事（或做法），描写故事时，准确运用记叙文六要素，简要说明事情的时间、地点、人物、原因、经过、结果，言简意赅，避免拖泥带水。

如望梅止渴，三国时期一年夏天，曹操带兵去打张绣，行军在半路上，士兵又饥又渴，都走不动了，曹操突发奇想，说前面有一片梅林，大家赶到就可以吃到梅子止渴了，于是士气大振，大队人马迅速赶路，最后取得战争的胜利。

如2015年8月，天津滨海区发生了一起危化物品特大爆炸事故，造成173余名消防战士和群众牺牲，许多消防战士牺牲时只有20岁左右，他们为了人民的生命和财产安全，付出了自己年轻的生命，他们的牺牲比泰山还重等等。

第三段，总结提升。结尾的作用至关重要。结尾不仅是对全文的总结，也能起到引人深思、加深阅卷人印象作用。因此，一定要做到豹尾劲扫，响亮有力。

以2015年“习惯与创新”为例。

第一段，提出论点，破题。

第二段，讲“三个故事”。古代故事，如商鞅变法，王安石变法四大发明等；现代故事，如马云就是创新创业的代表，新四大发明；国外故事，如最早发明的电灯、电话、汽车、火车、飞机等。

第三段，总结提升。传统的习惯有利于社会发展进步要继承，阻碍的要“扬弃”，但必须要不断创新，才能推动社会发展与进步。

（二）理论类题型的写作

第一段，提出论点。

第二段，分层次论。一般写法是从大到小，如反腐倡廉的意义，第一从国家层面写，有利于国家稳定，经济发展，社会和谐；第二从单位层面，有利于公正廉洁，风清气正；第三从个人层面，算好人生三本账，即政治账、经济账、家庭账等。

第三段、总结、提升。

以考题“平衡”为例：

第一段，提出论点。

快慢犹如天平的两端，一端是过快带来浮躁，一端是过慢导致停滞，唯有快慢平衡才能让天平稳定；唯有快慢平衡，才能真正明白发展之要、把握幸福之道、品味和谐之美。

第二段，展开论证。

可以引用与快慢平衡相关的名言，如：时间就是生命；时间就是金钱；一寸光阴一寸金，寸金难买寸光阴；欲速则不达；千钧将一羽，轻重在平衡等展开论证。

这部分一定要注意不能就事论事，应将思想境界进行适当拔高。当然，也要切忌过度拔高偏离主题，脱离实际，让文章浮于表面，没有内在美。

第三段：总结提升。

结尾是对总分论点进行重申或阐述，这部分最为重要，务必做到首尾呼应，使文章浑然一体，不能因为时间紧张匆匆结尾，形成虎头蛇尾的文章。

在结尾的首句，可以通过名言、比喻、排比、解释主题或阐述社会背景等方法开头。

如：在新常态下，快是一种质量，慢是一种智慧，要努力实现快与慢的平衡。快慢平衡，关系人们生活的闲适、幸福感的提升；关乎企业的良性发展、竞争力的提高；关系教育本质的回归、学生的健康成长。

（三）建议对策类题型的写作

第一段，提出论点。

第二段，分析原因，提出对策。

原因方面可列举几点，提出对策建议："宣传、检查、制度、法律"这八个字可以通用，可直接套用一定要牢记（详见面试类型"怎么看"）。

第三段，总结，提升。

三、申论作文写作的结构要求

题目：要求简洁、扣题；

开头：开门见山、直接破题；

中间：论证充分、有理有据；

结尾：总结、提升。

在写作中尽量引用一些详细的数据，这样说服力更强。必须订阅半月谈、手机报。把各行各业道德模范人物和先进人物的事迹，用记叙文六要素提前整理出来学习，把重要时政和新闻事件要牢记，并运用在作文写作之中。

当然，要写出优质好文也并非一日之功，还需勤加练习、熟练运用，从而在竞争激烈的考试中脱颖而出。

申论考试常用数据积累：

陕西省有3700万人，陕西高考录取约27万人，录取率80%左右，2018年，全国查处违纪违法案件30万件，陕西省查处违纪违法案件3万件，宝鸡查处违纪违法案件3千件，全国教师1700万人，全国留守儿童1000多万人，全国有2879所高校，有845万大学毕业生，中国有2.8亿农民工，年平均收入1.5万元，电商用户有6亿，全国有4亿糖尿病、高血压患者等等。

全国每年参加中考的学生近3000万，平均只有40%-50%的学生能上普通高中，约为1200多万，上高中的1200多万学生中有70%-80%的孩子能接受大专以上的大学教育，约800多万。这800多万学生中，大概有1.6%的学生能上985院校，约有4.6%的学生能上211院校，约有14.6%的学生能上一本院校，其余60%左右的学生上大专或者二本。

每年约有800万大学生毕业。其中7%的大学生选择继续读研究生，每年平均人数近60万，剩余约740万人直接就业。

公务员每年国考录取2.8万人，24省联考录取约14.5万人，加上六省市单招约3万余人，总计全国公务员招录20万人左右。

建议考生将常用数据摘录成册，以便学习使用。

如何应对面试

能够进入面试，说明已成功了一半。能否最终成功，关键在面试。面试的目标，就是取得第一名。

一般面试分值占40%，所以面试应做好知识准备（笔试已讲过），心理准备（关键不要怯场、胆子要大），仪表准备（衣着大方、不要化浓妆，进场退场有礼貌、有问候、有关心结束语、走小正步）。

面试主要测试综合分析能力、逻辑思维能力、语言组织表达能力，思路一定要清晰，回答问题要流畅。

面试的内容主要有三大类：一类是时事政治、习总书记的讲话和金句。如青山绿水就是金山银山，小康不小康，关键看老乡；二类是热点问题，以面试前半年热点问题为主；三类是工作实务。如工作中遇到矛盾怎么处理、遇到困难怎么克服、遇到问题怎么解决等。

公务员面试中还有一点非常重要，就是在作答的三道题中，一定要选一道你熟悉的题或者容易发挥的题作为亮点，稍作发挥作为你拉分的秘密武器。通常做法是选一道你熟悉的题目，把时政部分所学知识采用上，如在这道题结束时，让我们为实现国家富强、民族复兴、人民幸福的中国梦而努力奋斗!讲这句话时声音要洪亮，铿锵有力，显得有精神、有激情、有气势，略带手势就更好了。

回答问题结尾时，一定要把题意与时事政治相结合，与实际工作、现实生活相结合，这点也非常重要，也是大部分人的短板，若抓住了这点，就会取得高分。例如：让我们在习近平新时代中国特色社会主义思想的指引下，不忘初心，牢记使命，努力工作，廉洁奉公，坚决做到两个维护，增强四个意识，坚定四个自信，为实现中华民族伟大的复兴梦贡献自己的力量。

公务员面试一般做法是：一听二列三答。一听：认真听题，认真看题；二列：先列提纲，原因方面列几条，对策方面列几条；三答：声音洪亮，语速适当，思维清晰。

回答问题时注意与所有评委有一个眼神的交流，切记盯着一个评委而冷落了其他评委，或者眼神朝屋顶看或向侧面看，讲完要说回答完毕，很有礼貌地坐下。

近几年，我先后辅导了100多名考生的面试，效果非常好。下面，我分十讲一一进行讲解。

第一讲　怎么看

答题思路：

第一步，顺着题意做肯定、否定或中性回答，即表态；

第二步，简要分析原因，提出对策或进行利弊论述；

第三步，总结、提炼观点。

例如：你对城管打人事件怎么看？首先表明否定态度：近几年全国各地出现的城管暴力执法，很显然这是一种错误的做法，是一种不文明的执法行为，部分行为可能已经涉嫌违纪、违法。

再比如，对活熊取胆事件怎么看？对海南“宰客”事件怎么看？对雾霾天气怎么看？对校园暴力、医院暴力、公交上暴力、旅游中暴力事件怎么看？对交通安全、生产安全、食品安全、人身安全事件怎么看？对重庆公交事件怎么看？等类型的题，这些很明显都是要表明否定态度。

对中国高考制度怎么看？这就是一个中性题目，应从利弊两个方面进行阐述。

对“四个全面、五个发展理论、中国梦”怎么看？对“依法治国”怎么看？对当前反腐怎么看？对集中治理超速、超载、酒驾、毒驾、闯红灯、占用应急车道、不礼让斑马线等七种违法行为的举措怎么看等类型的题，明显应该表明肯定观点。

下面，通过几个经典实例，进行剖析。

经典实例一：否定类题型

关于对海南“宰客”事件的看法？

分析原因：一是餐馆经营者缺乏诚信意识，是一种不道德的行为。一斤海鲜要几十元或几百元，这明显是宰客；二是市场监管等行政管理部门执法检查力度不够，存在包庇、纵容等不作为行为，导致“宰客”事件频繁发生；三是旅游市场管理制度不健全；四是法律与法规之间未能形成有效衔接，对“宰客”行为相关处罚规定不完善。海南、云南、香港等地一直存在欺骗游客，不购物就谩骂、打骂等现象，但是缺乏行之有效的遏制措施。

提出对策：一是加强宣传，提高商家的诚信意识；二是加大执法检查力度，严厉打击各种“宰客”，欺骗游客的行为，规范市场行为和秩序，营造不想违法、不敢违法、诚实守信、合法经营的良好旅游环境；三是健全完善相关制度，如定期检查制度，诚信经营登记制度，建立黑名单曝光制度，举报、受理、查处、处罚等制度；四是完善相关法律。

概括总结：总之，海南“宰客”事件是一种不讲诚信，欺骗游客的现象，应该教育经营者树立诚实经营意识，管理者应加强管理、加大执法力度，不断完善相关制度和法律，来保障游客的合法权益，在全国提倡一种文明旅游，诚信经营的良好社会风气。

简言之，宣传、检查、制度、法律八个字一定要牢记，对策类题型这八个字通用，也是技巧务必记准，并注意顺序和逻辑关系。

经典实例二：中性类题型

如何评价“高考制度”？

采用“三步法”。

第一步，阐明观点。中国高考制度有有利的一面，又有不利一面，所以目前正在改革。

第二步，分析论证。它是一种公平选拔人才制度，有利于为国家培养高端人才，符合我国人口众多的国情等。不利的一面，一是不利于全面提高全民的整体文化素质；二是由于制度不完善，当前的应试教育不利于人的全面发展。

第三步，总结提升。中国高考制度，为新中国建设培养了一批有用的人才，为社会发展进步做出了重要贡献，但随着时代的变化，又有许多不足，当前正在进行的不分文理科、二本三本录取合并等改革，有利于中国高考制度的逐步完善。

经典实例三：肯定类题型

对“依法治国”怎么看？

第一步，依法治国是在中国共产党领导下，依法治理国家的一项基本国策，是十分必要的。

第二步，阐明依法治国的重大意义。一是有利于国家长治久安；二是有利于实现社会公平正义；三是有利于政府依法行政；四是借鉴了古今中外许多治国理政的先进经验等。

第三步，总结提升。

这样分三步回答，条理清晰，分析透彻全面，也易于考生记忆。

一般来说，怎么看的题型绝大多数是有争议的题目，因此否定类型的题比较多，这也是近年来公务员面试的必考题，肯定类谈意义，否定类讲危害。请考生根据题意和要求灵活运用。

第二讲 怎么办

一、人际关系类题型

答题思路：

第一步，表明自己做法错与对；

第二步，查找原因，提出解决方案或对策；

第三步，总结提升。

经典实例：

你刚参加工作，把某件工作干得很好，有同事嫉妒你，你怎么办?

第一步，表明态度。把工作干得很好是对的，但却忽略与同事处好关系这一方面，自己的做法不全面。

第二步，查找原因。一是工作时间短，缺乏为人处事的经验；二是有出风头的想法，有个人英雄主义思想；三是缺少与同事的沟通与交流。

解决方案：一是不断总结经验教训，吃一堑长一智；二是要有一颗平常心态，避免出风头；三是找同事多交流、多沟通，说明自己干好工作的想法，取得同事的理解和支持；四是多向老同志和年轻同志学习，取人之长、补己之短。孔子曰：三人行，必有我师等等。

第三步，总结。通过这件事情，使我深刻认识到，人不仅要保质保量完成工作任务，还要处理好同事关系，向大家多学习、多沟通，共同为单位的发展做出更大的贡献。

这样回答就很全面，在“三步走”框架内，自己可自由发挥，充分运用所学知识进行阐述。

二、工作怎么干类题型

答题思路：

1. 加强学习，提高两个素质（政治、业务）；

2. 爱岗敬业，努力工作；

3. 改进作风，走群众路线；

4. 廉洁自律，率先垂范。

简言之，学习、工作、作风、廉洁八个字一定要牢记。

经典实例：

当你考上这份工作或岗位，你打算怎么干？

第一步，阐明观点。要加强学习，认真学习党的十九大、习近平总书记系列重要讲话精神等，不断提升自身政治理论水平和业务素质。牢固树立“四个意识”，坚定“四个自信”，做到“两个维护”，时刻与党中央保持高度一致，做本职工作的行家里手……

第二步，详细说明准备怎么干。爱岗敬业，兢兢业业，踏踏实实干好每一件工作，多向老同志学习，多向领导请示，保质保量完成自己的工作任务……

第三步，持续改变作风，密切联系群众。习总书记讲，作风建设永远在路上。要不断加强自身纪律作风建设，纠正自身“四风”问题，全心全意为人民服务，与群众打成一片，做群众的贴心人……

第四步，抓好自身党风廉政建设。从严律己，严格按照中央八项规定办事，坚决做到“三不”，即不该拿的坚决不拿，不该吃的坚决不吃，不该去的地方坚决不去，做一名合格、廉洁的人民公仆……

这也是我们平常年终工作总结的写法，当然年终总结还要加上自己的不足和今后的打算。

第三讲　怎么做

涉及怎么做的题大多数都是组织开展活动的题型

答题思路：

第一步，制定计划；

第二步，组织实施；

第三步，进行检查；

第四步，总结成果。

简言之，就是“计划、实施、检查、总结”，这八个字，注意一定要按照顺序回答。

如果这类题型是诸如开展“两学一做”、“不忘初心，牢记使命”等专题活动，且活动持续时间比较长的话，以上四个步骤一个都不能少。如果是组织开展一项当天就结束的活动，可以省略第三步，用一、二、四步就可以。

经典实例：

你是一名团干，“五四”青年节让你组织一场纪念烈士陵园的活动，你怎么做?

第一步，制定计划。包括活动目的、意义、方法、步骤、时间、要求等几个方面。

第二步，组织实施。一是发通知；二是集合出发；三是活动议程。包括：向烈士敬献花篮、鞠躬、宣誓、领导讲话等。

第三步，对本次活动进行总结。总结好的经验有几条，存在的不足和吸取的教训有哪些，为今后工作奠定扎实的基础。

第四讲　怎么理解

答题思路：

第一步，谈对句子意思的理解；

第二步，讲清对一句话正反两方面的理解与分析；

第三步，结合自身实际谈应该怎么做。

简言之，采用三步走的方法，第一步谈理解，第二步讲关系，第三步怎么做。

经典实例一：

1.结合自己的成长经历，谈谈你对"行百里者半九十"这句话的理解。

各位评委老师，我准备好了，现在开始回答：

第一步，这句话的表面意思是说，一百里路走了九十里也只是走了一半；它的深层意思是说，做事情越接近完成时，越艰难，越关键。一些人在做事情开始时总是雄心壮志，意气风发；可是随着时间的推移，慢慢地就没有动力，没有了毅力，没有了决心，到最后只能草草了事。

第二步，我以前在学习中常常遇到很多问题，例如这次公务员考试，因为很不容易，备考工作很艰辛，所以有时就想放弃。但是一想到自己已经付出了太多的努力，若是放弃就太可惜了，于是就说服自己坚持下来。现在想起来真是庆幸我的坚持，让我得到了今天的成绩。

第三步，如果我有幸成为一名公务员，我一定把从这句话中所汲取的启示融入到我的工作、生活和学习当中去，始终坚持永不松懈和昂扬向上的精神状态，善始善终地把工作做好，走好“最后一公里”，善始善终完成自己的工作任务。

回答完毕！

经典实例二：

结合自身实际，谈谈你对温家宝总理“仰望星空，脚踏实地”这句话的理解。

各位评委老师，我准备好了，现在开始回答：

第一步，这句话是温家宝总理2010年在北京大学与学生共度五四青年节时题给青年学子的。它的意思是说，一个人、一个民族、一个国家，既要有远大的理想和抱负，也要脚踏实地的付出努力，两者相依相偎，缺一不可。

第二步，如果只有远大的理想和抱负，没有脚踏实地的努力，那么这种理想和抱负只能与海市蜃楼是同义词，是不切实际的幻想和梦想；如果只有脚踏实地的努力，没有远大宏伟的抱负，那么我们的行动将缺乏强有力的引导，我们将会失去明确的目标。刚听到这句话的时候，我的心里就有一股震撼，我一定将这八个大字作为我的座右铭，努力将梦想付诸于扎扎实实的实际行动之中。

第三步，说到自己，做公务员是我多年的理想，我坚持将理想付诸于实际行动中，脚踏实地的通过努力，终于换来了今天的成绩。如果我只有理想，没有实际行动，那么一切都只是空想。因此，如果我有幸成为一名公务员，我一定会坚持不懈、坚持将远大理想与脚踏实地统一起来，一步一个脚印，朝着自己的目标不断迈进，为实现中国梦努力奋斗。

回答完毕！

经典实例三：

对于“公务员要树立良好的职业道德、社会公德、家庭美德和个人品德”，谈谈你的理解。

各位评为老师，我准备好了，现在开始回答：

第一步，这句话是对公务员应具备的基本道德所作出的明确规范，“职业道德、社会公德、家庭美德”三位一体地表达了一名公务员应该具备的良好品德。所谓公务员要树立良好的职业道德，是指作为一名公务员，应该始终坚持全心全意为人民服务，始终恪守自己的岗位职责，做一名好领导、好干部；所谓公务员要树立良好的社会公德，是指公务员作为一名普通的公民，应该遵纪守法，应该自觉遵守社会的公序良俗，做一名好公民；所谓公务员要树立良好的家庭美德，是指公务员作为一名家庭成员，应该遵守家庭道德规范，自觉承担家庭责任，尊老爱幼，勇于担当，做一个好儿女、好妻子、好丈夫、好兄弟、好姊妹……。所谓公务员要树立良好的个人品德，是指作为一个相对独立的社会个体，应通过社会道德教育和个人道德修养，形成良好的心里状态和行为习惯，我认为当前最重要的就是要“知荣辱、懂感恩、尽责任”，这是一个人的“第二身份证”。

第二步，我认为，这“四德”对于一个公务员来说，是缺一不可的，没有良好的个人品德，就不可能有良好的家庭美德和社会公德，更不可能有良好的职业道德；缺少任何一种美德，都难以承担公务员的角色。

第三步，如果我有幸成为一名公务员，我会严格要求自己，努力修炼自己的四德，切实让群众满意、领导放心、家人自豪、自己充实。为中华民族的伟大复兴尽心尽职。

回答完毕！

第五讲　群体性事件应急处理

这几年，应急处理的题目也经常出现。

答题思路：

第一步，稳定局面；

第二步，正面宣传；

第三步，情绪疏导；

第四步，及时汇报；

第五步，两个防止，防止谣言，防止事态扩大。

经典实例：

湖南城管暴力执法，群众报警并围观，你作为一个现场处理的干警，应该怎么做？

第一步，组织干警形成人墙，稳定住局面。

第二步，向不明真相群众讲清政策，说清事实真相，并告诫群众打砸抢是一种违法行为，行为过激，情节严重会构成犯罪等，进行法律常识正面宣传。

第三步，对个别情绪激动群众进行疏导，号召群众依法维权，不要起哄，同时推选代表与有关方商谈。

第四步，及时将现场情况向指挥的领导准确详细汇报。

第五步，防止群众利用微信，口传制造谣言，及时用扩音器讲明事件真相，澄清是非，防止不法分子煽动群众，将事态不断扩大。

第六讲　涉及法律方面

知识储备：

①刑法，重点学习刑法总则内容。

②民法，重点掌握民法几大原则，如公平原则、诚信原则。了解继承法、合同法、公司法等。

③违纪—违法—犯罪

违法：民事违法、行政违法、一般违法、严重违法

答题思路：

第一步，表明态度；

第二步，分析法律关系及依据；

第三步，小结。

经典实例一：

有一位甲学生18岁，他与同学乙发生了矛盾，一天，甲向乙的水杯中投放了老鼠药，被别的同学发现举报，乙还未喝，这件事发生后学校对甲进行了批评教育，你认为学校的做法妥吗？

第一步，表明看法。学校的做法不对，因为甲同学的行为已经涉嫌严重违法，构成了投毒罪，应由公安机关处理。

第二步，分析原因。我国刑法规定，年满14周岁的人犯故意杀人、放火、投毒、爆炸、强奸、抢劫、故意伤害致人重伤或死亡、投放危险物质罪等行为应负刑事责任。根据相关法律规定，学校应及时报警，交公安机关处理，学校可以结合公安机关认定的事实，依据学校纪律规定，对甲作出相应的纪律处分。

第三步，小结。表明：学生如果是违犯校规校纪，则由学校处

理，如果是涉嫌违法犯罪，则应提交公安机关处理。

经典实例二：

甲县农民工在乙县打工，工作完成后工资没人支付，多次讨要无果，随后甲县政府派工作组前往乙县政府交涉，结果被拒之门外，对此你怎么看？

第一步，表明态度：甲县政府的做法是正确的，乙县政府的做法不对。

第二步，讲清楚法律关系：甲县农民工在乙县干活，这就等于甲县农民工和乙县雇用单位签订了劳动合同，乙县雇用单位应当支付报酬；甲县的农民工户籍在甲县，甲县政府可以作为代理人去乙县讨说法，乙县应热情接待并妥善处理此事，当弄清事情原因后，责成乙县劳动监察大队，督促欠工资方尽快结清工资。乙县不应该把甲县工作组人员拒之门外。

根据国务院有关规定，不准拖欠农民工工资，李克强总理在不同场合着重强调，2019年全国两会答记者问时又做强调，要求善待农民工朋友。

第三步，小结：拖欠农民工工资是一种社会问题，有关单位和个人应按照相关法律和政策规定，认真执行，保证农民工的合法权益得到保障，为创建和谐社会做出贡献。

第七讲　涉及哲学方面

知识储备：

辩证法：世界是普遍联系的有机整体，同时又是变化发展的，联系和发展是辩证法的总特征。承认矛盾，用矛盾的观点看问题，这是马克思主义唯物辩证法的核心，并由此揭示了万事万物发展所包含的三大规律——对立统一规律、质量互变规律、否定之否定规律。简言之，就是联系、发展、矛盾的观点。

用陕西话讲，世界是物质的，物质是“动弹”的。这是市委党校一位教授，当年给我们上课时讲的，非常形象，至今记忆深刻。

物质和意识的关系。物质决定意识，即物质第一性、意识第二性；意识是物质世界发展到一定阶段的产物，是客观存在人脑中的反映。意识能够反作用于客观事物。正确反映客观事物及其发展规律的意识，能够指导人们有效的开展实践活动，促进客观事物的发展；反之，则阻碍客观事物的发展。

实践的特点：客观物质性、自觉能动性、社会历史性。认识和实践是相互作用的，实践是认识的基础，在人的认识发生和发展过程中起着决定性作用。两者的关系是：实践是认识的来源；实践是认识发展的动力；实践是认识的目的和归宿。认识一旦形成，就会反作用于实践，指导实践的全过程。实践是检验真理的唯一标准。

答题思路：

第一步，表明应用哪个哲学观点或规律。

第二步，分析观点或规律与题干的关系。

第三步，小结。

经典实例一：

怎么理解“出水才见两腿泥”这句话。

第一步，这句话是应用哲学中认识论的问题。

第二步，哲学中的认识论包括实践和认识，实践是认识的基础，在人的认识发生和发展过程中起着决定性作用，认识一旦形成，就会反作用于实践，指导实践的全过程。实践是检验真理的唯一标准。这句话就反映了当一个人腿踩到水里的实践过程中，拔出了腿，才看到腿上沾到了泥，才使人看到水下面的东西。在我们日常工作、生活当中，只有通过实践才能提高认识，相反认识又不断指导我们的每一次实践。

第三步，总之，出水才见两腿泥告诉我们，要不断学习认识论，运用认识论，把握好实践和认识的关系，坚定实践是检验真理唯一标准，为实现中华民族“两个一百年”的奋斗目标努力前进。

经典实例二：

二战期间战斗机防护，多数人认为，应该在机身中弹多的地方加强防护。但有一位专家认为，应该注意防护弹痕少的地方。如果这部分有重创，后果会非常严重，而往往这部分数据会被忽略。事实证明，专家是正确的。（2018年高考作文全国卷二）

本题的哲学观点：观察事物要看本质。

要善于抓矛盾的主要方面，弹多的地方说明不是飞机的要害部位，是次要方面，弹少的地方才是飞机的要害部位，要害部位弹多飞机就被击落了，所以专家建议应加固弹痕少的地方是正确的。

第八讲　工作中特殊事件怎么处理

答题思路：

第一步，表明态度；

第二步，分析原因和拟定对策；

第三步，总结。

经典实例一：

你是一名法官，勤奋敬业，依法办案，但个别当事人对你还有意见，有的不法之徒甚至扬言要报复你，你怎样处理？

第一步，表明态度。虚心接受批评意见，当事人对我的工作还十分不满意，说明我的工作还没有做到位，要真诚的与之沟通，听取意见，改进工作。

第二步，原因和对策。个别当事人对法律不了解、不熟悉，对执法工作有意见可以理解，作为法律工作者，我们应加强普法宣传。对个别不法分子恐吓威胁，作为一名执法者，一是不惧怕、不退缩，相信邪不压正，我会坚持依法办案，公正司法；二是依法处置，维护法律尊严。

第三步，总结。通过这件事，我要吃一堑长一智，做到有则改之无则加勉，改进工作作风，坚持公正执法、严格执法、文明执法、为维护社会和谐稳定贡献力量。

经典实例二：

你的工作很出色，但是领导对你有成见，对你的工作成绩只是轻描淡写，对你工作中的一些缺点和不足却大肆渲染，不公正、无原则的夸大，损害了你的声誉。遇到这种情况，你如何处理？

第一步，表明态度。我会保持冷静，正确对待。任何人在工作中都不可能一帆风顺，都会遇见这样或那样的问题，但遇见问题不可怕，可怕的是缺乏一个良好的心态去面对和解决问题。对于工作中领导对我产生成见这件事，我会本着闻者足戒的平和心态正确对待。

第二步，原因和对策。我会进行反思，找出问题的症结，并妥善解决。一是反思自身工作能力是否存在不足。无论领导对我工作中存在的缺点和不足是正确评价也好，还是无原则夸大也好，我会本着有则改之、无则加勉的原则，虚心向领导求教，努力钻研业务，不断积累经验，进一步提高自身的工作能力和水平。二是反思自身工作方法是否存在不足。可能是我平时的言行不妥，或者我的工作方法不得当，或者对领导的意图领会的不够，导致领导对我有误解，我会及时调整工作方法。我会主动沟通，消除领导误解。在做好本职工作的前提下，寻找适当的机会，采取适当的方式，主动与领导沟通，争取领导的指导和帮助，消除误解。

第三步，总结。总之，我不会因为领导的评价影响情绪和工作。相反，我会以此为契机，查找自身的不足，不断的完善自我，提升自我，得到领导的认可，做一名组织信任、领导放心、人民满意的公务员。

经典实例三：

在棚户区改造过程中，实行包户负责，你负责包抓的某一户人家在拆迁到期的前一天反悔，拒绝签订拆迁合同，这件事怎么处理？

第一步，表明态度。尽快与该户人家联系、沟通，弄清楚他们反悔、拒绝签订合同的原因。

第二步，原因和对策。针对存在问题，依据国家政策和法律，做好耐心细致的说服工作，消除他们的疑虑，相信会得到拆迁户的理解和配合。如果拆迁户依然不同意，在政策和法律允许的范围内，可以考虑动用强制措施，甚至启用司法程序予以解决，保证拆迁工作的顺利进行。

第三步，总结。棚户区改造拆迁工作事关群众切身利益，作为国家工作人员，要注意工作态度和方法，要以人为本，多一些人文关怀，尽可能帮助拆迁户解决实际困难，最大限度的减少拆迁工作中的阻力，这也是构建社会主义和谐社会的应有之义。

第九讲 舆情处置

答题思路：

第一步，要稳。要稳住阵脚，不要慌乱，冷静分析原因有几条，对策有几条。同时不要怕，要担当，不能相互扯皮、推诿，要勇于承担责任。

第二步，要实。就是要实事求是、讲实话、做实事，以便取得舆论和网友的理解。切忌隐瞒事实真相，反而会把事态扩大。

第三步，要快。首先反应要快，第一时间了解掌握舆情发展变化；其次回应要快，及时回应网友的关切，态度要中肯、低调、谦虚，措施要实在，事实要客观。

遇到以下这类题目，就按三步三个字（稳、实、快）回答即可。

1.你是一名政府工作人员，有记者在你管辖地区农贸市场上草莓中检测出含有致癌物的农药残留，引发舆论，你怎么处理？

2.有一个村修建文化广场欠农民工工资，有人发到网上引起热议，你是村上的第一书记，应如何处理？

3.内蒙工业污染沙漠事件，重庆公交坠江事件等引起网上热议，你作为当事单位的维稳干部或宣传干部应怎么办？

第十讲　演讲稿

答题思路：

第一步，审词，找出中心词或关键词，围绕核心要求，列出简要提纲。

第二步，讲三个小故事。根据中心词讲古代一个小故事，讲现代一个小故事，讲国外一个小故事。

第三步，小结。即归纳、提升。

经典实例一：

1. 请用幸福指数、原生态、红歌、低碳、动漫等5个词说一段话。

各位评委老师，我准备好了，现在开始回答：

纪念建党九十周年，唱红歌成为一种流行。70多岁的奶奶也积极参与，每天坚持练歌。

她让我帮她买一张碟片，我不小心买成了动漫版，奶奶生气地告诉我，应该买成陕北原生态版。

奶奶有个好习惯，每次去练歌都坚持步行，她说这叫低碳生活。

奶奶每次练完歌回来特别高兴，脸上总是洋溢着幸福的笑容，她说如果要比幸福指数，她在全家是最高的。

奶奶的快乐生活给了我深深的启示。

回答完毕！

经典实例二：

请你发表即兴演讲，自拟题目，要求将阳光、水分、土壤、努力、成就等五个词语串入其中。

尊敬的各位评委老师，大家好！今天，我演讲的题目是："条件诚可贵，努力价更高"。

众所周知，植物的健康生长需要充足的阳光、水分和土壤，一个人的健康成长也是如此，需要一些基本条件和环境。是不是完全具备条件之后，人们就一定能够取得成功呢？无数的事实证明，两者之间并不具有必然的联系，条件诚可贵，努力价更高。

古往今来，凡成大事者，都是在困顿的环境下始终保持着昂扬的精神状态，始终保持着坚定的信念，为实现目标坚持不懈，持之以恒。相反，一些生活优裕，条件优越的人，因为各方面条件都非常好，却没有了前进的动力，丧失了奋斗的目标，结果只能是一事无成。历史上的赤壁之战，淝水之战都是在条件十分艰难的情况下，以少胜多的典型事例。无数事实证明，条件诚可贵，努力价更高！

我认为，完全具备条件地去做一件事情，这种情况很稀少。在现实生活当中，人们为一个远大的目标去奋斗，往往是在条件不完全具备的情况下去实施的；是否能够达到这个目标，从根本上来说取决于我们是否坚持和努力，是否充分发挥了我们自身的主观能动性。有志者事竟成！我国研制原子弹、修建三峡大坝工程都是在条件不完全成熟的状况下完成的。

每个人生活在这个世界上，都渴望取得令人羡慕的成就，而一切成就的取得都取决于我们持之以恒的努力，许多诺贝尔奖的获得者都是坚信只有坚持才能成功的信条，最终才能获得成功。让我们在人生的征途当中牢牢记住"条件诚可贵，努力价更高"。

我的演讲到此结束，谢谢大家！

经典实例三：

在网吧玩网络游戏的人群中，不乏大量的高考生，因此众人提出了以下建议：（1）高考是个人行为，政府不必介入。（2）要严格规范网吧，特别是严格执行未成年人不允许进入网吧的规定。(3)

应关闭所有网吧。针对上述情况，做一会议的现场发言。

各位领导、各位同志：

大家好！

近年来，随着网络的普及，越来越多的未成年人沉迷于网络游戏，不少网吧在利益驱使下对未成年人大开方便之门。沉迷网络游戏使一些未成年人无心学习，甚至因此走上犯罪道路。时下高考在即，可仍有很多考生泡在网吧沉迷于网络游戏，许多家长对此十分痛心和无奈。针对这种情况，我认为必须予以高度重视。

对于第一个建议：高考是个人行为，政府不必介入。我认为，尽管高考对单个学生来说确实是个人行为，但就整个高考而言，它关乎一代人的整体素质，关乎千千万万个家庭，关乎民族和国家的未来；此外，目前网络游戏所导致的青少年法律意识淡薄、道德观念丧失，已经成为我国建设社会主义法治国家和实现社会和谐的严重障碍之一。因此，政府有责任有义务解决这一问题。

对于第二个建议：要严格规范网吧，特别是严格执行未成年人不允许进入网吧的规定。我认为，这对高考生去网吧玩网络游戏确实会有一定的抑制作用，但就目前的状况来看，这些措施还落实不到位，需要进一步加强执法力度，以期达到更好效果。

对于第三个建议：应关闭所有网吧。我认为有“一刀切”之嫌，不符合法律法规，不符合社会实际，违背事物发展的规律，所以不可取。

针对高考生沉迷于网吧玩网络游戏这一实际情况，我个人认为应该采取以下措施予以应对：

一是加强对网吧的监管，严格准入制度，严禁包括高三学生在内的未成年人进入网吧；如果网吧违规，轻则加强教育，重则从严执法，依法关闭。

二是加强对学生进行法治教育、网络道德教育、责任意识教育和自我保护意识教育，不断提高学生的选择能力和自控能力。

三是充分发挥校园网的教育引导作用，引导学生把互联网作为学习知识、获取信息、培养能力的工具。

四是坚持学校教育、社区教育、家庭教育相结合，引导学生逐步树立起科学的休闲意识和态度，教会他们合理安排闲暇时间。

五是开展对未成年人网络成瘾的预防和救助行动，通过各种媒体宣传普及未成年人心理健康知识，开设心理咨询热线，帮助未成年人预防网络成瘾。

六是组织开发具有内容健康向上、形式喜闻乐见的电子游戏产品，同时提高技术标准，杜绝不健康游戏伤害青少年。

青少年是祖国的未来，高考是人生的重要转折点。高考生沉迷网络游戏问题不能简单的归咎于学生，更不能简单化、一刀切，只有学校、社区、家庭、政府等各种力量多管齐下、多措并举，才能更好地解决这一问题。

我的发言到此结束。谢谢大家！

附件一：结构化面试成绩评定表（参考）

学生抽签号：　　　　　　　面试考官（签名）：

<table>
<tr><td colspan="2">测评要素</td><td>综合分析能力</td><td>应变能力</td><td>逻辑思维能力</td><td>言语表达能力</td><td>举止仪表</td></tr>
<tr><td colspan="2">分值</td><td>30</td><td>25</td><td>25</td><td>10</td><td>10</td></tr>
<tr><td rowspan="4">观察要点与评分等次</td><td rowspan="2">好</td><td>能够透过现象，通过归纳、综合等方法，准确理解、把握问题的本质和内在关系，提出解决问题的办法。</td><td>在有压力的情境下，思考、解决问题时能够迅速而灵活地转移角度、随机应变、触类旁通、情绪稳定，做出正确的判断和处理。</td><td>运用概念、判断、推理的方式，表达对事物的认识。思路清晰，条理清楚，主次分明，逻辑性强，论述合理。</td><td>能够将自己的观点、想法顺畅地表达出来，用词准确，表达清晰，有感染力、说服力。</td><td>着装及举止得体、仪表端庄，精神饱满。</td></tr>
<tr><td>21–30</td><td>21–25</td><td>21–25</td><td>8–10</td><td>8–10</td></tr>
<tr><td>中</td><td>11–20</td><td>11–20</td><td>11–20</td><td>4–7</td><td>4–7</td></tr>
<tr><td>差</td><td>1–10</td><td>1–10</td><td>1–10</td><td>1–3</td><td>1–3</td></tr>
<tr><td colspan="2">要素得分</td><td></td><td></td><td></td><td></td><td></td></tr>
<tr><td colspan="2">总分</td><td colspan="5">（得分在65分以下或95分以上的需在下栏中写出评语）</td></tr>
<tr><td colspan="2">说明或评语</td><td colspan="5"></td></tr>
</table>

附件二：宝鸡市近年来部分面试真题

第一套试题：

1. 甲县农民工在乙县打工，工作完成后工资没人支付，多次讨要无果。随后甲县政府派出工作组前往乙县政府交涉，结果被拒之门外。对此你怎么看?

2. 有人说社会舆论可以推动法律进程。有人说法律是独立于社会舆论之外的。请谈谈你的观点。

3. 有的人，爱讲故事，是有意义的人；有的人，爱讲故事，是有影响的人；有的人，爱讲故事，是有价值的人。结合你自身，谈谈你属于哪类的人。

第二套试题：

1. 城市建高铁，市里居民说给他们那儿建个站，县里居民说希望能够通到他们县城，意见不一，群众和警察发生冲突，还受了伤，请问你的看法。

2. 你是一个硕士研究生，放弃了当公务员，而开了个烤肉摊，引起热议，问你怎么面对不认同你的网友。

3. 有人说人生要学会舍弃，才能有新的收获。结合你自己的经历，谈谈对这句话的理解。

第三套试题：

1. 遇到火时才知道水的重要性，谈谈你对这句话的理解。

2. 有人说共享经济好，可以让青年人进行合理消费，你怎么看。

3. 有一位老人去世后，7位子女争遗产，你是驻村干部，这件事你怎么处理。

第四套试题：

1. 漫画题描述的是后面的农民才开始种树，前面的官员已经拿着画了一棵结满果子的树，命名为“政绩”朝前跑了，问你怎么看？

2. 没有绝对的偶然，所有的偶然都是经过化妆的必然。结合经历谈你对这句话的理解。

3. 你是一名政府工作人员，有记者在你所在地区的农贸市场的草莓中，检测出含有致癌物的农药残留，引发舆论，你怎么处理。

第五套试题：

1. 农民张建华淘文物，设立了一个博物馆，对这种现象你怎么看？

2. 一丝一粟，我之名节；一厘一毫，民之脂膏。谈谈你的看法。

3. 宝鸡市举行“一带一路”海外招聘活动，你作为组织者，会如何开展工作。

第六套试题：

1. 网络是一个虚拟的世界，同时也是一个和真实世界并行、交融的现实世界；互联网的开放性、交互性、匿名性，很容易使有些网民不负责任的言行演化为“网络暴力”。请针对这一现象谈谈你的看法。

2. 领导让你负责一项紧急工作，在工作即将收尾之时，领导又提出了新的要求，几乎把之前做所的工作全盘推翻重新开始，同志们对此意见很大，面对这种情况，你怎么处理？

3. “不能约束自己的人，不配成为自由之人”请根据这句话，谈谈作为新时代的公职人员，我们应该怎么做？

附件三：时政热点资料

一、经济建设方面

1. 中国梦：国家富强、民族复兴、人民幸福。

2. 以习近平为核心党中央的奋斗目标：人民对美好生活的向往。

3. 十八届五中全会五个发展理念：创新、协调、绿色、开放、共享。

注：高考、公务员考试创新、绿色已考，其余为预测重点。

4. 我国社会主要矛盾已经转化为人民日益增长的美好生活需要和不平衡不充分的发展之间的矛盾。

5. “两个一百年”奋斗目标：中国共产党成立100周年时，全面建成小康社会；中华人民共和国成立100周年时，建成富强民主文明和谐美丽的社会主义现代化强国。

6. 三步走战略：

第一步，到2020年全面实现小康社会；

第二步，到2035年基本实现社会主义现代化；

第三步，到2050年建成富强民主文明和谐美丽的社会主义现代化强国。

7. “一带一路”总规划：旨在借用古代“丝绸之路”的历史符号，高举和平发展的旗帜，积极主动地发展与沿线国家的经济合作伙伴关系，共同打造政治互信、经济融合、文化包容的利益共同体、命运共同体和责任共同体。（2018年面试题）

8. 乡村振兴战略的总要求：产业兴旺、生态宜居、乡风文明、治理有效、生活富裕。

9. 实施乡村战略的目标任务：到2020年，乡村振兴战略取得重要进展，制度框架和政策体系基本形成；到2035年，乡村振兴取得决定性进展，农业农村现代化基本实现；到2050年，乡村全面振兴，农业强、农村美、农民富全面实现。（2017年公务员招录题，2018年省纪委遴选论述题）

10. 供给侧结构性改革：从生产端入手，用改革的办法推进结构调整，减少无效和低端供给，扩大有效和中高端供给，增强供给结构对需求变化的适应性和灵活性，提高全要素生产率。

11. 供给侧结构性改革要坚持“三去一降一补”，即去产能、去库存、去杠杆、降成本、补短板。

12. 我国发展的总基调：稳中求进。

13. “双创”：大众创业、万众创新。

14. 全面建成小康社会决胜期的“三大攻坚战”：防范化解重大风险、精准脱贫、污染防治的攻坚战。

二、政治建设方面

1. 党的十九大主题：不忘初心，牢记使命，高举中国特色社会主义伟大旗帜，决胜全面建成小康社会，夺取新时代中国特色社会主义伟大胜利，为实现中华民族伟大复兴的中国梦不懈奋斗。

2. 十九大精神的灵魂和主线：习近平新时代中国特色社会主义思想。

3. 全面增强执政本领（八种本领）包括：学习本领、政治领导本领、改革创新本领、科学发展本领、依法执政本领、群众工作本领、狠抓落实本领、驾驭风险本领。

4. 中国特色社会主义是改革开放以来党的全部理论和实践的主题，是党和人民历经千辛万苦、付出巨大代价取得的根本成就。中国特色社会主义最本质的特征、中国特色社会主义制度的最大优势是中国共产党的领导。

5. “五位一体”总体布局：经济建设、政治建设、文化建设、社会建设、生态文明建设。

6.四个全面：全面建成小康社会、全面深化改革、全面依法治国、全面从严治党。

7.四种意识：政治意识、大局意识、核心意识、看齐意识。

8.四个自信：道路自信、理论自信、制度自信、文化自信。

9.两个维护：维护习近平总书记党中央核心地位，维护党中央的权威和集中统一领导。

10.“五大思维”能力：战略思维、创新思维、辩证思维、法治思维、底线思维。

11.“四讲四有”：讲政治、有信念，讲规矩、有纪律，讲道德、有品行，讲奉献、有作为。

12.三严三实：严以修身、严以用权、严以律己，谋事要实、创业要实、做人要实。

13.全面从严治党“两个责任”:党委的主体责任和纪委的监督责任。

14.“两学一做”：学党章党规、学系列讲话，做合格党员。

15.“四风”问题:形式主义、官僚主义、享乐主义、奢靡之风。

16.打虎拍蝇捉狐灭蚊子：“老虎”喻指位居高层的腐败官员，“苍蝇”则指深处基层的腐败官员，“狐狸”喻指携款潜逃国外的腐败人员，“蚊子”指普通岗位上的刁钻刻薄、贪污腐败的人员。全国已查处老虎440人，百名红通人员归案59人，十八大以来查处职务犯罪5.8万，违纪处分153万人。

17.群众路线：从群众中来，到群众中去，一切为了群众，一切依靠群众。

18.党的三大优良作风：理论联系实际、密切联系群众、批评与自我批评。

19.党的六大纪律：政治纪律、组织纪律、廉洁纪律、群众纪律、工作纪律、生活纪律。

20.入党誓词：我志愿加入中国共产党，拥护党的纲领，遵守党的章程，履行党员义务，执行党的决定，严守党的纪律，保守党的秘密，对党忠诚，积极工作，为共产主义奋斗终身，随时准备为党和人民牺牲一切，永不叛党。

21.宪法宣誓誓词：我宣誓：忠于中华人民共和国宪法，维护宪法权威，履行法定职责，忠于祖国、忠于人民，恪尽职守、廉洁奉公，接受人民监督，为建设富强民主文明和谐美丽的社会主义现代化强国努力奋斗！

22.中国共产党的根本组织原则：民主集中制。民主集中制是民主基础上的集中和集中指导下的民主相结合。

23.四项基本原则：坚持社会主义道路，坚持人民民主专政，坚持中国共产党的领导，坚持马克思列宁主义毛泽东思想。

24.心中“四有”：心中有党、心中有民、心中有责、心中有戒。

25.新时期“好干部”标准：信念坚定、为民服务、勤政务实、敢于担当、清正廉洁。

26.“凡提五必”：即干部档案必审、个人有关事项报告必核、纪检监察机关意见必听、线索具体的信访举报必查,巡视巡查结果必用。

27.“五个过硬”：信念过硬、政治过硬、责任过硬、能力过硬、作风过硬。

28.“五个坚持”：一是坚持好干部标准，大力选拔敢于负责、勇于担当、善于作为、实绩突出的好干部。二是坚持从对党忠诚的高度看待干部，既看日常工作中的担当，又看大事要事难事中的表现。三是坚持有为才有位，突出实践实干实效，让那些想干事、能干事、干成事的干部有机会有舞台。四是坚持全面历史辩证地看待干部，公平公正对待干部，对个性鲜明、坚持原则、敢抓敢管、不怕得罪人的干部，符合条件的要大胆使用。五是坚持优者上、庸者下、劣者汰，对不担当、不作为的干部，该免职的免职、该调整的调整、该降职的降职。

29“三个区分开”：把干部在推进改革中因缺乏经验、先行先试出现的失误错误，同明知故犯的违纪违法行为区分开来；把尚无明确限制的探索性试验中的失误错误，同明令禁止后依然我行我素的违纪违法行为区分开来；把为推动发展的无意过失，同为谋取私利的违纪违法行为区分开来。（2018年省纪委遴选考题）

30.“三会一课”：“三会”指定期召开支部党员大会、党支部委员会和党小组会，“一课”指按时上好党课。“三会一课”是党组织生活的基本形式，是加强党员日常教育管理监督的主要途径。

31.要大力弘扬中华民族的“四个伟大精神”，即伟大创造精神、伟大奋斗精神、伟大团结精神、伟大梦想精神，让广大干部聪明才智充分涌流，让各类人才创造活力竞相迸发。

32.监督执纪的“四种形态”：经常开展批评和自我批评、约谈函询，让“红红脸、出出汗”成为常态；党纪轻处分、组织调整成为违纪处理的大多数；党纪重处分、重大职务调整的成为少数；严重违纪涉嫌违法立案审查的成为极少数。

33.新型亲清政商关系：划出了健康政商关系的界限和底线。这不仅让政商双方有规可依、有度可量，更给党员干部和企业家之间怎样打交道，指明了方向，划出了底线。这对于打造绿色的政治生态、构建公正的市场环境、营造良好的社会风气具有重大意义。

三、文化建设方面

1.社会主义核心价值观：富强、民主、文明、和谐（国家层面的价值目标）；自由、平等、公正、法治（社会层面的价值取向）；爱国、敬业、诚信、友善（公民个人层面的价值准则）。

注：近年来多次高考、公务员考试题

2.中国精神：以爱国主义为核心的民族精神，以改革创新为核心的时代精神。社会主义核心价值观是当代中国精神的集中体现，凝结着全体人民共同的价值追求。

3.五个文明：物质文明、精神文明、政治文明、社会文明、生态文明。(高考、公务员考试多次作为考点)

4.新时代、新思想、新青年、习近平新时代建设有中国特色思想。(2018年北京高考作文题)

5.宣传思想工作的根本任务是“两个巩固”，即巩固马克思主义在意识形态领域的指导地位、巩固全党全国人民团结奋斗的共同思想基础。

6.人民有信仰，民族有希望，国家有力量。——习近平在会见第四届全国文明城市、文明村镇、文明单位和未成年人思想道德建设工作先进代表大会上的讲话。

7.教育工作方针：立德树人。如何立德？怎样做人？

四、社会建设方面

1.人民是历史的创造者，是决定党和国家前途命运的根本力量。必须坚持人民主体地位，坚持立党为公、执政为民，践行全心全意为人民服务的根本宗旨，把党的群众路线贯彻到治国理政全部活动之中，把人民对美好生活的向往作为奋斗目标，依靠人民创造历史伟业。

2.党的领导是人民当家作主和依法治国的根本保证，人民当家作主是社会主义民主政治的本质特征，依法治国是党领导人民治理国家的基本方式，三者统一于我国社会主义民主政治伟大实践。

3.依法治国总目标：建设中国特色社会主义法治体系、建设社会主义法治国家。

4.坚持全面依法治国，必须把党的领导贯彻落实到依法治国全过程和各方面，坚定不移走中国特色社会主义法治道路，完善以宪法为核心的中国特色社会主义法律体系，建设中国特色社会主义法治体系，建设社会主义法治国家，发展中国特色社会主义法治理论，坚持依法治国、依法执政、依法行政共同推进，坚持法治国家、法治政府、法治社会一体建设，坚持依法治国和以德治国相结合，依法治国和依规治党有机统一，深化司法体制改革，提高全民族法治素养和道德素质。

5.人民代表大会制度是坚持党的领导、人民当家作主、依法治国有机统一的根本政治制度安排，必须长期坚持、不断完善。

6.要推动协商民主广泛、多层、制度化发展，统筹推进政党协商、人大协商、政府协商、政协协商、人民团体协商、基层协商以及社会组织协商。

7.哲学的三大规律：

对立统一规律、量变质变规律、否定之否定规律

8.哲学观点：

联系观点、发展观点、矛盾观点（2018年高考作文题）

9.依法治国十六字方针：科学立法、严格执法、公正司法、全民守法。

10.构建社会主义和谐社会的总要求：民主法治、公平正义、诚信友爱、安定有序、人与自然和谐相处。

11.当前重点抓好几件大事：

“一带一路”

精准扶贫

污染防治

从严治党

12.精准扶贫：2013年11月习近平到湖南湘西考察时首次做出了“实事求是、因地制宜、分类指导、精准扶贫”的重要指示。是指针对不同贫困区域环境、不同贫困农户状况，运用科学有效程序对扶贫对象实施精确识别、精确帮扶、精确管理的扶贫方式。到2020年，全国脱贫，不能让一个贫困人口掉队。

13.“两个确保”：到2020年，确保现行标准下农村贫困人口全

部脱贫，确保贫困县全部脱贫摘帽。

14.“六个精准”：扶贫对象精准、项目安排精准、资金使用精准、措施到户精准、因村派人精准、脱贫成效精准。

15.“两不愁三保障”：到2020年，稳定实现扶贫对象不愁吃、不愁穿，保障义务教育、基本医疗和住房。

16.“扶贫日”：每年的10月17日。

17.“雨露计划”：以提高扶贫对象自我发展能力、促进就业为核心，以政府财政扶贫资金扶持为主、动员社会力量参与，通过资助、引导农村贫困家庭劳动力接受职业教育和各类技能培训、培养贫困村产业发展带头人等途径，扶持和帮助贫困人口增加就业发展机会和提高劳动收入的专项扶贫措施。

18.“两免一补”：免除城市和农村义务教育阶段学生学杂费，免除城市低保家庭义务教育阶段学生和农村义务教育阶段学生课本费，补助农村义务教育贫困寄宿生生活费。

五、生态文明建设方面

1.党的十九大报告指出，人与自然是生命共同体，人类必须尊重自然、顺应自然、保护自然。

2.习近平总书记强调，保护生态环境就是保护生产力，改善生态环境就是发展生产力。

3.建设生态文明是中华民族永续发展的千年大计。必须树立和践行绿水青山就是金山银山的理念，坚持节约资源和保护环境的基本国策，实行最严格的生态环境保护制度。

注：2018年高考作文试卷题。

4.建设人与自然和谐共生的现代化“两个满足”：创造更多物质财富和精神财富以满足人民日益增长的美好生活需要，提供更多优质生态产品以满足人民日益增长的优美生态环境需要。

5.生态文明建设方针：节约优先、保护优先、自然恢复为主。

6.美丽中国“四大举措”：推进绿色发展，着力解决突出环境问题，加大生态系统保护力度，改革生态环境监管体制。

7.生态系统保护“三条控制线”：生态保护红线、永久基本农田控制线、城镇开发边界控制线。

8.国务院《大气污染防治行动计划》“大气十条”。

9.国务院《水污染防治行动计划》“水十条”。

10.国务院《土壤污染防治行动计划》“土十条”。

11.党政领导干部生态环境损害责任追究的原则：依法依规、客观公正、科学认定、权责一致、终身追究。

12.习近平生态文明思想。

习近平生态文明思想，是习近平新时代中国特色社会主义思想的重要组成部分和基本内涵之一，其核心要义集中体现为8个“观”，即：

（1）“生态兴则文明兴”的深邃历史观；

（2）“人与自然和谐共生”的科学自然观；

（3）“绿水青山就是金山银山”的绿色发展观；

（4）“良好生态环境是最普惠的民生福祉”的基本民生观；

（5）“山水林田湖草是生命共同体”的整体系统观；

（6）“实行最严格生态环境保护制度”的严密法治观；

（7）“共同建设美丽中国”的全民行动观；

（8）“共谋全球生态文明建设之路”的共赢全球观。

附件四：近年来国家公务员招录申论作文题

年份 主题	主题	
	省级以上	市（地）以下
2019年	城市文明和乡风文明建设	乡村振兴战略
2018年	考察科学，艺术与古文化对想象力的作用	城市建设和乡村建设
2017年	城市水系	城市水系
2016年	公共素养与大国意识	好政策能够涵养理性，德性
2015年	生命化是合乎伦理的科技发展方向	人文让科学更精彩
2014年	社会心理健康与社会心态，	青年心理问题与国民幸福感
2013年	保护物质文化遗产，保留文化多样性	文化体制改革与文化繁荣发展
2012年	化解社会道德危机，推进社会道德重建	加强安全文化教育，保障公共安全
2011年	黄河精神和中华文化	农村地区教育问题和农村文化问题
2010年	海洋资源的开发与保护	
2009年	产业升级和粮食安全	
2008年	怒江水电开发	
2007年	耕地保护	
2006年	应对突发事件	
2005年	“三农”问题	
2004年	城市交通拥堵	
2003年	安全生产	
2002年	网络监管	
2001年	药品安全监管	

近年来陕西省公务员招录申论作文题

年份主题	主　题
2019年	乡村振兴战略
2018年	建设特色小镇，促进区域发展
2017年	让绿色成为发展主色调
2016年	大众创业、万众创新
2015年	创新需从打破习惯开始　创新创造价值
2014年	做一个价值自足的文化大国　文化输出，价值传送
2013年	要让人民过好日子，政府就要过紧日子“三公经费”改革
2012年	人与自然和谐相处　活熊取胆
2011年	家底　我国人口问题综述
2010年下半年	经济转型　资源型城市转型的复兴之路
2010年上半年	科学调整水价　为可持续发展保驾护航
2009年	倡导文明上网　共建精神家园构建健康网络环境
2008年	让“潜规则”在完善的法治体系面前失效

附件五：2020-2022年公务员招录申论题意预测

一、政治类

1. 中国梦

2. 共产党人的初心与使命

3. 小康社会

4. 改革开放40年

5. 依法治国

6. 从严治党

7. 改变作风，移风易俗

8. 廉政短信，典型案例的启示

9. 惩前毖后，治病救人方针的理解与运用

10. 作风建设永远在路上

11. 忧劳可以兴国，逸豫可以亡身（忧患劳苦，可以使国家兴盛；企图安逸享乐，则会葬送自身——欧阳修）

12. 两个维护、四种意识、四个自信

13. 四个全面（2015年考题）

14. 公生明、廉生威

15. 从实际出发，实事求是

16. 心中“四有”

17. 好干部的标准

18. “三个区分开来”（注：2018年省纪委招考题）

19. 敬畏纪律

20. 亲、清是新型政商关系

21. 陕西开展收受礼金，收受名贵土特产专项治理活动，你有哪些好的建议

二、经济类

1. 共享经济

2. 互联网+人工智能，主要有智能机器人、自动驾驶、人脸识别、语音识别、电子身份证、广泛运用于教育、医疗、安防、金融、娱乐等领域，给人们生活带来很大的方便。

3. 稳中求进工作总基调

4. 创新、创业、创造（注：2015年、2016年21省考题）

5. “三步走”战略推动中国经济稳步发展

6. “一带一路”经济命运共同体（注：2017年面试题）

7. 乡村振兴战略（注：2018年考题，2019年陕西考题）

8. 供给侧结构性改革是当前经济改革的重头戏

9. 三大攻坚战是决胜全面建成小康社会的关键，防范化解重大风险，精准脱贫，污染防治都是一场硬仗

10. 如何把握经济增速在6-6.5%合理区间

三、文化

1. 社会主义核心价值观（注：每个词都可以作为一道申论题，作为重点模拟试题，“敬业”2016年北京市招录公务员考题）

2. 文化自信包含继承传统文化和输出中国文化（注：2015年考题）

3. 传统文化的精髓理解

4. 如何构建公共文化服务体系。宁波、上海等地先进做法值得借鉴

5. 你对农村公共文化服务，有什么建议？

6. 中国精神

7. 五个文明

8. 新时代、新思想、新青年（注：2018年北京市高考题）

四、社会类

1. 推进国家管理体系和管理能力现代化（注：2012年考题）

2. 政府在社会管理中起主导作用，社区起基础作用，如何发挥二者的作用

3. “只住不炒”因城施策是房地产的主基调

4. 交通拥堵已成为大城市病的常态，怎样改变这一现状（2012年深圳考题）

5. 禁止酒驾、醉驾已实施几年，收效很大，但仍有人违犯，应如何加强

6. 交通网络快速发展，中国高铁行程达4万公里，世界领先，但每年“春运”车票仍出现“一票难求”，对这种现象如何更好解决？

7. 交通事故带来的危害

8. 重庆公交事件引发对危害公共安全的关注，你有什么良策？

9. 高铁霸座事件是违法行为吗？应如何处理？

10. 安全生产食品药品安全，食品卫生是一个常抓不懈的工作，任重而道远，结合身边事例，谈谈你的看法。

11. 天津权健事件对中国保健品市场带来的冲击

12. “疫苗事件”不断发生，说明了什么？

13. 非法集资、传销带来的社会问题的探究

14. 消防安全不可轻视

15. 健康中国，你如何参与其中

16. 美丽中国

17. 绿色发展，保护生态环境，从陕西治理雾霾，治理秦岭北麓

违建别墅得到什么启示？

秦岭是中国南北气候分水岭（注：2017年21省考题）

18.“河长制”带来了一流清泉和绿水对我们的启示。“一条大河波浪宽，风吹稻花香两岸”

19.绿水青山就是金山银山。（注：2018年高考作文题。近年仍为重点考题）

20.城市的拥堵与乡村的宁静形成巨大的反差，周末城里人去野外郊游，带来了全域旅游的发展，对此有何感想

21.就业问题

22.民生问题

23.拖欠农民工资问题如何有效解决

第六篇

工作生活

GONGZUOSHENGHUO

新参加工作的年轻人应该怎么做

对于刚参加工作的年轻人来说，工作热情高，思维很活跃，喜欢往前冲，这是好事。但是对如何干好工作，却仍是一头雾水，不知所措。

我认为年轻人应具有三个基本素能：第一勤快；第二能写；第三业务精通。三者具备一条就能在单位站稳脚跟，具备两条或三条那就会有很好的发展前景。

一、勤快

天道酬勤，一个人不论到哪个单位工作，都应该学会勤快，即手要勤、腿要勤、嘴要勤，简称“三勤”。

“三勤”就是说年轻人要助人为乐，要有奉献精神，不能太自私，其实每个人都有私心，但自私的程度不同，不自私的人就觉悟高，自私自利怕吃苦的人就谁见谁烦。

手勤就是要勤快，干活利索，效率要高。中央电视台曾播放了一个哑剧，一个办公室三个人上班，早晨上班后，第一个年龄大的老同志等年轻人去打水，结果等了一会，没人去打水，老同志自己去打来一点水，刚倒满自己的杯子，中年人去倒水时，水壶是空的，自己也去打了一点水倒到自己杯子里，年轻人想着有水喝了就去倒水，一拿水壶结果还是空瓶。这个哑剧就告诉我们：人要勤快，不能懒散，要有奉献精神。

腿勤就是要多跑路，早晨上班后去提瓶水，倒垃圾，拖地板，和同事外出时问个路等，这个时候老同志就观察年轻人是不是有眼色，是不是伶俐，如果是一个懒蛋，谁都不喜欢。

嘴勤就是要学会说话，不懂就问，多向老同志请教，要有教养，有礼貌，早上问个好，碰见领导和同事点个头，就会给人留下较好的印象。

单位领导同事对年轻人第一印象不好，估计好几年都很难改变。这一点对刚参加工作的新人来说非常重要。

有些年轻人见人有礼貌，遇到体力活抢着干，给人的印象就很好。相反，总有一部分年轻人很懒，一遇到困难向后缩，干事总想偷懒，不勤快，这些年轻人想进步就很难。

比如，单位去栽树，有的人就不挖坑，不扛树苗，出工不出力。相反，有的人抢着去干，挖一个又一个，大家一看这位同志不怕吃苦，不怕累，就会主动帮助你，指点你。赠人玫瑰，手留余香，你的人际关系就比较好，年底评选先进时也会投你票。

勤快是一个年轻人必须具备的素质，也是上班后第一个必修课，富贵本无根，尽从勤里得，但现实中的确有相当一部分年轻人过不了这一关。

有个小伙子在脚踏车店当学徒。有人送来一部坏了的脚踏车，小伙子除了将车修好，还把车擦拭得漂亮如新，其他学徒笑他多此一举。车主将脚踏车领回去的第二天，小伙子被挖到他的公司上班。

原来出人头地很简单，勤快点就行。

二、能写

不论你在哪个岗位工作，写作是一个基本素能。特别是在机关工作的年轻人，如果能写一手好材料，这个人一般进步就比较快。原因很简单，如果能写，能在报刊杂志上发表一些文章，很快就会引起领导、同事的关注。

机关综合文字中，一般主要是写各种文稿，文件相对容易，领导讲话就需要多研究上级政策。此外，不同的领导有不同的偏好，有喜欢文笔华丽工整对仗的，有喜欢开门见山有事说事的，这就需要具体情况具体分析。多向老笔杆子请教，多揣摩领导过去讲话，我认为是提升公文写作能力的关键。

如果能写，在机关的竞争力就强。一般从事文字工作的人接触领导的机会就多，领导就能够充分了解个人的特点，这样的人一般进步就会比较快，知人善用嘛。

不想当将军的士兵不是好士兵，这句话就是激励年轻人要勇往直前、敢于拼搏、敢于奋斗。

从我工作33年的经历来看，能写文章的人大多数都提拔当领导了，为什么呢?

能写的人思路比较清晰，当领导首先要求这个人不论干什么思路要清，点子要多，知道什么时候该干什么事，工作尺度把握比较好，这是当领导的第一个素质。

工作后主要任务就是干好工作，并且要想尽一切办法去做好自己的本职工作，个别年轻人却不知道自己在忙什么，整天稀里糊涂混日子。

能写的人一般就能讲，站起来能讲，是当领导应具备的第二个素质。

通过学习锻炼，学会了领导艺术，这样又具备了当领导的第三个素质，所以，能写的人一般都成了后备干部。

现在机关会议非常多，许多人不爱开会，开会时心不在焉，但我认为开会也是工作，建议每次开会你若认真的去听，可以收获很多东西。

一方面可以领会、吃透会议精神。另一方面通过听别人的讲话，可以提高自己的讲话水平，平时大家经常在电视里看到，许多领导讲话不用稿件，但讲的很全面，条理非常清晰，这就是多年练出来的结果。

能写也是丰富自身精神生活的一种非常健康的方式，就像读书一样，国外人平均每年读十本书，而国人平均每年读四五本书，就相差一半，实际上许多人靠经验吃饭，每年很少读书，更不要讲多读书，读好书了。

三、业务精通

业精于勤荒于嬉。我经常给人讲，一个人干工作只有一个字的要求，那就是“精”，只有干“精”了才“值钱”。不论你从事什么工作，只要你把工作干“精”，才能有所作为。

比如农民把地种“精”了，就会挣大钱；工人把技术搞“精”了，就会发明创造；教师把书教“精”了，就会晋升教授；大夫把病情摸“精”了，就会手到病除，成为神医；科研人员把业务研究透了，就会获专利，出专著；公务员把业务搞“精”了，就会体现个人的人生价值。

有些单位汇报工作言简意赅，思路清晰，有些则主题混乱，东拉西扯。有一次，我们到一个基层派出所检查工作，所长把辖区内多少常驻人口，多少流动人口，近三年每年发案多少，其中刑事案件多少，一般案件多少，治安案件多少，一样一样汇报的非常清楚，领导给予很高评价，当场拨了几万元专项经费给予奖励。

现在我们提倡“一口清”工作法，就像那个派出所长对自己的工作了如指掌，做到随问随答。

目前精准扶贫工作已进入倒计时阶段，对本地区本单位包扶的贫困村“六个精准，两不愁三保障，两免一补”等情况能够一口全讲清，工作措施全落实，工作目标全实现，那么打赢脱贫攻坚战就一定能够取得胜利。

因此，对于新参加工作的年轻人来说，只要按照三勤、能写、业务精的标准去做，就会收到实实在在的效果，就会有很大的获得感、成就感。

当然，不论你在哪里工作，德在能先，做事先做人，就算你才华横溢，也要慎独慎言慎行，希望年轻人能多重视这一点。

工作应该怎么干

我的体会：一是要有目标；二是要实干；三是要创新；四是要廉洁。

目标是前进的动力，是大海航行的灯塔。一个单位要发展，一个人要想干好工作，就必须要有明确的奋斗目标。

习近平总书记讲，人民对美好生活的向往就是我们的奋斗目标。

陕西省的奋斗目标是追赶超越。

宝鸡市的奋斗目标是打造关天副中心，建设和谐新宝鸡；追赶超越，建设最具幸福感城市。

每个地区，每个单位都有自己的奋斗目标。

我在凤县工作期间，为单位发展也制定了很好的工作思路与目标，经过大家7年的共同努力，创造了凤县人民检察院四十年来最辉煌的成就。

2010年，提出的工作思路是“严带队伍、狠抓业务、突出特色、争创一流”，前三年奋斗目标是一年争进位，二年创先进，三年树品牌，努力打造人民群众满意的检察院。三年目标任务完成后，我们又提出“双争双创”奋斗目标。双争是力争实现全市综合考核第一名（2014年实现），争取人民群众满意度进入全省排名前十位（2015年实现）；双创是创建全国先进基层检察院（2016年实现），创建全国文明单位（2017年实现），全国文明单位每五年评选一次，每次全市只有5个名额，当时是非常不容易的。

7年时间，凤县人民检察院荣获省市县各项集体荣誉113项，在全市乃至全省基层检察院中名列前茅。

这些成绩的取得，不仅是目标引领的结果，更是全体干部职工凝心聚力，一件接着一件奋力拼搏的结果，是获得各级严格考核和群众充分认可的结果，绝不是吹糖人吹出来的。

一个人有什么样的目标，就将过什么样的人生。

美国哈佛大学曾做过一个非常有名的实验。

有一年他们对即将从哈佛大学毕业的一群学生进行了一次关于人生目标的调查，这群学生的智力、学历、环境条件都相差无几。

调查的结果是这样的：3%的人，有清晰而长远的目标；10%的人有清晰但比较短期的目标；60%的人，目标模糊；27%的人，没有目标。

25年后，结果是这样的：3%的人，25年间他们朝着一个方向不懈的努力，几乎都成为社会各界的成功人士，生活在社会的上层；10%的人，他们的短期目标不断实现，成为了各个领域中的专业人士，大都生活在社会的中上层；60%的人，他们安逸地生活与工作，但都没有特别的成绩，生活在社会的中下层；剩下的27%的人，他们的生活没有目标，过得很不如意，并且常常在埋怨他人、抱怨社会、抱怨这个“不给他们机会”的世界。

没有目标，被动的接受只能是生活，遵循心中的目标，主动去创造的才是人生！

习总书记在2019年新年贺词中讲道，2018年的成就是全国各族人民撸起袖子干出来的，是新时代奋斗者挥洒汗水拼出来的。展望未来，新的一年，有机遇也有挑战，大家还要一起拼搏、一起奋斗。这些经典语句告诉我们，工作只有一步一个脚印，只有实实在在的去干，才能实现宏伟的目标。

创新是事业发展的力量源泉，是承载中国梦的匠心精神。工作只有不断创新，才能增强工作的活力，才能推动事业蓬勃发展。比如，我在凤县检察院工作期间，建立了“行政执法与司法相衔接”

的信息平台，2015年在全省10个地市107个县区推广；在秦岭毗邻地区开展的“两省三市四县”公诉论辩赛，现在已发展到三个省（陕西、甘肃、四川）十个县，这一做法在全国都是鲜有的，这就是创新带来的实实在在的成果。

多年来，我一直鼓励年轻人要坚持创新，每个人都要有自身的闪光点，要把自己的优点和长处放大，把自己的缺点和不足缩小，这样一个人才能更快地成长。

起初提出这一观点时，有些人说，自己没有闪光点和长处，怎么办？我说，你实在找不出自身的闪光点，从明天开始，早晨上班从一楼到五楼打扫卫生，坚持半年时间，就是你勤快的闪光点。

一个人要么勤快，要么待人诚实，要么确实有能力，擅长公文写作，这些都可以成为闪光点。

廉洁，是一个人做事的底线。廉者，吏之本也。大臣不廉无以率下，则小臣必污；小臣不廉无以治民，则风俗必败。习总书记在十九大报告中讲，要坚持老虎苍蝇一起打，老虎露头就打，苍蝇乱飞就拍，要拿出刮骨疗毒、踏石留印、抓铁有痕的勇气坚决反对腐败，不断扎紧制度的笼子，经过十八大以来的重拳出击，当前反腐败已取得压倒性胜利。

作为新时代的新青年，一定要树牢四个意识、坚定四个自信、坚决做到两个维护，严格按照中央八项规定要求自己，千万不能触碰腐败的底线和高压线。

总之，只要坚持“目标、实干、创新、廉洁”八个字，无论是某个地区，某个单位，或者某个人，都能干出出色的成绩、伟大的业绩。

如何培养“三能型”干部

正确的政治路线确定之后，干部就是决定的因素。

经过多年的潜心研究与思考，2010年我在凤县人民检察院工作期间提出了“三能型”干部培养计划。2014年，凤县县委、县政府把“三能型”干部作为全县干部培养标准，宝鸡市检察院、陕西省委政法委都对这一做法给予了高度肯定，工作经验在省市转发。

“三能型”干部的实施，涌现出了大批优秀干部，他们分别走上了检察长、副县长、镇长、镇党委委员、工商联主席、副检察长、纪检组长、专职委员等岗位，其中最值得骄傲的是培养出一位十二届全国人大代表，当时全市仅两人。

“三能型”干部就是站起来能讲、坐下来能写、走出去能干。

一、站起来能讲

就是每个干部站起来要能讲话，能出口成章，不怯场面。

为了培养干部讲话的能力，我带头在学校做预防青少年犯罪的法治讲座。让每个干部自己写一篇法治报告讲稿，在单位试讲并逐一点评修改完善，然后深入学校，为在校师生做法治报告。从2010年开始，至今已坚持9年，每名干部年均做法治报告5场次以上。

2016年，我任市检察院党组成员、反贪局长后，与预防处同志们共同举办了“宝鸡市检察机关首届预防职务犯罪与预防青少年犯罪讲课稿”竞赛，进一步提高了市县两级检察机关青年检察官的讲课水平，也促进了市县两级预防职务犯罪和预防青少年犯罪工作向纵深发展。

在凤县工作期间，每年坚持组织开展一次演讲比赛，一次理论研讨会，一次迎新年联欢晚会。组建了凤县检察院文艺演出队，每年深入厂矿企业、乡镇社区、敬老院、学校、机关巡回演出。所有节目均由干部自编自导自演，主持人由干部轮流担任。演出节目每年更换，有反腐倡廉小品，有相声说检察故事，有歌舞歌唱祖国，有羌舞展现羌族风土人情，有宣传普及检察工作。每到一个单位和社区，也请单位和社区出2至3个节目一起混编演出，既宣传了检察工作，锻炼提升了干部说唱讲水平，又丰富了基层干部群众的文化生活，效果非常好，深受广大干部群众欢迎。

同时，开设“每周一讲”，干部轮流上台，讲党的政策，讲法律法规，讲典型案例，讲公文写作，讲自己经历，讲安全驾驶等等。讲授内容和形式不限，这项活动坚持了3年多，全院干部，包括临聘人员全部参与，极大地提高了干部的讲话能力和水平，也为培养“三能型”干部奠定了良好的基础。

二、坐下来能写

文能提笔，武能办案，是我们对干部的基本要求。

每年年初，要求干部每人都写工作计划。开展“金点子”活动，为院党组和全院发展建言纳策。让每个干部把自己多年来对人生、对工作的感悟写成“金句子”，通过层层筛选修改，制作成展板，悬挂于楼道间，形成了具有自身特色的检察文化墙。增强了干部的自信心、成就感，凝聚了人心，激发了干警们热情干事的动力。备受兄弟单位羡慕，并主动前来参观学习，成为一道靓丽的风景线。

为加强宣传和调研工作，为每个干部制定每年撰写3篇以上理论调研文章，10篇以上宣传报道的目标任务。并号召干部把自己撰写发表的调研文章、宣传稿件、心得体会、工作汇报、工作总结等编印成册，作为自己的工作成绩保存留念。

工作总结怎么写呢？我总结八个字，即学习、工作、作风、廉洁。拓展后为加强学习、不断提高自己的政治素质和业务素质；爱岗敬业，努力工作；改变作风，以人民为中心；廉洁自律，勤政廉政。最后再加上几点不足，明年或者下一步打算，这样就是一篇非常完整的工作总结。

三、走出去能干

就是要求干部能独当一面，保质保量地完成组织交给的每一件事情。

我经常号召年轻人“为自己而干”，意思是说每个人不仅是为党和人民在工作，也是为自己在工作。因为在干工作的过程中，每个人的能力都会有较大的提升，综合素质也会有质的飞跃，也为自己今后进步和发展打下了坚实的基础。大家在干工作的过程中，收获成长，收获喜悦，既有获得感，又有成就感。

每个人出去都代表单位的形象，不论你参加市县组织的体育比赛、文艺演出、演讲比赛，还是在办案中走访群众、调取证据、寻找嫌疑人，都代表着单位形象，代表着司法的公平与正义。

习总书记讲，要让每个人在每一起案件中感受到社会的公平与正义。

作为基层检察人员，就要从一点一滴，一件一件案件中践行习总书记的讲话，努力维护习总书记的核心地位，维护党中央的权威，维护单位的集体荣誉和形象。

对干部工作的标准，我们要求非常高，体现了高标准、严要求的精神。要求干部对自己所干的工作要达到省市领先的标准，我们的八大亮点工作，有好几项在全省领先，在省市都是亮点。

在全市率先建成预防职务犯罪警示教育基地，2012年被评为全国百优警示教育基地，连续三届被评为全国一级规范化检察室，成立了全省首个女子公诉科。2013年提出的反贪反渎“三个百分之百”做法，即所办案件侦查终结率、公诉率、判决率均达到百分之百，在省市连续5年处于领先的水平。

为了提升干部的工作积极性，我们紧紧围绕凤县县委县政府高目标引领、高强度推进、高效率落实的“三高精神”，我们扎实开展“提振精气神、展示新精彩”等系列活动，号召干部去做“干、新、廉”的践行者，即干就是实干，新就是创新，廉就是廉洁。

为了解除干部干事创业的后顾之忧，成立了凤县人民检察院温馨协会，干部家里的婚丧嫁娶，由单位工会主动协调处理。

每年开展一次“厨艺比赛”活动，每个干部在职工食堂，去做自己喜爱的拿手菜，最后由大家品尝打分，评出招牌菜，通过大家展示厨艺，相互学习，回家实践。每个干部的综合素质有了较大提高，人人做到上得了厅堂下得了厨房，也有力促进了家庭和谐幸福。

2011年以来，每逢干部过生日单位工会及时送去一束鲜花，一份蛋糕，此做法得到了省市工会的高度肯定。一系列送温暖活动，凝聚了人心，激发了干部工作热情，解除了干部的后顾之忧。每个人都感觉，干不好工作，就对不起组织，对不起自己，大家把自己的荣辱与单位的兴衰紧紧融为一体，真正做到了同呼吸、共命运。因此，工作热情空前高涨，形成了你追我赶，干事创业的浓厚氛围。

以上就是我们培养“三能型”干部的一些具体措施和做法，大家还可以结合自己单位的实际去创新、探索。

人生要把握好三点

人生的价值不在于你度过了多少时间，而是你生活的深度。如何让自己的人生有深度，我认为一定要把握好以下三点：

一是拥有一颗平常心，生活积极向上，传递正能量

人法地，地法天，天法道，道法自然。

人的一生就是奋斗拼搏的一生。凡是事业有点成就的人，一定是始终坚持奋斗，努力奋斗的人。在奋斗的过程中，对待任何事情都要抱一颗平常心态，力戒常常急躁、常常迁怒。

孩子从上学开始，就在不断勤奋学习，努力上进。

参加工作后，就要努力工作，积极向上，展现自己的能力和价值，为自己创造出一片能施展本领的天地与平台。

成家后，要尽到自己的责任。作为人夫，就要带领全家致富奔小康；作为人妻，干好工作外还要相夫教子，当好全家后勤保障的大管家。

人到中年，上有老下有小，对老人要尽孝，尽孝没有先后，有能力有空闲就要努力去做，正所谓“树欲静而风不止，子欲养而亲不待”，孝敬老人的事情往往你想去做的时候可能已经来不及了，所以别给自己留下遗憾。

对孩子，要尽义务，即管教的义务，生娃而不管娃，是人生一大不幸。90%的孩子是靠家长教化出来的，是靠自身言传身教教出来的，是靠自己一点一滴、一天一天辛苦付出管理长大的。孩子教育是人一生中最大的职责，年轻时候管自己的孩子，老了还要管教孙子，教育是人一生中无法逃避的责任和义务。人的一生，是在不断反反复复受教育的过程，就像衣食住行一样，每天都离不开，自己接受教育，然后又教育儿女。这一漫长的岁月里，学会忍耐教育带来的挫折，也要学会分享教育带来的快乐，传递真善美。

近墨者黑，近朱者赤，我们的社会需要人人有一颗平常心态，人人传递正能量。

1.01的365次方=37.78343433289，这是一个传递正能量的励志神奇公式，讲的就是：每天进步一点点！365次方代表一年的365天，1代表每一天的努力，1.01表示每天多做0.01，365天后，1增长到36.5，这就是持之以恒努力进步的结果！

有一个“成功公式”，帮助大家美梦成真，这就是：正面的思维+强烈的渴望+坚定的信念+持续的关注=心想事成。

所以说，人要有一颗积极向上的心，要有持之以恒，不轻易厌弃，才能成大事、成大器。保持一颗平常心，天下事事都顺心。

二是防贪

曾国藩说:“久利之事勿为,众争之地勿往。物极则反,害将及矣!”[①]

人的一生，最大的敌人是自己的贪心。人只要不贪婪，生活就是美好的、平静的、幸福的。纵观历史，古代的贪官一个个都没有好结果，秦代的大贪官赵高，原是赵国王族支系，后因其父犯罪，被判处宫刑，又因精通刑狱法令，成为秦始皇身边的红人，相继服侍了秦始皇父子两人，他利用职权，侵夺民田，操纵赋税，控制国库，积累了无数财富，可谓是大贪官，最后因贪欲不足，被子婴所杀；清朝乾隆年间的和珅，共贪腐白银八亿两，相当于清政府十五年的财政收入，这位历史上的大贪官最终也未善终，落了个悬梁自

①曾国藩的第六戒之第一戒。

尽的下场，在中国几千年的历史上，不知处理了多少贪官污吏。

在解放初期，刘青山、张子善成为建国以来第一次被处决的大贪官；党的十八大以来，以习近平为核心的党中央，把反腐倡廉，从严治党作为一项重要任务来抓，有力地改变了干部的作风，净化了社会风气，刹住了过去的歪风邪气，整个中国社会正在向健康、清明的方向前行。

有许多人因一时的贪欲自毁前程或上当受骗，有的甚至倾家荡产。人的贪欲，一般可分为贪公、贪私两类，贪公的人沾公家便宜，贪私的人沾别人便宜。这两点在许多人身上都能找到他的痕迹，古往今来，许多人身上都有贪欲的表现，也有些人因贪欲而受到惩罚。官员因贪被查，小偷因贪坐牢，普通人因贪被骗。

人生焦虑的根本原因：能力不足，梦想又多，无非是贪心；愿意付出，又不肯拼，无非是妄念；反复纠结，过于矫情，无非是软弱。

戒贪、防贪是人生的必修课。

三是防骗

当今社会，各种骗术层出不穷，不断翻新，花样百出，防不胜防。

据报道，全国有一千多万“老赖”已上黑名单，被限制高档消费。这还远远不够，应尽快从立法上明确对非法集资、敲诈诈骗等侵害他人财产犯罪的人，保留终身经济追究的权利，绝不能让经济犯罪一判刑了之，在经济上占便宜。

天下没有白吃的宴席，天上也没有白掉的馅饼，贪小便宜吃大亏。“非理之财莫取，非理之事莫为”。[①]

世上没有免费的午餐，人一辈子只要有颗平常心，不贪小便宜，就会减少上当受骗的风险。

现在有些行业存在潜规则，许多人结伙骗人，有企业、有个人。

近日，“权健事件”引来舆论高度关注。在天津市成立联合调查组进驻权健公司之后，经过调查取证，权健每年保健品销售达200亿元，公安机关已经于2019年1月1日依法对其涉嫌传销犯罪和涉嫌虚假广告犯罪行为进行立案侦查。一石激起千层浪，更多保健品销售的套路不断被揭开。该事件已经成为一场了解和认识保健品功效的公开课，使消费者、行业企业乃至监管部门引起深入思考。

从媒体现有报道来看，一个售价千元的鞋垫，据称是对罗圈腿、心脏病、前列腺炎都有奇效；负离子磁卫生巾，则可以治疗各种男女生理疾病；有效成分和果汁无异的“本草清液”，却被标榜可以“排毒”售价千元……这些听起来匪夷所思、无所不能的疗效，遍布在产品销售的各种骗术之中。

但这一切，都不能掩盖一个事实，在保健品销售中，无中生有、夸大功效，仍是一个普遍存在的“套路”。

保健品不是药品，更不是“万能神药”，这应是一个共识和常识。

央视新闻1+1曾以“物流造假，‘海淘’买到了国产假货”为题报道了我们经常在网上海淘的海外护肤品、奢侈品、运动产品、甚至母婴用品都是高仿国货。这些所谓的“海外正品”都是在我国福建生产出来，精心包装后，商家再联合中国五大快递公司集体伪造美国发货、美国生产电子单、快递单。

从2019年1月1日起，跨境电商交易将全部严格按照国家进出

①见明·冯梦龙《古今小说·沈小官一鸟害七命》。

口管理条例，进行检验检疫、纳税、监督。经过这一轮的大洗牌，电商将彻底告别野蛮生长阶段。

这么多年，我坚持不炒股、不传销、不占小便宜，少上了许多当。但外出旅游、购物等方面也受骗好几次，仔细回忆，估计每个人在一生中都有受骗的经历，只是被骗的损失有大有小而已。

人的一生，只有戒贪，才能幸福长久。

人的一生，只有防骗，才能平平安安。

人的一生，只要有颗平常心，所有事情才顺心。

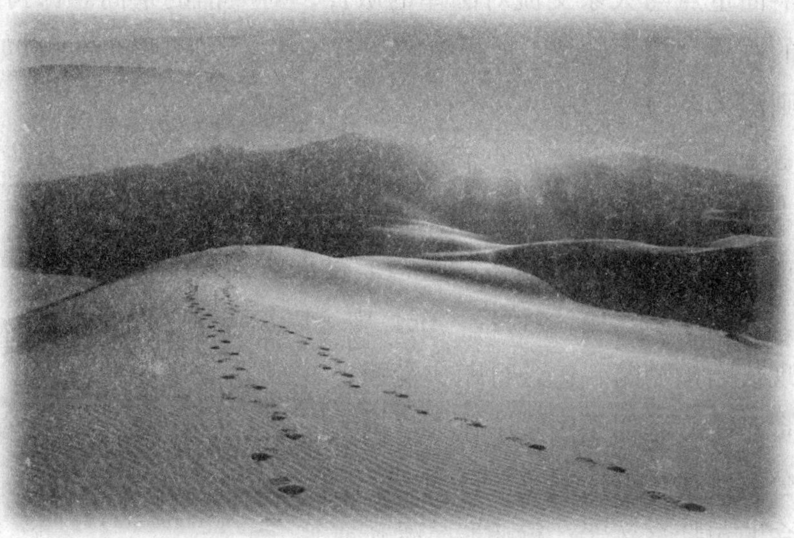

知敬畏，守廉洁

敬畏是人类对待事物的一种态度。

“敬”是严肃、认真的意思，还指做事严肃，免犯错误；“畏”指慎、谨慎，不懈怠。

敬畏是在面对权威、崇高或庄严事物时所产生的情绪，带有恐惧、尊敬及惊奇的感受。它是对一切神圣事物的态度，敬畏法律，敬畏道德是根本。

下面重点与大家交流对法律的敬畏，对廉洁的崇尚。保持对其应有的尊敬，却不逾越。戒掉贪贿，贪如火，不遏则燎原，欲如水，不遏则滔天。

贪一点，占一滴，点点滴滴是深渊，留份白，留份清，清清白白在人间。保证自身廉洁，自身平安，方能福寿绵绵。

贪，原指爱财，后来多指贪污。是人对某种事物的欲望，老不满足，贪图求多。贿，《诗经·氓》中“以尔车来，以我贿迁”指财物。现代贿指贿赂，包含行贿、受贿。

贪污贿赂犯罪是国家工作人员利用职务上的便利，贪污、受贿、挪用公款等违反刑法的犯罪行为。

贪贿包括贪污罪、行贿罪、受贿罪等。

贪贿犯罪的立案标准，为了便于记忆，我把它简化为“3-20-300”，即贪污，受贿3万元即可构成犯罪；贪贿数额在3万至20万的，可判处3年以下有期徒刑，管制或拘役；贪贿数额在20万元至300万元的，可判处3年以上10年以下有期徒刑；贪贿数额在300万元以上的，可判处十年以上有期徒刑、无期徒刑或者死刑。该标准来自两高司法解释[①]。

在十九届中央纪委三次全会上，习近平总书记指出："坚决惩治腐败，巩固发展压倒性胜利"。"对存在腐败问题的，发现一起坚决查处一起。要深化标本兼治，夯实治本基础，一体推进不敢腐、不能腐、不想腐"。

当前，反腐败斗争已取得压倒性胜利，但我们不能有任何喘气停歇的想法。反腐败斗争形势依然严峻尖锐，各种损害党的先进性和纯洁性的因素依然存在，腐败诱因在不断变化。越是在取得压倒性胜利的关键时刻，就越要保持清醒头脑，以"越是艰险越向前""狭路相逢勇者胜"的坚强意志，巩固好、发展好反腐败斗争压倒性胜利，严防腐败问题卷土重来。

周永康、令计划、郭伯雄、徐才厚、薄熙来这些大老虎以及十八大后不收敛、不收手、不知敬畏，继续贪赃枉法的典型赵正永、钱引安、魏明洲、冯新柱等案件的查处充分表明：全面从严治党永远在路上，正风反腐也永远在路上。

反腐败，既是"正义之战"更是"输不起的斗争"。

打铁必须自身硬。巩固发展反腐败斗争压倒性胜利，必须建设一支忠诚干净担当的干部队伍，一定要算好人生"三本账"。

一是政治账。十年树木，百年树人。一个干部的成长，从参加工作算起，至少需要10年历练，才能逐步成熟，走到重要岗位，一个干部的政治生命是首要事情。如果涉嫌严重违纪违法，对许多人来讲，就意味着政治生涯的结束。所以，要算好自己的政治账，不能因小失大自毁前程，坚决做到"两个维护"，增强"四个意识"和坚定"四个自信"，做政治上的明白人。

---

①最高人民法院，最高人民检察院"关于办理贪污贿赂刑事案件适用法律若干问题的解释"，2016年4月18日起实行。

二是经济账。对于一般的干部来讲，在中小城市年收入也有七八万，假如这个干部30岁，工作30年，可领工资200多万，加上退休后16年又是百万，合计约300多万。如果你今天为了蝇头小利，贪污受贿1万，2万，几十万就有可能损失300多万。所以，大家一定要算好经济账，方能“事能知足心常泰，人到无求品自高”。①

三是家庭账。一个人一生最重要的是家庭，家庭是一个人的避风港，是一个人的归宿。一个人假若违纪违法，身陷牢笼，伤害最大的是家庭成员。在家庭中又会影响三代人，父辈、自己、孩子。假如有一天不知敬畏法律，为一己之利被查处时，把整个家族就带入了痛苦的深渊。所以，一定要算好家庭账，时时警醒自己。

贪官们在反思悔过中，都有三个对不起：一是对不起党；二是对不起家人；三是对不起领导和同志。早知今日，何必当初贪得无厌呢?

那么，如何预防腐败呢？其实就是五句话：教育是基础、制度是保证、监督是关键、惩罚是手段、戒贪是目标。

人的贪心就像一只猴子，趴在一棵结满桃子的树上。它看到满树都是桃子，每一个桃子它都想吃。结果呢？它就抓一个桃子放在腋下，又抓一个桃子放在腋下，直到最后累死了。

据我观察，贪官们都有一个共同特点“很忙”。这些人在位时，上班、工作、学习、开会、应酬、收钱、办事，成天忙忙碌碌，很是辛苦。到头来收受的钱财收缴国库，人财两空，坐在牢里面壁思过，悔不该当初，为时晚矣。

《道德经》里说:“持而盈之,不如其已;揣而锐之,不可长保。金玉满堂,莫之能守；富贵而骄，自遗其咎。功成身退，天之道也”。②

---

①陈伯崖所撰一副联书。

②出自《老子·第九章》。

实际上人的欲望没有止境，追求，再追求，争取，再争取，真是人心不足蛇吞象！

2019年是中华人民共和国成立70周年，是全面建成小康社会、实现第一个百年奋斗目标的关键之年。我坚信，只要始终保持“不想腐、不能腐、不敢腐”的冷静清醒和坚韧执着，时刻知敬畏，戒贪腐，守廉洁就一定能享受幸福美好生活。

平安是人生最大的福气，健康是人生最大的追求，愿天下所有年轻人知廉耻、守底线。

做一个善良的人

善良像一面镜子，
照出每个人的本性。
人之初，性本善，
善是积德积福，
善良是做人做事的根本。
教养使人有了善恶之分，
父母的善良会传导给孩子，
父母的自私恶语会影响孩子。
孩子学会了善良，会成为一个好人，
孩子学会了自私恶行，就会变成一个“坏人”。
善恶只是一字之差，
道路却是大相径庭。
三岁看大，七岁看老，
孩童时期善恶已现端倪，
若不严加教化，
长大善恶就很分明。
一个人有善的一面，也有恶的一面，
当善占了上风，就会尽忠尽孝，
当恶占了上风，就会损人损己。
善有善报，恶有恶报，
说好话，存好心，行好事，近好人，
福报不请自来。

善良的人幸福，

善良的人长久，

愿人人去做善良人，

助人为乐，天天快乐！

施恩而后忘，放过别人，也不负累自己。

有这样一个故事：一个山村男孩去上大学，第一次坐火车，列车里很热，男孩犹豫再三之后，买了一罐“奢侈”的饮料。

拿到手里后，男孩无论用水果刀如何去撬，都无法打开。

这时对面的妇女叫儿子递过来一罐相同的饮料，妇女接过后，“砰”地一声打开了。

男孩儿有样学样，拉动拉环，随之也打开了饮料。

可是，妇女喝了一口后，便放下了那罐饮料，很久都没再动过。

男孩儿明白了，其实妇女并不渴，她只是在变相教自己如何开启。

不戳破他人的难堪，不炫耀自己的功德，好的帮助，是一个尊重的眼神，是一个善意的动作，让别人舒服，也让自己舒服。

伸完手后优雅转身，连声谢谢也不需要。

好的帮助，像一场春雨，滋润干涸，却又寂寂无声。是种善待世界的温柔，更是种不容小觑的力量。

人要靠自己

鲁迅先生说，世上本无路，走的人多了便有了路。

人生就像走路，

人生的路很长，

人生的路靠自己。

靠父母，可借一时之力，

靠朋友，会给一些帮助，

靠爱人，只能尽份心意，

靠孩子，孩子已有自己的生活，心有余而力不足，

人生，只能靠自己。

自己才是最忠实的朋友，才是自己大展宏图，颐养天年力量的源泉。

如何选择人生另一半

比尔·盖茨接受杨澜采访时，被问到他一生中最聪明的决定是创建微软还是大行慈善呢？他回答说都不是，找到合适的人结婚才是，他对婚姻的看法与巴菲特不谋而合。有趣的是，这两位公认的事业成功者，他们都认为人生中最重要的决定不是任何一笔投资，而是跟什么人结婚。

执子之手，与子偕老，琴瑟在御，莫不静好。

参加工作后,找对象成了年轻人的头等大事。你的择偶观,决定以后的婚姻,选什么样的配偶,就选择了什么样的生活,但往往人在事中迷,缺少一个标准去参考。我认为，择偶需要把握“五个标准”。

一要相互喜欢

这是首要一条，是找对象的前提和基础。

相互喜欢，就能给对方带来幸福；

相互喜欢，就能包容对方的缺点；

相互喜欢，就能做到相互忍让。

忍让，是解决矛盾的钥匙。

没有忍让，随时都会出现各种矛盾。

所以喜欢是基础，忍让是良药。

二要注重人品

人品是一个人的德行、品质。

一个优秀的人，首先是品行端正。

因为品行决定着一个人的善与恶。

品行好的人必然善良，有一颗爱心。

品行不好的人，坑蒙拐骗，无恶不作。

所以，考察人品是一个很重要的方面。

三要家庭稳定

包括父母身体，经济条件，家庭教养。

父母身体健康，就没有太多的负担。

经济有实力，钱不要很多，能贴补房子首付即可。

家庭有教养，父母文化不一定很高，但只要家风正、家教严，这样教育出来的孩子就会有教养。

四要具备两心

一是孝心，一个人只有爱父母，才会爱他人。

二是善心，一个人能善待他人，才会善待恋人。

具备两心的人，推己及人，对上知孝，对下懂爱。

五要三观一致

人的世界观、人生观、价值观要基本一致。有些差异只要不影响大局，就能和平相处。若三观相去甚远，感情便不能长久，成为美满婚姻的可能性就很小。因此选择伴侣是人生极其重要的决定，是对未来生活的重大投资，不能随便草率决定。

选择一个人，共走一生路。话虽简单，却见真章。不是所有人都嫁给了爱情，也不是所有人都把日子过成了诗。从你选择的这个人，就能看到你的未来。

家庭幸福之我见

什么是家庭幸福？一般普遍认为，父母身体健康，自己工作顺利，夫妻感情融洽，子女学习优秀，家庭和睦相处，这就是家庭幸福。

每个人经历不同对幸福的理解不同，本文与大家交流的是家庭幸福的三条基本底线。

一、床前无病人

有位同事家里老母亲80多岁，瘫痪在床十几年，同事退休后成天伺候照顾，累得苍老了很多。

有一位同学，他父亲活到96岁，老年痴呆十余年，自己的孩子也不认识了，好在几个儿女都很孝顺，轮流照顾，去年老人去世，遗体告别时家属没有告诉单位，因为老人曾经一起工作的200多人，只剩下老人一个在世，现在单位人都不认识，就没有告知，让人不免感到凄凉。

有一位同事，40多岁脑溢血，半身不遂，他爱人不离不弃，悉心照顾，经过十年努力，勉强能上下楼梯，真是不幸中的万幸了。

这些事情还很多，家里无病人就是幸福，是最低的幸福了。

二、家里无闲人

就是家里没有闲人，家庭成员都有一份工作，不论正式工或合同制、临时工。只要有工作就有收入，有收入就能养活家糊口，起码生计不存在大问题。

其实社会上有很多闲人，有些是啃老族，有些是游手好闲，不做事还惹事，弄得家里不得安宁，这样一个家庭幸福指数就不高。

三、牢里无亲人

根据最高人民检察院工作报告，2018年全国共批准逮捕1056616人，提起公诉1692846人。

一个家庭，若一个人在监狱服刑，不仅给这个家庭带来经济上的负担，更重要的是给家人带来巨大的心灵创伤。

有一种家庭模式叫三世同堂，有一种家庭氛围叫其乐融融，有一种家庭情景叫父慈子孝，有一种家庭和谐叫相亲相爱，愿每一个人，每个家庭美满幸福。

所以，人要知足常乐，要有一颗平常心。床前无病人，家里无闲人，牢里无亲人，就是家庭幸福。

生活简单了“好”

陕西有八百里秦川，有世界八大奇迹秦始皇兵马俑，有世界佛都之称的法门寺，有十三朝古都西安，中国历史上有1037个宰相，人数最多是河南，陕西宰相数排在第二。

有句话说：八百里秦川，养活一群懒汉。由于地理位置优越，又没有大的灾害，陕西人自幼不喜欢外出闯荡，相对保守了很多，不像浙江的温州人，世界上许多地方和国家都有温州人的身影。

陕西人生活简单，中午几碗“臊子面”，就解决了问题。我也一样，一天不吃面，就好像一天没吃饭一样。

中午取一小撮挂面，切一根红萝卜和两根蒜苗，放一筷子臊子肉混合一炒，吃一碗干拌，喝一碗面汤，吃的饱饱的，嫽扎咧！

这就是生活，其实生活越简单越好，人活一世，无非就是一日三餐，睡一张床。

据说当年慈禧太后每顿饭要上130道菜，也没有见她活到现在。古人常说，良田万顷，日食一升，广厦千间，夜眠八尺，不就是表达了简简单单生活的道理么。

有一篇文章说得很好，人忙碌了一辈子，什么才是你的？

爱人，是你的吗？不是。你们虽然风雨同舟、快乐同享、身体交融、情感交汇，但是总有一天会分开。

子女，是你的吗？不是。虽然你们之间有浓浓血缘关系，有难舍难分的骨肉之情，但总有一天，他们会为你送行。

金钱，是你的吗?也不是。虽然你拼命的努力挣钱，又想方设法把钱花出去，即使银行有再多的存款，也是生不带来，死不带去。

房子和车子，是你的吗？同样不是。当你离开人世时，一切什么都不是了，都和你毫无关系。

唯有健康是自己的。

人生有四辆车：婴儿车、自行车、汽车、轮椅。

有四张证：出生证、毕业证、结婚证、退休证。

有四个瓶子：奶瓶、饮料瓶、酒瓶、输液瓶。

有四张床：婴儿床、单人床、双人床、病床。

细细思考，大道至简，人一生也就是这样一个简单的过程。

人这一生都是“围城”，城外的人想进来，城里的人想出去。农村人向往城市人的生活，在城市生活久了，又感到农村静谧的生活很有趣。

罗京走了，咏哥走了，他们用生命告诉我们：简单生活，健康活着。

许多人喜欢看动物世界，我看后就一点体会，动物一生都是为了吃，人不也是如此么？赤条条来，赤条条走，就是这么简单。

简单的生活，才是人生真谛！

衡量一个人成功与否的标准

衡量一个人是否成功的标准很多。巴顿将军说："衡量一个人成功的标志，不是看他登到顶峰的高度，而是看他跌到低谷的反弹力"。我的体会是，一是事业成功，二是家庭稳定，三是子女成才。

三条都具备了那就是一个非常成功的人，缺少某一方面都有缺憾，就不能说是一个成功人士，就不是非常完美的一生。

事业成功，标准不要定得太高。一个人不论你干什么工作，不论你官大官小，挣钱多少，只要在本职岗位上充分发挥了自己的能力，体现了个人的人生价值，大家有较高的评价，就算是一个成功人士。不一定要当多大的官，发多大财。

据资料统计，全国省副级干部有3000多人，县处级40万人，科级干部90万人。全国公务员有700万人，事业单位有3000万人。在14亿人的大国里，不是每个人都可以当官的。不论我们是领导还是一般干部归根到底都是人民公仆，都要为人民服务，要时刻牢记我们的初心和使命。

一个人只要干好本职工作，就是在给社会做贡献，也是在实现个人价值。其实干好本职工作，就是成功。

家庭稳定，是一个人成功的基础。家庭就是社会的细胞，一个人离不开家庭，若离开了，就成了荒野中的孤草。有一首著名的歌曲不是也说，没妈的孩子像根草么。没有另一半的人也像一根草，内心孤独，备受煎熬。可见，不论你官做多大，事业做多大，没有完整的家庭始终不能说是成功的。

子女成才，是每个家庭共同的愿望。

孩子培养的成功与否，直接关系到自己下半生的幸福指数，关系到一个家庭幸福与否。

一个人事业干的再大，也弥补不了教育子女失败的缺憾！

我们总在说忙忙碌碌，但是孩子的教育根本不可能等着我们来弥补，只要稍有疏忽，孩子便会偏离轨道。

有些坏习惯一旦养成，就很难纠正，甚至有些问题可能一生都无法纠正或弥补。

所以，不管你挣了多少钱，事业发展多么好，如果孩子的教育不得当，将来一定会后悔。

总之，一个人若事业上有进步、有收获、有贡献就是事业成功的标志；一个人家庭经营的好，没有大的变故，下班想回家，就是家庭稳定；一个人子女教育尽心尽力，孩子考上大学，工作能自食其力，就是子女成才。

【美文共赏】

人生真谛

司马懿最厉害的就是身体好，曹操死了，他没死；曹操的儿子死了，他没死；曹操的孙子死了，他还是没死。打不过诸葛亮，但把诸葛亮熬死了，最后三国归晋完成一统中国的梦想。

所以要想成功，身体真的很重要。别光有目标、有理想、有能力、有人脉、有金钱……结果没有健康落得一场空，真是得健康者得天下。

人生经典四句话：活着就是胜利，挣钱只是游戏，健康才是目的，幸福才是真谛！

生命的列车

人生一世，就好比是一次搭车旅行，要经历无数次上车、下车；时常有事故发生，有时是意外惊喜，有时是刻骨铭心的悲伤！降生人世，我们就坐上了生命的列车。

我们以为，我们最先见到的两个人——我们的父母，会在人生的旅途中一直陪伴着我们。很遗憾，事实并非如此，他们会在某个车站下车，留下我们，孤独无助。

他们的爱，他们的情，他们不可替代的陪伴，再也无从寻找！尽管如此，还会有其他人上车，他们当中的一些人，将对我们有着特殊的意义。他们之中有我们的兄弟姐妹，有我们的亲朋好友。我们还将会体验，千古不朽的爱情故事。

坐同一班车的人当中，有的轻松旅行，有的却带着深深的悲哀！还有的，在列车上四处奔忙，随时准备帮助有需要的人，很多人下车后，其他旅客对他们的回忆历久弥新……但是，也有一些人，当他们离开座位时，却没有人察觉。

有时候，对你来说情深义重的旅伴，却坐到了另一节车厢。你只得远离他，继续你的旅程。当然，在旅途中，你也可以摇摇晃晃地穿过自己的车厢，到别的车厢去找他。可惜，你再也无法坐到他身旁。因为这个位置，已经让别人给占了……没关系，旅途中充满挑战、梦想、希望、离别，可就是不能回头。

因此，尽量使旅途愉快吧！善待旅途上遇见的所有旅客，找出人们身上的闪光点。永远记住：在某一段旅程中，有人会犹豫彷徨，因为我们自己，也会犹豫彷徨；我们要理解他人，因为我们也需要他人的理解。

生命之谜就是：我们在什么地方下车？坐在身旁的伴侣，在什么地方下车？我们的朋友，在什么地方下车？我们无从知晓。

我的孩子们上车时，没有什么行李，如果我能在他们的行囊中，留下美好的回忆，我会感到幸福。我下车后，和我同行的旅客都还能记得我，想念我，因为我而更快乐更成功，我将感到快慰。

献给您——我生命列车上的同行者，祝您旅途愉快！

（本文选自网络）

给孩子最好的礼物是榜样

——读马宝峰《与孩子一起成长》有感

张占勤

书到用时方恨少，事非经过不知难。说到孩子的教育，每一个做父母的都有一肚子话，虽然家庭情况不同，教育方式各异，但目的都是希望自己的孩子能够快乐健康地成长。作为父母，我们究竟应该怎么教育孩子呢？前几天我有幸读到马宝峰的《与孩子一起成长》这本书的初稿，感触颇深。推荐给几个朋友拜读之后，大家一致认为这是一部十分难得的子女成才宝典。

宝峰是我十分要好的朋友。他勤奋好学，积极上进，事业有成，长期在我市检察和纪检系统工作，担任过反贪局长、检察长，曾被评为全国优秀反贪局长，是我市一名难得的学者型干部。他常年担任全市检察机关预防青少年犯罪讲师团团长，义务给学校做法制报告百余场次。由于这个因素，他就不断研究青少年的教育问题，探索孩子成功成才的方法和路子。

由西安出版社出版的《与孩子一起成长》一书，从孩子的幼儿教育开始，贯穿小学、中学和大学教育，针对孩子不同阶段成长中的困惑，详细介绍了父母应该注意的教育原则和方法。我感觉这本书有以下几个靓点：一是帮助家长和孩子明确了学习思路。这本书从幼儿教育阶段直到参加工作，给孩子指明了学习的方向和思路。只要家长和孩子参照这些基本思路去做，一定会有收获。二是传授了子女教育的方法。这本书通过大量的真实事例，介绍了孩子每个阶段的学习方法、学习重点以及注意事项，只要仔细阅读认真体会，就会学到很多教育子女的方法和经验。三是解答了子女教育中诸多疑惑。该书针对孩子各个阶段容易出现的问题，帮助年轻家长解决许多困惑，比如小学阶段应该着重培养孩子听讲的注意力，不要沉迷玩手机，初中阶段如何应对“初二现象”等都非常重要也很实用。四是信息量非常大，时间跨度长，传递了一种正能量，是一本子女教育的活教材。不管你的孩子处于人生的哪个阶段，在书中都能找到一条清晰的思路。该书有理论深度，有中外名人故事，有自己孩子和朋友孩子成长的真实事例分析，使人读来倍感亲切。值得一提的是，在高考作文指导和公务员考试两个方面，作者有很深的研究，请读者仔细研读。

我最欣赏书中的这句话：言教不如身教，身教不如境教，给孩子最好的礼物是榜样。在孩子的教育中，许多人认为学习是孩子自己的事情，家长起不了多大的作用，我开始也是这样认识的。我女儿小时候一直贪玩，学习成绩很一般，在青春期自我意识很强，我们束手无策。那年高考之后，她上了西安一所三本院校。宝峰知道情况后，就及时指导并经常鼓励女儿。我和爱人也以身作则，坚持每天学习，给她树立榜样。大学期间，她发奋努力，先后获得一项全国大学生竞赛二等奖，两项国家专利和多项奖学金。大四考研，女儿顺利通过了研究生入学考试，实现了人生道路上的成功逆袭。

家庭是孩子的隐形学校，家庭氛围和父母的言行举止对孩子起着潜移默化的作用。我们要求孩子努力学习，父母就应该带头学习。在孩子成长的过程中，父母首先要塑造自己，给孩子树立榜样。只要父母持之以恒地做好表率，我相信再难缠的孩子也一定会有所触动和改变。

为了孩子的未来，为了家庭的和谐，为了社会的文明，希望每位家长都能崇尚学习，坚持学习，与孩子一起成长。我想这也是马宝峰写这本书的初衷。

2019年端午节于宝鸡

（张占勤，中国散文学会会员，中国工合国际委员会委员，陕西省翻译协会常务理事，西北大学陕西省斯诺研究中心理事，兰州城市学院路易·艾黎研究中心研究员，宝鸡文理学院研究员。出版散文集《挑灯夜话》《那盏路灯》，编著《西北工合运动史》《宝鸡工合记忆》《工合运动在双石铺》等，合译英国记者乔治·何克《我看到一个新的中国》并赴英国参加译本首发式，曾主持省、市多项研究课题。）

后 记

习近平总书记指出："家庭是人生的第一个课堂，父母是孩子的第一位老师"，"希望大家注重家风，家风是社会风气的重要组成部分。"[①]在家教家风建设中，子女教育作为很重要的一个方面，多年来一直被社会普遍关注。如何成为一名合格的家长，怎样教育子女，怎么陪孩子一起成长，我在这方面做了一些思考、实践和探索。

在我们的生命中，总有一些人或事会使你终身难忘，并留下深刻的记忆。那些人和事镌刻在我们的生命之中，早已成为我们生命中挥之不去的一部分。

一个人的成功，离不开志同道合的人相助，也离不开一些充满正能量人的相助。他也许只是给了你一个全新的信息，一个善意的提醒，却可能改写你人生的轨迹。

大约在十几年前，市委一位同志女儿考上了清华大学。这位同志将教育女儿的做法与感悟写成了一本书，偶遇聚会时发给大家拜读，看完后让我肃然起敬，并深受启发。

人们有时做一件事情与利益和金钱无关，单纯地仅仅是源于一份热爱和责任。

2012年我的女儿大学毕业，有幸考上五个公务员职位，高兴之余也是万般感慨！心底的那份对子女教育的热爱与想回报社会的责任心又开始蠢蠢欲动。于是萌发了想把过去陪女儿上学的点点滴滴写出来的念头和想法。期许将自己的一点教育子女心得分享给一些

①习近平：《习近平谈治国理政》第二卷第九专题注重家庭，注重家教，注重家风354-355页，外文出版社2017年11月版。

家长参考，让他们在子女教育过程中少走一些弯路。

适逢一次去北京学习，便利用晚上空闲时间，将自己多年来的一些做法归纳出一个提纲，慢慢在此框架上添骨加肉，内容日渐丰满。许多人知道我一直热心关注青少年成长事业，在领导、校长、同事、朋友鼓励下，我制作了一个“子女成才”的课件。通过授课得到了老师、家长和学生的认可与称赞。并经常索取我的讲稿，留作学习资料，个人价值感和成就感油然而生。

加之，近年来一直义务为孩子做公务员面试辅导，许多孩子都取得了面试第一名的好成绩，并被成功录取为公务员。看到孩子成功的喜悦，听到家长诚挚的谢意，更坚定了自己想把原来碎片化的内容，系统化、具体化编印成书的想法，以便帮助家长更好地教育孩子，帮助孩子健康的成长。

每个人观察事物的立足点不同，就会得到不同的结论。在孩子教育的整个过程中，有许多习惯和方式，我只是把我认为比较重要的问题列举出来，希望能起到抛砖引玉的作用。在人生的每一个十字路口上，希望每个人都能走好属于自己的那条路，更希望这本书能对大家有所帮助。

本书的一些观点，是来自我一个非教育工作者的体会和思考，内容是长期工作生活中随笔串联起来的，书中应用的事例多数来源于我辅导过学生的真实故事，又经多次推敲，修改编辑成稿，不妥之处敬请大家批评指正。

本书引用了一些公开的网络文献资料或案例，在此深表谢意！特别感谢：吕向阳、张占勤、王丽、董军民、黄文誉、周晓涛、张兆玲、刘茜、贾攀、王茜、宋静、孙熙莹等同志的大力支持！

马宝峰

2019年7月29日